舰船系统工程丛书

舰船冲击防护理论及应用

(上册)

华宏星　张　磊　谌　勇　著

科学出版社

北　京

内 容 简 介

本书系统介绍了冲击信号的时域和频域分析方法,冲击问题和振动问题的区别,冲击响应谱的特性分析,冲击响应动态设计方法,水面舰船和潜艇近场及远场冲击环境与响应预报理论方法;系统介绍了人员、设备和整船冲击防护技术,以及最新冲击试验技术和冲击考核试验系统设计方法。

本书可供有关造船、航空、航天、机械等工程技术人员参考,也可作为研究生的教材。

图书在版编目(CIP)数据

舰船冲击防护理论及应用. 上册 / 华宏星,张磊,谌勇著. —北京:科学出版社,2021.11

(舰船系统工程丛书)

ISBN 978-7-03-068836-1

Ⅰ. ①舰… Ⅱ. ①华… ②张… ③谌… Ⅲ. ①军用船-冲击(军事)-防护 Ⅳ. ①U674.7

中国版本图书馆 CIP 数据核字(2021)第 099605 号

责任编辑:姚庆爽 纪四稳 / 责任校对:王 瑞
责任印制:赵 博 / 封面设计:陈 敬

科学出版社 出版
北京东黄城根北街 16 号
邮政编码:100717
http://www.sciencep.com
北京凌奇印刷有限责任公司印刷
科学出版社发行 各地新华书店经销

*

2021 年 11 月第 一 版 开本:720 × 1000 1/16
2025 年 7 月第四次印刷 印张:15 1/2
字数:300 000

定价:128.00 元

(如有印装质量问题,我社负责调换)

“舰船系统工程丛书”编委会

“舰船系统工程丛书”序

海洋是当今世界各国海上交往的航路，也是各国经济发展和军事斗争的重要阵地。舰船是遂行海上军事作战任务、维护海上通道安全、保障国家海洋利益的重要装备，自产生以来一直受到世界各海洋强国的高度重视。对舰船设计、建造、维修等新技术、新工艺和新材料持续进行研究和投入使用，各类新型舰船应运而生。

现代舰船起源于第二次世界大战，它集“矛”与“盾”的功能于一身，综合拥有侦查预警、指挥控制、多域打击、快速机动、综合防护等核心作战与生存能力，结构与系统组成复杂，高新技术密集，堪称人类军事工业技术的智慧结晶。现代舰船的研制和应用周期也较长，涉及论证、设计、建造、试验鉴定、作战应用和维修保障等众多环节，其工作复杂性和关联性与以往不可同日而语。同时，现代舰船技术体系庞杂，涉及力学、材料科学、机械工程、兵器科学、计算机与信息科学、电子科学、管理工程等专业，是科学技术和基础工业紧密结合的产物，吸引了众多专家、学者、工程技术人员协同技术攻关。

舰船系统工程是系统工程思想、方法在现代舰船装备领域的实际应用。以美国、俄罗斯、英国、日本等国家为代表的世界海洋强国投入大量人力、物力开展现代舰船技术研究和装备研制，进入新世纪以来，先后研制出“福特”级航母、“海狼”级核潜艇、“朱姆沃尔特”级驱逐舰等典型的新型作战舰船。近年来，随着人工智能技术在舰船装备上得到研究和应用，无人潜航器、水面无人舰艇等新型舰船浮出水面。综合来看，现代舰船装备的技术发展水平、系统复杂性和综合能力登上了新的台阶。

为深入系统地归纳、总结现代舰船装备领域相关理论和技术成果，我们组织海军研究院、海军工程大学、上海交通大学、哈尔滨工程大学和中国船舶集团公司有关研究所等单位的专家和学者撰写了该套丛书。丛书作者均为近年来活跃在舰船研究、论证、设计、建造等领域的优秀科研人员，在舰船系统工程方面积累了丰富的科研实践经验，部分作者在反舰武器对舰船爆炸毁伤机理研究、毁伤效应评估、目标易损性分析，以及舰船抗爆抗冲击能力评估与试验考核、舰船爆炸毁伤防护等舰船生命力研究方向，科研学术成绩斐然，在行业内具有较高的知名度和一定影响力。

我们衷心希望，在海洋强国战略的指引下，这套凝结了众多专家学者心血的丛书，能够为舰船教学、科研人员和工程师们了解和掌握现代舰船技术的相关知识，进一步推动我国舰船事业发展尽一份绵薄之力。同时，祝愿广大科技工作者能在国防科技事业中披荆斩棘、勇往直前，取得更大的成绩。

“舰船系统工程丛书”

编委会

前　言

距2005年出版的《舰船现代冲击理论及应用》已经超过15年。其间，作者团队对舰船水下爆炸冲击问题，在冲击环境预报方法和冲击防护设计等方面有了更深刻的认识，海洋发展战略也从近海防御开始向远海防卫转变。为满足海军装备发展需求，对2005年出版的《舰船现代冲击理论及应用》做了大量的增改，并根据全书内容将书名改为《舰船冲击防护理论及应用》。

第1章为绪论，对冲击环境预报方法、冲击防护技术等进行全新的论述。

第2～4章是现代冲击基本理论，予以基本保留。

第5章是关于多刚体-弹性体和子结构相结合的复杂刚-柔耦合隔振系统的建模方法，增加了复杂设备冲击响应计算实例。

第6章在远场水下爆炸冲击响应计算方法的基础上，针对潜艇增加了弹性圆柱壳冲击响应计算方法和带覆盖层的弹性圆柱壳冲击响应计算方法及近场水下爆炸冲击响应计算方法。

第7章对以舰船抗冲击瓦为代表的新型舰船整体冲击防护技术进行详细介绍。

第8章增加了舰用设备及人员冲击防护技术。

第9章和第10章介绍当前最新的冲击试验技术、冲击响应数据的处理方法及冲击谱试验系统。

本书具体分工如下：华宏星和张磊撰写第1~4章，谌勇撰写第5章，金泽宇和殷彩玉撰写第6、7章，华宏星和谌勇撰写第8章，华宏星、张磊、焦素娟撰写第9、10章。全书由华宏星统稿。感谢周凯博士和其他学生为本书成稿所付出的辛勤劳动。

本书主要针对舰船冲击和防护，但其基本原理和方法也适用于航空、航天、车辆等其他领域。可以说本书是作者近20年在舰船抗冲击领域研究工作的总结。限于作者水平，书中难免存在疏漏或不足之处，还请关心本书的读者批评指正。

作　者

2021年5月

目录

第1章 绪　　论

1.1 舰船及其机电设备抗冲击研究的意义

1.1.1 机械冲击和水下爆炸冲击的特点

冲击是指一个系统在相当短的时间内(通常以毫秒计)，受到瞬态激励，其位移、速度或加速度发生突然变化的物理现象。在日常生活和工作中，可能遇到大量的冲击问题。例如，手锤敲打钉子，物体跌落触地，车辆的颠簸、碰撞，舰船遭受水中兵器的攻击而引起的爆炸，飞机的着陆，火炮及导弹的发射等都伴随着冲击现象。机械冲击的特点是冲击持续时间非常短暂，冲击能量输入、转换和传递的时间很短，冲击激励函数不呈现周期性，系统产生的运动为瞬态运动。设计中，人们主要关注响应最大值是否超过设计限制，若超限，则需采取抗冲隔振措施，将响应值降至冲击响应设计值以下。在理论上，经典的冲击动力学将冲击输入简化为δ函数。在实际应用中，由于冲击输入都有一定的持续时间，通常将冲击输入在时域上简化为方波、半正弦波、三角波、锯齿波等不同形式的简单冲击波形求解最大响应。

舰船受到水下爆炸冲击时，舰船设备相比较舰船船体更容易受到损伤。在舰船设备抗冲击研究早期，20世纪50年代，冲击输入通常简化为船体的速度突变，冲击响应特征由安装在船体基座上的设备动量和动量矩的突变表征。因此，在水下非接触爆炸中，通过舰船外壳传递至设备基座的载荷，可以用方波、半正弦波、三角波、锯齿波等具有不同加速度峰值和脉宽的简单冲击波形围成的面积，即速度增量表述。在抗冲击设计方面，通常利用不同固有频率的单自由度系统，在不同峰值和脉宽的冲击波作用下的最大响应作为设计依据。在频域上，最大响应表现为速度-加速度二折线冲击谱，与一般的机械冲击没有本质差别。

经历了近三十年的发展，尤其是马岛战争后，人们渐渐认识到，远场和近场水下爆炸给予舰船设备的冲击载荷，用简单冲击波描述是不够的。在流固耦合界面上的总压力不仅由炸药和流体环境引起的主冲击波压力、滞后流压力、气泡脉动压力、片空化溃灭辐射压力、静水压力等构成，还包含由结构响应与冲击输入之间的流固耦合效应产生的反射波压力、稀疏波压力、局部空化溃灭辐射压力等。虽然载荷类型多、时间跨度大、流固耦合强、传递途径复杂，但是计算和试验表明，传递到设备基座的载荷以及设备的响应最终在频域上表现为位移-速度-加速度三折线冲击谱。三折线冲击谱已不能用单一的简单冲击波形获得，而是要用各种波形的组合才能得到。这是水下爆炸冲击和一般机械冲击的不同之处。这部分内容在本章后面再详细论述。

1.1.2 舰船及其机电设备冲击特点及抗冲击研究意义

海战中，舰船遭受的主要冲击源有：①接触性爆炸，如遭受导弹、激光炸弹直接攻击，造成船体损伤及舰船机电设备损伤；②水中非接触性爆炸，如遭受鱼雷、水雷爆炸的冲击，主要破坏舰载机电设备；③自身武器发射时反冲击造成的冲击，由炸弹在空中爆炸或自身武器发射产生的气浪，也会影响舰载机电设备的正常运转。本书主要关心的是水中非接触爆炸对舰船、设备及人员产生的冲击。

水中非接触爆炸具有冲击的一般性。鱼雷、水雷等在水下爆炸时，瞬间产生高温高压的气体产物，其压力瞬间可以达到10GPa以上，形成水中冲击波的波前，以数倍于声速的速度沿径向传播，并大致按指数规律衰减，这部分载荷称为主冲击波。实测数据表明，在靠近船壳测得的压力近似是一个阶跃信号，在最大值和下降到峰值1/3的时间内，可以认为按指数规律下降[1,2]。因此，在非接触爆炸下舰船湿表面冲击环境的特征可以描述为：在相当短(与舰船总体振动特性和设备弹性支承系统的固有振动周期相比)的时间内，作用在舰船湿表面的一个突然的扰动(冲击压力)。对设备和人员来说，若把甲板或机座等当作基础，这个扰动传递到基础形成速度突变，这就是水中非接触爆炸冲击的一般性。美国海军舰船建造局的Welch在其著名的专题报告(Navyships 250-660-30)中指出，实际的舰船冲击可以视为一个等速度冲击，至少在刚开始的0.015s内是这样的，并第一次提出利用阶跃速度法进行冲击隔离设计的计算方法[3]。美国海军泰勒船模实验室冲击部主任Bort提出了舰船冲击运动的计算公式[4]。美国旧金山海军造船厂的造船工程师Giannoccolo自1963年以来曾对美国弹道导弹(核)潜艇(submarine ship ballistic missile(nuclear)，SSB(N))级核潜艇及DLG16～24级各型舰船上的主要设备进行冲击试验，并提出专门报告，给出了舰船机电设备冲击速度的大致范围，很有参考价值[5]。

在远距离爆炸时，作用在船体上的压力虽不至于破坏船体结构，但是船体运动速度的突变产生的加速度却可能破坏舰载设备，造成人员伤亡，就如同汽车突然刹车使乘客受伤一样。在近距离爆炸时，压力可能大到足以破坏船体局部结构。对于非接触水下爆炸问题，设备和人员的安全问题更为重要，通常造成的破坏主要有：①结构件应力过大引起永久变形、松脱或断裂(这经常出现在机械设备的支脚处、连接焊接处)，造成结构件强度破坏；②设备与设备、设备与结构之间的相对运动引起碰撞、挤压，造成设备或结构的损害与破坏，如严重的蒸汽泄漏、电路短路、设备或构件的坠落等；③机械系统原有作用力的平衡遭到破坏，使设备性能变坏或机械系统功能破坏；④冲击对人体造成危害，冲击波通过超压和动压使人体器官、骨架受到损伤。

水下非接触爆炸冲击具有特殊性，即水下爆炸不仅产生冲击波。炸药产生的气体压力迫使周围水质点做径向运动，称为滞后流。同时，爆轰产物会迅速向外膨胀，形成气泡。当气泡膨胀到压力等于静水压后，因为惯性作用继续向外膨胀直至最大体积，此时气泡内部的压力约为静水压的1/10～1/5，而后由于外界压力的作用使气泡收缩。同样由于惯性的作用，在气泡内压力达到静水压时仍继续收缩，直到最小体积时又开始膨胀，同时产生一个压力波，如此反复膨胀、收缩，形成气泡脉动，在脉动过程中，气泡逐渐上升，最后脱离水面。冲击波在较大频率范围内都具有很大的能量，可以激发船体及设备几乎所有的模态。虽然相比较主冲击波，气泡脉动的频率较低，但是当气泡脉动的频率和船体或某些设备的固有频率接近时，也会造成严重的危害，轻者使得机电设备功能失效，重者导致舰船断裂沉没。

舰船抗水下非接触爆炸的能力直接关系到舰船的生命力。舰船的生命力评估主要包括四大能力，分别为：①敏感性(susceptibility)，即避免被攻击的能力；②易损性(vulnerability)，即承受攻击的能力；③生存能力(survivability)，其概率是 susceptibility 和 vulnerability 的乘积；④可恢复性(recoverability)，即恢复战斗的能力。现代战争是高科技的战争，舰船装备了为数众多的复杂电子设备，尤其是在电子信息领域引进了作战系统和电子战系统、电子导航系统等，对环境要求更苛刻。但是随着导弹、激光炸弹和水中兵器的发展，爆炸当量和冲击持续时间明显增加，三向冲击载荷随之增大，大部分电子设备的位移及加速度响应会严重超标，从而使其运行可靠性大为降低。因此，整船生命力的要求必须以作战为定向，其性能指标与战斗力指标处于同等重要的地位。目前公认的、由美国学者Pusey 提出的 23 项舰船生命力组成指标中，有 14 项是舰船和设备的抗爆和抗冲性能及指标。正因为如此，舰船的抗冲击性能是其生命力的最核心内容、舰船的核心战技指标。本书讨论的舰船抗冲击问题，主要就是为以作战为定向的生命力研究提供有关的基础理论和计算方法。

舰船抗冲击技术是多学科、多领域交叉的技术：①水下非接触爆炸冲击环境预报方法、结构振动冲击理论和其他学科，如弹塑性理论、断裂力学理论、穿甲力学、流固耦合理论、结构力学、微分方程数值计算方法、高性能计算方法(有限元法、边界元法、无网格法)等的交叉；②水下非接触爆炸下的流体、结构、舰载设备等的一体化虚拟冲击实现技术研究中，冲击动力学和计算机仿真技术的交叉；③抗冲击新材料研究中和材料科学的交叉，冲击试验机研制中和现代机械机构设计理论的交叉；④冲击信号测试分析中和现代信号分析测试技术的交叉；⑤人员冲击防护技术和生物力学的交叉。因此，舰船抗冲击技术的深入研究也必然会推动其他各个学科的进一步发展。

1.2 舰船及其机电设备抗冲击研究的发展历史

舰船抗冲击研究的历史可以追溯到19世纪。美国海军早在1860年就开始进行船体抗爆试验，随后，英国海军于1874年8月在朴次茅斯(Portsmouth)的斯托克(Stoke)海湾进行了第一次全面的水下爆炸试验。文献[6]非常详尽地阐述了舰船水下爆炸试验研究的完整历史，记录了自19世纪开始所有有影响力的水下爆炸试验。第一次世界大战使参战各国海军认识到，水下爆炸不但能造成船体甲板的破坏，而且会造成机电设备的破坏、电路的开裂、主轴的变形等。此外，舰船经受了水下爆炸冲击以后，尽管有时可以保持其船体的水密性，但是由于机电设备遭受冲击后功能丧失，也会使舰船完全丧失战斗力。

第一次世界大战期间，美国海军制作了冲击试验机，用来考核舰船机械和电气设备抵抗由自身武器发射时反冲力造成的冲击破坏的能力。在第二次世界大战初期，美国军舰由于舰上大炮发射时产生的冲击造成了舰载电气设备和机械设备出现大量故障，为了解决这类冲击损伤问题，人们开始研究冲击响应和冲击隔离问题。第二次世界大战期间，不断改进的武器的猛烈炮火以及水中兵器的水下爆炸造成了战舰的严重破坏，美国在此期间共丧失47艘主战舰和42艘潜艇[6]。美国海军意识到要提高战舰的生命力，不但要改进结构的设计，而且必须研究和提高舰载设备对水下爆炸冲击的抵抗能力。1943年美国海军舰船建造局组织专题研讨会，研究包括战列舰、巡洋舰、驱逐舰、潜艇和扫雷艇等舰载电气设备及机械设备的冲击破坏。在这次研讨会上，Crede阐述了英国和美国进行的舰船冲击试验的情况，美国海军舰船建造局的Welch做了冲击设计的报告。自1946年起，大规模的舰船机械设备抗冲击试验和冲击隔离设计的理论研究得以开展。

第二次世界大战结束后，美国海军在太平洋比基尼群岛对从日本俘获的大量舰船进行了一系列爆炸冲击试验，并且进行了系统的理论研究。美国海军自1947年起正式召开冲击和振动研讨会(Shock and Vibration Symposium)，每年举行1～2次，美国国防部从1949年9月即第十三届起成为这一研讨会的主要资助者，1989年11月14～16日由大卫·泰勒研究中心水下爆炸研究部召开了第六十届冲击和振动研讨会。此后每年举行一次，上百名代表参加，每届发表论文70～80篇，内容涉及冲击、碰撞、动态试验、水下爆炸及振动等。

在当代世界各国海军中，对舰船及其机电设备抗水下冲击研究水平最高的是美国，其次是澳大利亚、日本及其他北大西洋公约组织国家。美国海军在抗冲击方面采取了两项独具特色的强制措施：第一是对舰船设备采用以试验为主、计算为辅的评估方法；第二是规定每艘新型舰船在交付使用前都必须进行实艇水下爆炸试验考核，考核不合格不能服役，必须重新进行抗爆抗冲击设计，直至合格。

美国海军强调用冲击试验考核舰船设备抗冲击能力，并作为舰船设备的验收标准。在美国军标 MIL-STD-1399 Section 072 第 4 部分“Shock Environment”中明确规定：但凡设备通过了冲击试验，满足了冲击环境要求，就表明它能承受未来海军实战的严酷条件。对于那些由于过重或过大而不能进行试验的设备，则要求通过理论模型确定其可承受的冲击载荷。

美国海军舰船建造局在大卫·泰勒结构力学实验室的协助下完成的研究报告认为，海军舰船结构对爆炸的抵抗能力已经有了很大提高，特别是潜艇，它的壳体从第二次世界大战结束至今有了很大的增强。但是舰载设备抵抗冲击的能力则相对薄弱。由于舰船设备，特别是复杂的推进、导航及武器系统电子设备的大量使用，而舰船又可能面临由核攻击和精确打击导致的新的冲击环境，因此必须采取相应措施：①在舰船机电设备设计时，必须提出抗冲击能力要求。美国海军舰船建造局在新起草的说明书中已增加了抗冲击能力标准。美国海军舰船建造局发展了冲击频谱，基于这种概念的冲击试验方法应用到舰船机电设备的考核。②采用轻型冲击试验机、中型冲击试验机和浮动冲击平台，对舰船机电设备进行广泛的试验考核。③海军舰船的冲击试验由美国海军舰船建造局在大卫·泰勒结构力学实验室的协助下制订计划并实施。试验的船只包括扫雷艇、炮艇、巡洋舰、航空母舰和潜艇等不同类型。

通过大量试验，结果表明：①一些未经过冲击试验机考核的新研系统、设备，在实船试验时表现出的抗冲击性能比那些按照规范经过冲击试验机考核的设备要差。因此，机电设备放弃冲击试验机考核直接上舰是一件很危险的事，应该禁止。②直接安装在壳体上的轻型设备承受到的冲击最大，而重型机械，如主推进装置，可以依靠它们的重量在相当程度上降低第一阶段的冲击影响，通常能抵抗较为严重的冲击。③装在上甲板和舰船上部结构的设备，在冲击中受到的影响由于冲击载荷的动态传递而得到缓和。但这种缓和效果在设备抗冲击设计时往往会被过高估计，事实上舰船上部结构的设备损坏还是占了很大比重。④安装固有频率较低的设备，在受到气泡脉动为主的第二阶段冲击中设备位移和基座位移方向相反，相对位移增大，这种现象还没有得到重视。例如，雷达天线及其连接件，较低的固有频率使得它们在以低加速度和大位移为特征的第二阶段冲击中变得易受损。因为这种冲击不仅没有被船体结构削弱，甚至会被甲板的共振加强。⑤在加速度很大的冲击第一阶段，弹性安装设备有很好的保护作用，然而，如果设计和应用不当，这种优点会在第二个阶段消失。发生在冲击第二阶段的较大的相对位移会传到设备底部，从而对设备造成第二次伤害。例如，安装在上甲板设备上的抗冲击装置可能适得其反，这些抗冲击装置能够抵抗的很大的加速度在早期就被船体结构降低了，但是这些装置的底部在有较大位移的冲击第二阶段却给设备造成极大的冲击伤害。在这个阶段，和邻近的设备发生碰撞并导致损伤的情况也会发生。另外，甲板上设备的安装频率和甲板固有频率共振也是非常有害的。Reid 有关美国海军水面舰船中心部分水下爆炸研究的工作报告[7]支持了上述观点。

为了模拟舰船机械设备的冲击环境，美国海军早在 1954 年就制定了军用标准 MIL-S-901B，规定了船用机器、设备和系统强碰撞冲击试验的要求，用以考核舰船设备抗冲击能力和作为舰船设备的验收标准，并且于 1963 年更新为 MIL-S-901C，1989 年又更新为 MIL-S-901D。规范规定了试验的机器设备按质量分为三个等级：轻量级(250lb①以下)；中量级(250～6000lb)；重量级(6000～30000lb)。它们分别在轻型冲击试验机、中型冲击试验机和浮动冲击平台上进行，规范还规定了敲击次数和摆锤的跌落高度。

1939 年英国制作了第一台轻型冲击试验机，1940 年美国对其进行了升级和修订。轻型冲击试验机符合 MIL-S-901D 冲击测试标准，其结构包括一个标准钢结构断面的焊接框架和两个冲锤，一个在垂直弧度上摆动跌落，另一个垂直跌落。每个冲锤重 400lb(181kg)，它们可提升到离其冲击位置 5in②(127mm)的垂直高度上，最大输入能量为 2712J。

1943 年第一个用于中型量级设备的海军中型冲击试验机安装在海军工程试验台上。基本设备包括一个在冲锤下面的基准打击台。冲锤的质量是 3000lb (1361kg)，摆动弧度为 270°，它可打击到基准打击台上的质量是 4500lb(2041kg)。

第一代浮动冲击平台：在第二次世界大战后至 1959 年，主要为陆上冲击试验机向水面浮动冲击平台的进化阶段。自 1940 年美国通用电气公司组装第一台轻型冲击试验机以来，美国海军一直采用各种类型的陆上冲击试验机考核舰船设备的抗冲击能力。由于空间和承载能力有限，陆上冲击试验机不能对大于 2.72t 的大中型舰船设备进行试验考核。针对该问题，美军研究人员最初的想法是延续轻型冲击试验机和中型冲击试验机的思路，继续建造更大吨位的陆上冲击试验装置。经过研究发现，按此想法建造的陆上冲击试验装置太笨重，机构太复杂，而且费用昂贵，所以美国海军研究人员研究后采纳了水面浮动冲击平台的试验方案。1959 年美国舰船研究和发展中心水下爆炸研究部门在诺福克海军船厂设计并建造第一台浮动冲击平台，该平台由一个开放式的钢制驳船组成，最大承载能力达到 13.6t，加载方式是采用小当量爆源近距离爆炸模拟大当量水中兵器攻击的爆炸现象。

第二代浮动冲击平台：1959～1973 年为浮动冲击平台技术的快速发展阶段。

---

① 1lb=0.453592kg。

② 1in=2.54cm。

针对越南战争期间有三艘舰船、一艘航空母舰被水下爆炸摧毁的情况，美国除建立陆上冲击试验机加强舰船设备冲击考核、加速发展冲击设计理论，还建造了一系列不同吨位(45～181t)的浮动冲击平台，进行了大量的标定试验和设备考核试验。例如，美国在1963年和1972年利用浮动冲击平台对核潜艇透平发电机组和LM2500燃气轮机进行了抗冲击试验，并于1973年建成了大型浮动冲击平台，同年进行了八次校验性爆炸冲击系列试验，通过总结系列试验经验，形成了浮动冲击平台试验的标准流程和标准工况。在1963年1月颁布的MIL-S-901C中第一次将标准浮动冲击平台纳入冲击试验规范。

第三代浮动冲击平台：1973年至今，主要为更新升级期。随着动态设计分析方法(dynamic design analysis method，DDAM)的发展成熟，美国海军研究人员认识到模态是船体结构和舰船设备的固有特性，如果通过模态分析弄清楚船体结构和舰船设备的主要模态特性，可以有效预测舰船设备的各种冲击响应和破坏模式。为了更加真实地模拟舰船重型设备的冲击损伤模式，基于动态设计分析理论，美国海军根据舰船各个安装部位的动力学差异，细化了安装部位的划分，并根据安装位置不同在浮动平台上增加了标准安装架，用来模拟舰船设备的实船安装环境动力学特性。在此阶段最重要的成果是1989年颁布的MIL-S-901D和2017年颁布的MIL-S-901E，901D为轻型和重型冲击试验机规定了标准安装架，901E为浮动冲击平台提出了模拟设备实船动力学安装特性的甲板模拟器，对冲击试验技术的发展产生了巨大的推进作用。

舰船抗冲击试验可以提高海军舰船的抗冲击能力。但是冲击试验需要大量的费用和时间，投入很大；通过冲击建模、仿真预测冲击响应，结合部分冲击试验进行校核是西欧海军普遍采用的方法。20世纪70年代联邦德国海军的BV043/73冲击标准主要是采用舰船设备冲击建模和计算的方法考核舰船机电设备的冲击防护问题，它同时给出了抗冲击设计计算所需的冲击波形、冲击幅值和冲击作用时间。冲击速度和相应的冲击时间按设备重量确定，并考虑到舰船类型的不同(水上、水下)，安装部位的不同(外部连接、内部连接)，以及冲击作用方向的不同(垂向、横向、纵向)进行加权。但是BV043/73冲击标准建立在较小的冲击载荷(加速度$40g$～$70g$)、理想半正弦波冲击波形及线性叠加冲击响应的基础上，因此垂向冲击时，位移响应仅达25～30mm；横向冲击由于规定的载荷小，位移响应仅20mm左右。在BV043/73冲击标准下，抗冲击器最大允许的垂向位移为35mm[8]。

随着水中兵器的发展，水下的爆炸当量对舰船设备的威胁越来越严重，特别是英国和阿根廷马岛战争后，欧美国家基于海战中舰船机电设备的损坏及运行情况，对冲击防护的标准，即BV043/73、MIL-S-901C、MIL-S-901D等，以及设备抗冲击性能进行了全面的评估与分析，1985年在北大西洋公约组织的协调和联邦德国海军部主持下，通过了舰船冲击新军标，即 BV043/85。此后，美国海军也制定了 MIL-S-901D 军标。BV043/85 与 BV043/73 相比主要有四个特点[9]：①冲击波形由原来理想的半正弦波、梯形波改为标准的全波，即双峰正负正弦波、双峰三角波。②冲击载荷加大，如双峰正负正弦波，最大垂向载荷达 140g 以上，横向载荷为 125g，冲击作用时间为 20ms；双峰三角波最大垂向载荷达 188g 以上，横向载荷为 166g，冲击作用时间为 16ms。③对载荷等级进行了细分，如 BV043/73 冲击载荷分为两级，而 BV043/85 冲击载荷增加到三级。④BV043/73 按线性方法进行计算；BV043/85 必须按非线性方法进行计算。

1989 年后，西方国家海军根据新军标，在冲击计算模型、研制符合新军标要求的隔冲器、舰船的隔冲设备改装等冲击防护方面做了许多工作：①建立了单层隔振系统非线性冲击计算模型，完成了按 BV043/85 冲击标准的隔冲系统的校核程序。②研制符合新军标要求的隔冲器，以取代现役产品。其基本性能是三向允许变形量达±65mm、自振频率(三向)为 5～9Hz(部分电子设备可达 24～30Hz)、隔冲器三向刚度也近似相等。③对改装舰船的隔冲设备采用冲击校核程序，逐一选择恰当的隔冲器型号及类型，进行改装。仅 1992～1994 年，按上述过程，已完成德国十条潜艇(Noski)、四条水面舰船(布勃登 F123)、荷兰潜艇及一艘海象级驱逐舰，希腊、丹麦等共四条水面舰船的改装任务。同时对德国出口到澳大利亚的十条潜艇也同样采用上述校核程序及新型隔冲元器件。

综上所述，西方海军强国抗冲击技术的发展可以概括为五个特点：①研究历史长，舰船机电设备的抗冲击试验技术与抗冲击理论研究始于第二次世界大战末期。②冲击标准更新。③试验技术得到系统性理论研究的支持和规范化计算软件的补充。④考虑非线性因素的影响。根据 BV043/85 冲击标准，以非线性模型为主的计算软件(ISOLIER、FEDMAS)经权威机构审核通过，输入、输出有统一格式，操作规范，保证抗冲击设计质量。⑤冲击试验频繁、现役舰船改装到位。西欧国家每两年一次在海上对新发展的抗冲击防护装置和抗冲击元器件进行冲击考核，并将考核合格的新技术应用到现役舰船上，对现役的舰船机电设备重新进行改装。

我国的舰船及其机电设备的冲击研究始于 20 世纪 60～70 年代，主要是收集、引进和消化国外的资料，进行适量的小型试验，有规模的实艇水下爆炸是 1981 年 5～7 月，在江苏省镇江市附近扇子圩水域，由当时第六机械工业部的船舶系统工程部组织的我国第一次以科学试验为目的的某实艇水下爆炸试验。这次试验的目的主要是测试、研究舰船及其机电设备抗水下非接触爆炸的性能，发现薄弱环节，为舰船抗冲击设计提供参考数据，同时也为水面舰船的冲击环境和建立我国自己的舰船抗冲击设计规范积累数据资料，探索理论计算方法，进而熟悉“动态设计”的概念。“七五”期间，中国船舶重工集团公司第 702 研究所研制成功小型浮动冲击平台，“八五”期间完成了两次水下爆炸试验。自90年代起，我国逐步加大了舰船及舰船机电设备抗冲击研究的力度,除对某驱逐舰和后续舰的冲击损伤研究以外,对于正在制造的水面舰船和潜艇的机械设备弹性支承装置均要求进行冲击校核计算，提出了更为明确的抗冲击设计要求，并制定了专门的冲击设计大纲。

五十多年来，许多国家如英国、德国等西方国家的海军相继制定、修改了舰船机械设备冲击环境标准。特别是德国,在马岛战争后,将BV043/73改进为BV043/85,冲击试验输入大幅提高。我国也在1986年和1991年制定了冲击军标，但是基本和MIL-S-901D类同。2010年以后，针对我国海军发展的需求，在对冲击环境深入认识的基础上，先后制定了一系列标准，体现了我国海军发展所瞄准的世界先进水平。国内外主要国家有关舰船机械设备冲击试验环境规范和冲击标准见表1.1。

表1.1 舰船机械设备冲击试验环境规范和冲击标准

序号	标准名称	标准号	国家	发布日期
1	船舶机械、设备和系统的H·I(强碰撞)级冲击试验要求	MIL-S-901B	美国	1954-04-09
2	船舶机械、设备和系统的H·I(强碰撞)级冲击试验要求	MIL-S-901C	美国	1963-01-15
3	船舶机械、设备和系统的H·I(强碰撞)级冲击试验要求	MIL-S-901D	美国	1987-01-15
4	英国国防标准军用品的环境试验——机械试验(三)	DEF STAN 07-55(Par12)	英国	1975-07-21
5	联邦德国国防军舰艇建造规范	BV043/73	联邦德国	1973
6	联邦德国国防军舰艇建造规范	BV043/85	联邦德国	1985
7	舰船电子设备环境试验 冲击试验	GJB 4.9—1983	中国	1983-01-27
8	军用设备环境试验方法 冲击试验	GJB 150.18—1986	中国	1986-12-09
9	舰船电子设备环境试验 冲击试验	GJB 440.2—1988	中国	1988-02-13
10	舰船环境条件要求 机械环境	GJB 1060.1—1991	中国	1991-08-05
11	舰用设备双波冲击试验方法	HJB 554—2012	中国	2012-12-21
12	舰用设备抗冲击设计及评估方法	HJB 542—2012	中国	2012-12-21
13	舰用管路抗冲击设计及评估方法	HJB 543—2012	中国	2012-12-21
14	舰用螺纹联接件抗冲击设计选用准则	HJB 544—2012	中国	2012-12-21
15	舰用冲击隔离器技术要求	HJB 714—2016	中国	2016-10-27
16	舰船冲击响应谱	HJB 715—2016	中国	2016-10-27
17	舰艇附件设备抗冲击设计及评估方法	HJB 717—2016	中国	2016-10-27
18	舰艇设备基座抗冲击强度设计计算方法	HJB 718—2016	中国	2016-10-27
19	舰用缓冲元器件冲击特性四参数检测方法	HJB 721—2016	中国	2016-10-27

1.3　舰船及其机电设备冲击环境预报进展

在冲击军标不断更新的同时，舰船及其机电设备的冲击理论研究、数学模型、计算方法及冲击动力仿真研究等在不断发展、完善，众多的专用计算软件和计算程序相继问世。综合现有的国外公开资料，可以将理论研究内容大致分为两个方面，即冲击环境预报、舰船结构和舰载设备的抗冲击设计。其中，冲击环境预报为舰船结构和舰载设备的抗冲击设计提供输入，而水下爆炸数值计算方法又是冲击环境预报的基础。

1.3.1　水下爆炸数值计算方法研究现状

水下爆炸数值计算方法根据求解流体方程的不同可以分为三类：第一类基于小变形假设求解声学波动方程；第二类基于流体不可压缩假设求解拉普拉斯(Laplace)方程；第三类是忽略黏性和热传导求解纳维-斯托克斯(Navier-Stokes)方程，即欧拉方程。第一类方程适用于远场水下爆炸问题，可描述冲击波的传播，但无法描述流体对流；第二类方程适用于近场水下爆炸气泡动力学问题，无法描述冲击波的传播，但可描述流体的流动；第三类方程具有水下爆炸问题的普适性，既适用于远场水下爆炸问题，又适用于近场水下爆炸问题，方程可同时考虑冲击波的传播和流体流动，但方程形式复杂，求解难度大，计算效率低，事实上，第三类方程可以分别通过小变形假设或不可压缩假设化简为第一类方程与第二类方程。表 1.2 列出了求解水下爆炸问题计算方法的基本方程、适用范围及可考虑的因素。

表 1.2　求解水下爆炸问题计算方法的基本方程、适用范围及可考虑的因素

基本方程	适用范围		考虑因素	
	远场	近场	冲击波	流体流动
波动方程	√	×	√	×
Laplace 方程	×	√	×	√
欧拉方程	√	√	√	√

1.3.2　声学流体计算方法

Cole[1]在《水下爆炸》一书中总结了水下爆炸的各种现象，探讨了爆轰波、水中冲击波、气泡脉动、自由表面现象及流固耦合等问题，指出水中冲击波的传播在远场条件下可以近似为声波，压力满足指数衰减规律，给出了不同种类炸药爆炸形成水中冲击波的经验公式，这些经验公式至今也有重要的参考意义。

Mindlin 等[10]运用平面波近似(plane wave approximation，PWA)法，求解了无限长浸没的弹性圆柱壳承受横向阶跃波作用时的动力响应。Haywood[11]运用曲面波近似(curved wave approximation，CWA)法求解阶跃压力脉冲作用下无限长浸没的弹性圆柱壳的响应。Felippa[12]总结了平面波近似法和曲面波近似法，提出运用基尔霍夫(Kirchhoff)迟滞势方程求解结构和声学流体耦合瞬态响应。这些方法适用于求解短波长(高频)的情况，即结构的早期瞬态响应。由于求解基于波动方程未考虑流体流动的影响,因此上述方法不适合求解以结构振动为主的中后期响应。为了求解受到水下爆炸作用时细长结构的低阶弯曲模态的响应，Chertock[13,14]提出了虚质量近似(virtual mass approximation，VMA)法。该方法将声学流体对结构的作用转化为附加质量，可准确预测结构中后期响应，但无法考虑早期冲击波效应。

Geers 等[15-18]提出了双渐近近似(doubly asymptotic approximation, DAA)方法，该方法的解在早期响应与后期响应趋于精确。方法包含了一阶、二阶和三阶精度的方程形式，其一阶形式和二阶形式在水下爆炸问题研究中得到广泛应用。可以说双渐近近似方法的提出具有划时代的意义。双渐近近似方法的本质缺陷在于难以保证收敛性。与有限元法(finite element method，FEM)不同，双渐近近似方法的收敛性验证需要同时加密网格和增加双渐近近似的阶数，但是超过二阶精度的双渐近近似的实现是非常困难的[18]。

由于双渐近近似方法是一种边界元方法，只在结构表面建立单元，无法考虑水中空化的影响。如果结构在自由表面附近或者结构本身容易变形，那么空化具有非常重要的影响。为了考虑空化的影响，Felippa 等[19]基于 Newton[20-23]的研究于 1984 年提出空化声学有限元(cavitating acoustic finite element，CAFE)法求解考虑空化的流固耦合问题。该方法以位移势描述流体，并将有限大小的流体模拟成双线性流体(流体发生空化，压力近似为零)，而流体的边界处理采用平面波近似或双渐近近似方法。空间离散采用三角形单元、等参单元或八节点砖状单元，时间离散使用中心差分法，并引入数值阻尼消除虚假的空化。空化声学有限元方法应用广泛，如水下冲击分析(underwater shock analysis，USA)程序就是将空化声学有限元单元用双渐近近似截断，类似的方法应用于软件模块 NASTRAN-CFA-DAA。LS-DYNA/USA 也使用空化声学有限元方法，其流体和结构半离散方程采用直接积分法，流体单元的边界使用双渐近近似方法或者平面波近似法。空化声学有限元方法也被用于 Abaqus 软件中，流体区域边界采用曲面波近似法截断。

在此之后，Sprague 等[24-26]继续发展空化声学有限元方法形成了空化声学谱单元(cavitating acoustic spectral element, CASE)方法。空化声学谱单元方法相比空化声学有限元方法共有四点改进：第一是将总的压力场分解为稳态分量、入射分量和散射分量；第二是将双线性空化声学有限元基函数替换为高阶勒让德(Legendre)多项式基函数，形成空化声学谱单元方程；第三是采用了一种简单的非保角的流固耦合算法；第四是引入了流体和固体时间步的子循环。由于允许非声学入射场无数值耗散的传播，基于压力场分解的方法具有很好的适应性；使用空化声学谱单元能够在达到同样的精度下减少流体的自由度；使用子循环和非保角的流固耦合算法能够提升计算效率。

对声学流体计算方法的总结可以发现，仅仅使用声学流体方法无法计算结构近场水下爆炸的响应。即使和其他方法结合进行近似求解，声学流体方法依然存在未考虑流体流动的局限性，造成计算结果的偏差。

1.3.3 不可压缩流体计算方法

Cole[1]在《水下爆炸》一书中指出气泡脉动周期往往较长，求解水下爆炸气泡运动时，流体的可压缩性可以忽略，并给出了气泡脉动周期的经验公式。因此，一些研究人员致力于用不可压缩流体理论求解水下爆炸气泡及其和结构的相互作用问题。

对于不可压缩无黏流体，往往用 Laplace 方程描述，在水下爆炸问题中最常用求解爆炸气泡的解法为基于势流理论的边界元法(boundary element method, BEM)。边界元法具有独特的优势：一方面它可以将问题降低一个维度，提高求解精度和效率；另一方面，它隐含的显式界面追踪方法可以避免界面捕捉方法遇到的一些问题。因此，在理想流体假设下，边界元法广泛应用于气泡动力学的研究[27-40]。早期的研究人员，如 Blake 等[28,35]、Gibson 等[36]、Best 等[29,37,38]及 Wang 等[39,40]重点开展了需要更少计算资源的轴对称边界元法的研究。应用各种理论和数值技术，轴对称模型的发展比较完善，能够在射流穿透气泡前后和试验结果吻合良好。但是轴对称模型本质上不能求解三维复杂问题，因此限制了其应用范围。

在此之后，世界各国的学者广泛关注三维气泡动力学的求解。对于在射流穿透以前的单连通的气泡，边界元法计算三维气泡可以获得较为满意的结果[41-45]。但是，和轴对称模型一样，当气泡被流体射流穿透，传统的基于势流理论的数值方法不再适用，这是由于流体区域转变成双连通区域，势函数不再是空间坐标的单值函数。与此同时，射流冲击也会引起较强的不稳定性。因此，环状气泡的三维数值模型也是气泡动力学的研究热点。Wang 等[46]总结了处理环状气泡的数值方法。早期对环状气泡的研究基于轴对称模型，其中有两种经典的环状气泡模型：一种是区域切割模型(domain cut model)；另一种是涡环模型(vortex ring model)。当气泡被流体射流穿透时，区域切割模型是在采用传统边界元法求解以前，通过运用保持冲击面的方式将双连通域切割成单连通域；涡环模型是在环状气泡内布置一个涡环，并将速度势函数分解成涡环诱导速度势和残余速度势两部分，保证了残余速度势在整场保持平滑，从而使得残余速度势可以采用单连通气泡的求解方式求解。涡环模型实施简便、稳定性较好，因此广泛应用于环状气泡的模拟，并拓展到三维问题[30,41,47,48]。Zhang 等[30]结合了一种简单的气泡网格切割技术和自适应网格加密技术，将涡环模型应用到三维环状气泡的模拟。他们成功地模拟出了气泡穿透、流通、回弹过程，对后续的研究有深远的影响。基于此，Klaseboer 等[41]通过结合气泡动力学数值模型和有限元程序，模拟了水下爆炸气泡和弹性结构的相互作用，计算结果和试验结果吻合得很好。

气泡的剧烈运动和大变形会导致网格密度分布的剧变，对仿真结果有负面的影响，例如，在气泡坍塌阶段，气泡表面流体存在较大的使网格向射流区域聚集的切向速度分量，使得射流区域网格密度上升，其他区域网格密度下降，这将导致仿真精度和效率下降。这个问题在模拟环状气泡时更加明显。因此，需要对气泡表面单元进行特殊处理[47]。Khoo 等[47]基于水平集(level set)方法的思想，引入了虚拟的速度更新网格节点。该速度通过弹性网格技术(elastic mesh technique，EMT)获取，以保证网格节点的均匀分布。后来，EMT 广泛用于三维气泡动力学的仿真研究中[33,41,47]。但是，随着气泡的变形，网格还是会出现严重的变形，尤其是环形气泡。Wang[49]基于界面推进(front advancing)方法采用了三维界面全网格重新划分技术求解浮体的兴波，其结果和解析结果吻合良好。Zhang 等[30]运用自适应网格加密技术求解环状气泡动力学问题，分解大的网格，合并小的网格，从而保证合适的网格密度分布及良好的网格质量。

国内学者[34,44,45,48,50-55]开展了大量水下爆炸气泡动力学的研究，文献[55]从两方面改进了气泡三维数值模型：①在环形气泡模型中，将求解涡环诱导速度势的立体角方法改进为沿涡环积分模型；②基于 EMT 提出了一种新的网格密度分布优化方法，这种方法结合了基于边缘交换过程(edge swapping procedure)的拓扑优化法，从而能够在大变形模拟时保持合适的表面网格。

关于不可压缩流体和可变形结构的耦合方法目前主要有两种：一种是弱耦合方法[41,43,56-62]，是根据非稳态伯努利方程计算流体作用在结构附近的压力，将压力作用于结构表面，然后从结构获取位移和速度，用以更新流体的边界；另一种是强耦合方法[52]，每个时间步，都将计算得到的压力和速度迭代到稳定再进行下一步计算。

不可压缩流体计算方法虽然能够较准确地计算水下爆炸气泡动力学问题，适合求解结构的低频响应，但是流体的不可压缩假设，势必导致基于势流理论的边界元法忽略了冲击波效应，因此无法准确估计弹性边界的早期运动。如果弹性边界的运动对输入载荷有较大影响，则会给冲击环境的计算带来较大误差，如抗冲覆盖层的早期响应计算。

1.3.4　可压缩流体计算方法

可压缩流体采用欧拉方程描述，相比于声学流体波动方程和不可压缩流体 Laplace 方程，欧拉方程的求解更加复杂，需要的计算量更大。数值求解可压缩流体的欧拉方程，首先需要离散计算域。根据不同的离散方式，数值方法可以分成两种，一种是基于网格的方法，另一种是无网格法，如表 1.3 所示。

表 1.3　基于网格和无网格的主要方法[63]

基于网格的方法	无网格法
有限元法(FEM)	光滑粒子法(SPH)
有限差分法(FDM)	无网格 Galerkin 法(EFG)
有限体积法(FVM)	无网格局部 Petrov-Galerkin 法(MLPG)

基于网格的方法包括有限元法、有限差分法和有限体积法，这些方法的不同在于计算框架及离散方程的形式不同。有限元法和有限差分法一般采用基于节点的计算框架近似计算域几何、表示场变量计算的位置，而有限体积法一般采用基于网格的计算框架。有限差分法的计算一般采用控制方程的微分形式，而有限元法和有限体积法的计算一般采用控制方程的积分形式。有限体积法常常用来模拟需要流体变量严格守恒的流体，对守恒方程的积分形式的直接离散自动满足守恒条件。有限体积法分段不连续的特征在处理含有冲击波的水下爆炸问题时有重要的意义。第 6 章介绍的间断伽辽金(discontinuous Galerkin，DG)法基于求解守恒方程的弱形式，采用了有限的分段多项式空间和试探函数空间，属于有限元法。间断伽辽金法和有限元法的不同在于，间断伽辽金法中的分段多项式允许在单元边界出现间断。因此，间断伽辽金法引进了有限体积法中的数值通量技术处理单元边界上的不清晰。此外，间断伽辽金法引进了有限体积法中的非线性限制器消除存在强间断时出现的虚假数值振荡问题。从这一方面看，间断伽辽金法可以认为是有限元法和有限体积法的混合方法[64]。

无网格法的开发是为了克服传统基于网格的方法的一些本质缺陷(如网格畸变)，无网格法已用于各个领域，包括水下爆炸[45,65-68]。其主要缺陷在于无法构建高精度算法。

水下爆炸流固耦合计算方法可以分为四大类：①流体和固体都采用拉格朗日坐标描述；②流体和固体都采用欧拉坐标描述；③流体采用欧拉坐标，固体采用拉格朗日坐标，欧拉流体和拉格朗日固体直接耦合(coupled Eulerian-Lagrangian, CEL)；④流体采用欧拉坐标，固体采用拉格朗日坐标，流固耦合采用任意拉格朗日-欧拉(arbitrary Lagrangian-Eulerian, ALE)方法。

Mair[69]总结了求解水下爆炸结构响应的计算方法，指出了四大类计算方法的优劣。传统的拉格朗日方法虽然能够求解流固耦合问题，但是会出现大变形导致网格畸变，因此不适合求解持续时间长的爆炸气泡和结构相互作用问题。非传统的拉格朗日方法如光滑粒子法可以求解这类问题，但是该方法并不成熟。欧拉方法虽然可以求解大变形问题，但是该方法难以处理薄壁结构，因此不适用于水下爆炸流固耦合问题。CEL 方法中流体和固体分别采用各自成熟的算法，同时可以考虑薄壁结构，适用于水下爆炸流固耦合问题。ALE 方法同样是将流体欧拉坐标和固体的拉格朗日坐标耦合起来，在该方法中，流固耦合面附近的流体和固体网格可以以合适的速度运动，避免了 CEL 方法处理界面时的复杂性。虽然 ALE 方法能解决一些 CEL 方法面临的问题，但是会引入其他问题。该方法也是求解水下爆炸流固耦合问题的适用方法之一。

Wardlaw[70]在 1998 年的一份报告中介绍了其开发的用于求解可压缩流体欧拉方程的水下爆炸程序 GEMINI,该程序基于有限差分法,采用 ALE 方法将 GEMINI 求解器和有限元程序 DYNA_N 耦合。在其报告中，介绍了大量的算例，对后来学者开发各种算法程序具有重要的参考意义。在此之后，Wardlaw 等[71]运用 GEMINI-DYNA_N 程序计算了充水单层圆柱壳内爆、充水双层圆柱壳内爆及平板附近水下爆炸的算例，揭示了近场水下爆炸流固耦合的机理。图 1.1 给出了可变形结构流固耦合的传统观念，其未考虑爆炸气泡的影响。在近场水下爆炸时，由于爆炸气泡的存在，从结构反射的冲击波会在爆炸气泡处发生反射，形成稀疏波。一般情况下，对于刚性结构，结构表面的空化是从爆炸气泡反射回的稀疏波形成的，如图 1.2 所示。对于可变形结构，初始冲击波在结构表面发生反射，形成的反射波含有稀疏波分量，与从爆炸气泡反射的稀疏波相互作用会在爆炸气泡和结构之间的位置形成空化，如图 1.3 所示。他们的研究中包含算法和试验结果的对比，为后续研究人员算法程序的开发提供了很好的验证算例。

近些年，由于虚拟流体法(ghost fluid method，GFM)及其相关改进方法具有处理强冲击问题稳定性高、实施方便等优点，广泛应用于计算水下爆炸问题[72-83]。虚拟流体法可以在 CEL 框架下，也可以在纯欧拉的框架下实施，具有很大的灵活

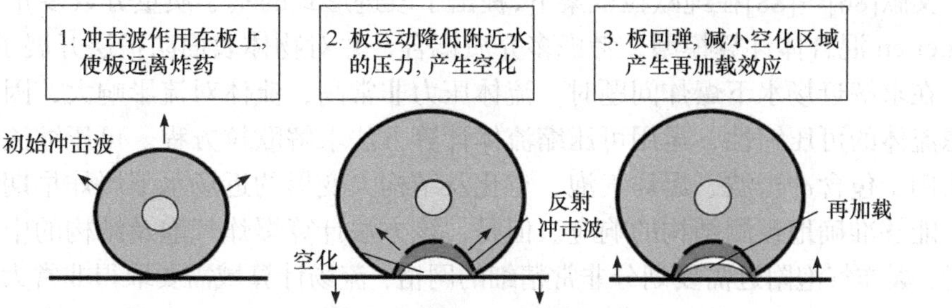

图 1.1　流固耦合传统观念[71]

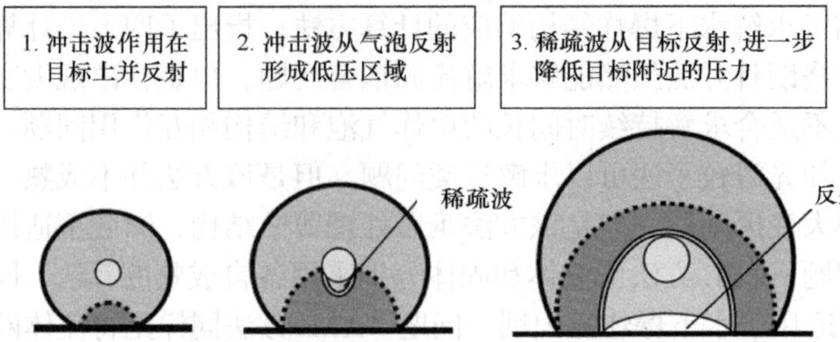

图 1.2　刚性结构附近爆炸的流固耦合[71]

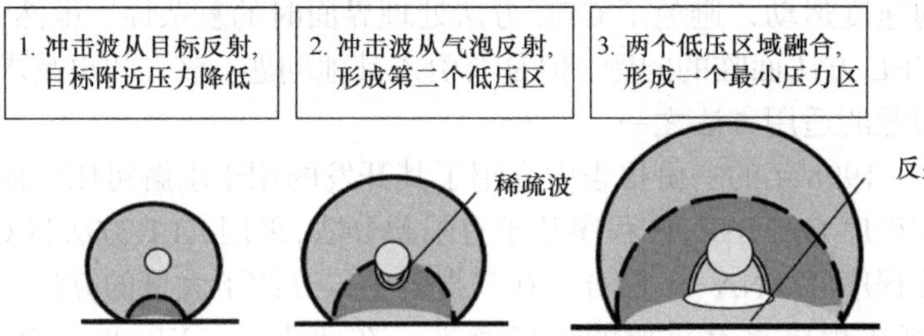

图 1.3　可变形结构附近爆炸的流固耦合[71]

性。2002 年，Fedkiw[73]将 1999 年提出的虚拟流体法[72]拓展到耦合欧拉流体和拉格朗日固体的计算上。文献[74]、[76]～[78]提出了修正的虚拟流体法(modified ghost fluid method, MGFM)，并应用于求解强冲击下欧拉框架的流固耦合问题[77]和欧拉-拉格朗日框架的流固耦合问题[76,78]。文献[79]应用修正的虚拟流体法耦合欧拉流体和拉格朗日固体模拟了可变形的复合结构和可压缩多相流的相互作用，其中欧拉流体的求解采用二阶有限差分法，拉格朗日固体的求解运用 Abaqus/Explicit 软件，空化模型采用文献[80]提出的等熵空化流模型。文献[81]运用文献[79]编制的程序分析了固定刚性板、自由刚性板、自由可变形板、自由夹层结构在近场水下爆炸作用下的流固耦合作用。文献[82]和[83]基于虚拟流体法开展了爆炸波传播、高压气泡膨胀的数值模拟及超压峰值的三维计算。许亮等[84,85]运用修正的虚拟流体法开展了在水下爆炸冲击载荷作用下弹性板的响应分析。

文献[86]～[88]在纯欧拉框架下，提出了改进形式的基于质量分数多介质 Mie-Grüneisen 混合体计算模型，考虑多介质耦合，并对物体表面防护层开展了研究。

在求解近场水下爆炸问题时，流体压力非常高，流体对流影响大，因此需要考虑流体的可压缩性，运用可压缩流体计算方法求解欧拉方程。可压缩流体计算方法用于包含冲击波、爆炸气泡、空化及结构大变形的近场水下爆炸早期响应问题，能够准确地预测结构的响应。但是，该方法计算爆炸气泡及结构的中后期响应时，爆炸气泡附近需要划分非常精细的网格，流场计算域需要取得非常大以保证计算域边界的影响不会传播到爆炸气泡，否则爆炸气泡的响应如脉动周期、最大半径等会出现很大误差，从而导致作用到结构的气泡脉动和射流载荷出现很大误差。而精细的网格和巨大的流场计算域会导致计算量上升，因此从计算精度和计算效率两方面综合考虑，求解近场水下爆炸全响应问题不宜采用可压缩流体计算方法。

抗冲覆盖层敷设在舰船湿表面用于降低水下爆炸传递到船体的冲击载荷，其特点是在船体和流体载荷之间增加了一层具有大变形特征的冲击防护层。文献[89]针对在具有柔性边界特性的舰船抗冲覆盖层附近的水下爆炸问题，建立了高精度和高效率的水下爆炸响应计算方法。

(1) 针对抗冲覆盖层远场水下爆炸问题，假设流体为声学流体，由波动方程控制，提出了一维远场冲击波在气背衬/刚性背衬单、双层介质传播中的理论计算方法，考虑了空化、大变形效应。理论计算方法考虑了抗冲覆盖层在冲击波传播方向上的弹性，能够精确捕捉各个介质界面上的压力。

(2) 针对抗冲覆盖层近场水下爆炸早期响应问题，假设流体(气体与水)为可压缩、无黏、无热传导流体，由欧拉方程控制，提出了龙格-库塔间断伽辽金(Runge-Kutta discontinuous Galerkin，RKDG)-FEM 计算方法并编写了相应计算程序，其中 RKDG 方法计算流体的响应，Abaqus/Explicit 软件计算结构的响应，二者通过接口子程序耦合。计算程序中，采用水平集方法捕捉气液和液固界面的位置；气液界面的耦合采用针对 RKDG 特殊设计的修正的虚拟流体法求解；对于液固界面的耦合，改进了求解流固耦合问题的修正的虚拟流体法，直接运用拉格朗日界面速度作为建立黎曼问题的速度解，通过液固修正黎曼求解器获得界面压力和流体的密度，而获得的界面压力施加给结构，作为结构运动的边界条件。应用改进方法求解时，无须对每一种覆盖层材料建立不同的黎曼问题，并能够同时对拉格朗日区域和欧拉区域施加边界条件，提升流固耦合计算方法灵活性的同时兼顾了计算精度。RKDG-FEM 通过算例验证，表明求解器能够很好地处理非线性流固耦合问题，包含了强冲击、爆炸气泡、初始空化的形成和溃灭，以及覆盖层结构的复杂应力场和变形场等。

(3) 针对抗冲覆盖层近场水下爆炸全响应问题，为解决 RKDG-FEM 求解近场水下爆炸中后期响应效率和精度不高的局限性，假设水在近场水下爆炸中后期为不可压缩流体，由 Laplace 方程控制，提出 RKDG-BEM-FEM 并开发了相应的计算程序，其中 RKDG-FEM 求解早期冲击波阶段的响应，耦合 BEM 和 FEM(BEM-FEM)计算方法求解中后期气泡脉动阶段的响应，并通过接口程序将 RKDG-FEM 程序和 BEM-FEM 程序耦合。与采用可压缩流体计算方法计算全响应相比，RKDG-BEM-FEM 计算方法能够大大缩短计算时间；与采用不可压缩流体计算方法相比，RKDG-BEM-FEM 能够考虑冲击波效应从而提升计算精度。而且该方法能够在 RKDG 求解器到 BEM 求解器转化时，即使在 RKDG 求解器网格不够密集的情况下，仍然能够较准确地预测气泡的脉动周期与最大半径。

1.4 舰船机电设备的抗冲击设计计算方法

第二次世界大战期间，大量战舰由于舰载设备的冲击损伤失去作战能力。要提高战舰的生命力，不但要改进船体结构的设计，而且必须研究和提高舰载设备对水下冲击的抵抗能力。舰船机电设备的抗冲击分析和理论研究必须对舰船装备设计师提供有用的设计信息，一种有用的、可行的设计方法必须适用于标准工程和具有普适性的数学模型。舰船机电设备的抗冲击设计分析的理论方法逐渐从静态发展到动态，由简单变为复杂，从粗糙走向逐步精确，从线性趋向非线性。设备的抗冲击设计经历了静态等效法、动态设计分析方法(又称弹性冲击法)和实时模拟法三个阶段，目前发展到基于三折线冲击谱的设备冲击响应时域计算方法。

1. 静态等效法

静态等效法是将动载荷等价为一定数量的静载荷，用静态的方法进行强度校核，通常用 15 倍的静载荷作为校核载荷。该方法没有考虑设备的高频响应与一阶低频响应的差异，实际上只校核了一阶低频响应的强度，这样当一阶响应为设备的主要破坏因素时，采用静态等效法具有很高的精确度，当高频破坏为设备的主要破坏因素时，此法不适合。1948 年，美国海军研究实验室 3202 号报告提出了“冲击运动的等静力加速”的概念，这是早期的舰船机电设备的抗冲击设计计算方法。

2. 动态设计分析方法

Biot[90]在考虑建筑物对地震的冲击响应问题时，提出了单自由度系统冲击响应谱的概念。冲击响应谱是单自由度系统在给定冲击激励下的无量纲最大响应(动态响应/静态响应)随无量纲时间(冲击作用时间与系统固有周期之比)而变化的函数。冲击输入往往是简单的标准脉冲，如半正弦波、方波等。由于冲击响应谱并不描述冲击激励本身，而是描述了冲击输入对系统可能造成的最大影响，因此是一种较为简单的描述冲击响应的方法，在工程上首先将冲击对象简化为单自由度系统，采用冲击谱方法进行抗冲击设计。但是分析的冲击作用对象，严格地说并不是单自由度系统，只是工程应用方便、在误差不大时简化为单自由度系统。对于多自由度系统，尤其是自由度很大时，就不能简单地套用冲击谱的概念，谱跌现象就是一个证明。因此，动态设计分析方法[91]应运而生。该方法建立在模态分析理论的基础上，将自由度为 n 的系统化为 n 个单自由度系统。设备的输入载荷是位移、速度、加速度随频率变化的复杂冲击谱。得到的是多自由度系统各阶模态的最大贡献的平方和。动态设计分析方法可以分析高阶的破坏模式，但它具有很大的局限性：第一，只能分析线弹性安装的设备；第二，只能分析设备的线弹性破坏；第三，安装基础的弹性变形的影响、设备重量的影响等必须由试验数据得出。

3. 实时模拟法

实时模拟法是动态设计分析方法的补充，它采用实测的时间历程曲线作为设备的输入载荷，对设备在时域进行瞬态分析，同时考虑各种非线性因素。在舰船机电设备的抗冲击理论研究中，非线性计算模型和计算方法是一个更具深度的研究课题。因为冲击隔离是将瞬态的、强烈的冲击能量储存于冲击隔离器中，使冲击隔离器产生很大的变形，然后按隔离系统本身的固有振动周期将隔离器中的冲击能量相对缓慢地释放出来，从而达到冲击隔离的目的。由于冲击过程中隔振系统的大变形，隔振系统固有频率发生变化，冲击隔离问题实际上是一个非线性问题，因此 Alexander 提出了非线性动态设计分析方法[91]，Durant[92]研究了大结构非线性冲击隔离，Alexander[93]研究了给定冲击谱下的非线性冲击响应。

4. 基于三折线冲击谱的设备冲击响应时域计算方法

在 BV043/85 标准之前，水下非接触爆炸对舰船设备的冲击载荷主要用速度增量表征，在时域上，简化为简单冲击波，由波形及其峰值和脉宽表征(图 1.4)；在频域上，用二折线冲击谱表征(图 1.5)。在 BV043/85 标准之后，基于对水下爆炸载荷和舰船相互作用机制的认识，冲击波由原来理想的半正弦波、梯形波改为标准的全波，即双峰正弦波、双峰三角波。其物理意义是设备受冲击加速过程中设备基座随艇体已经开始减速，基座对设备又施加了反方向作用力，在时域波形上表现为正波冲击结束时还有负波冲击(图 1.4)，在频域上的冲击谱表现为三折线冲击谱，除了中频段的速度谱和高频段的加速度谱，还产生低频段的位移谱(图 1.5)，

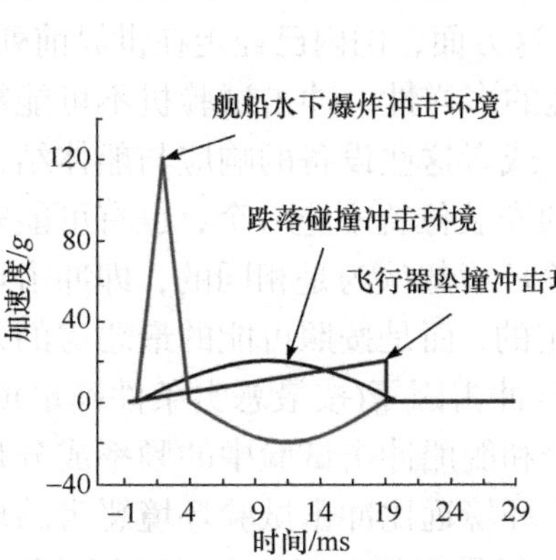

图 1.4 时域冲击波形对比

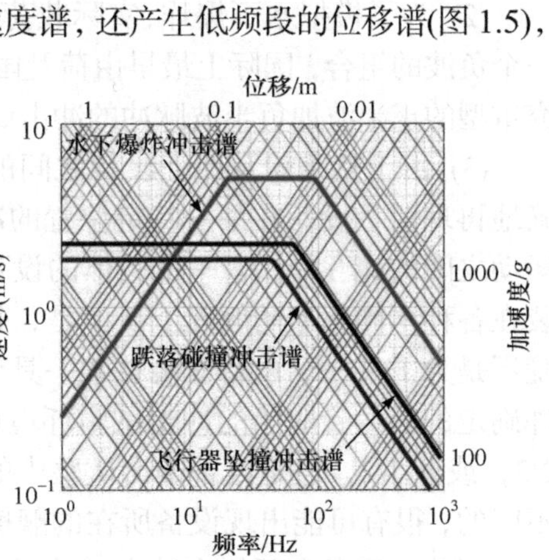

图 1.5 频域冲击谱对比

设备受到的冲击环境比两折线谱更为严酷。目前，采用三折线冲击谱作为输入，并将其转换为等效的正负双波，在时域上进行冲击响应计算，是设备冲击响应计算的主要方法。

综上所述，舰船及设备的抗冲击问题主要包括冲击环境的确定、结构和设备的抗冲击能力分析、冲击防护优化设计和评估等三个方面。从炸药爆炸到冲击波、气泡脉动形成，然后传递到舰船船体结构，再到舰载设备，在时间上是连续发生的，并且不是单向传递，而是相互耦合、相互作用的。因此，工程上抗冲击设计时，总是将冲击波和舰船结构连在一起，计算冲击环境。再将结构响应作为设备的冲击环境，计算设备的冲击响应。但是，随着计算机的发展，将流固耦合冲击环境计算和设备响应融合在一起，即一维时间加三维空间的四维虚拟冲击成为当前的发展方向。

1.5 冲击试验和虚拟冲击

1.5.1 设备冲击试验和全舰冲击试验

无论是水面舰船还是潜艇，其关键设备均应进行冲击试验。冲击环境取决于全舰设计冲击因子的要求。设备冲击试验的目的是验证关键设备在舰船遭受爆炸冲击后是否能够承受由此给设备带来的冲击，它并不是为了保证设备的生命力，而是为了减少设备受到冲击后破坏的可能性[94,95]，提高设备效费比。但是，设备冲击试验有如下不足之处：

(1) 受冲击试验机和浮动冲击平台限制，一些很大而且很重的机械设备无法进行冲击试验。

(2) 为了模拟水下爆炸，实际载荷的时域曲线按 BV043/85 应该是一个正波和一个负波的组合，国际上最早由荷兰国家应用科学研究院提出。近期，美国正在研究重型的正半波加负半波脉冲的冲击试验机。在这方面，国内已经走在世界前列。

(3) 由于整条船及船上设备之间的冲击环境的多样性，冲击试验机不可能精确地再现船上设备在某一特定位置的冲击环境，或者这些设备的响应与船体结构运动之间的交互作用。一个具体的设备在船上的安装位置不止一个，也有可能安装在各种不同类型的舰船上。但是，其冲击试验环境却认为是相同的，即冲击环境不是为了某一个设备安装在某一具体位置而定的，而是按照可能的最恶劣的条件确定的。尽管舰船的冲击试验环境可以取设计冲击因子(按最恶劣条件确定)的 2/3，或者 1/2，但是设备冲击试验中的频率成分和舰船冲击试验中的频率成分是不同的，很有可能出现设备所在的舰船局部冲击环境远比冲击试验环境恶劣的现象。因此，设备有可能在冲击试验时是合格的，但是安装在舰船上时遭到破坏。

一个典型的例子是核动力装置上的管道系统，这些管道系统要求“硬”连接，动力装置在冲击试验时是合格的，但是安装在舰船上时，由于局部恶劣的冲击环境，管道系统遭到破坏。因此，设备的冲击试验并不能完全代替舰船的水下爆炸冲击试验。

(4) 舰船上设备所在位置由于舰船冲击形成的局部冲击环境不太容易确定，因此设备的破坏形式也不清楚。

舰船水下冲击试验(shock test/trial，STT)是验证在战斗冲击环境下舰船及其系统抗冲击能力的最佳途径，美国海军规定新型潜艇和水面舰船第一步就是按OPNACINST9072.2，在不同的药量、不同的水深、不同的距离等条件下对舰船进行一系列的水下冲击试验。冲击试验虽然能够提供一个近乎均匀的冲击环境，但是和实际作战中的武器产生的冲击尚有差别，尤其是实际作战中的武器产生的冲击环境从舰首到舰尾是不一样的，局部可能超过设计要求。由于水下冲击试验成本昂贵，同时考虑舰船人员安全，一般只进行模拟舰船冲击试验，即替代试验(surrogate TEST)。模拟舰船是指在尺寸和结构上与实际舰船相似的试验平台或样舰。冲击试验从相对小的冲击水平开始，逐渐增加到一定的严酷度。目前的冲击试验严酷度对水面舰船来说是龙骨设计冲击因子(design keel shock factor，DSKF)的 2/3，对潜艇来说是设计冲击因子的 1/2(参见本书第 8 章)。

1.5.2 虚拟冲击与冲击试验的关系

一方面，由于设备和全舰冲击试验存在不足，更由于冲击试验的成本昂贵，试验次数极其有限，难以得到概率统计学意义上的试验结果，而环境保护又使公开的冲击试验面临更多的问题；另一方面，计算机建模与仿真的迅猛发展又为数字化的虚拟研究提供了广阔的空间。因此，不但发展中国家海军更依赖仿真提高舰船的抗冲击能力，而且如美国等发达国家海军也在大力发展基于仿真的虚拟冲击技术，以弥补现行冲击试验的不足，并期望在将来能更多地替代冲击试验。

舰船虚拟冲击是通过建立数学和力学模型，在一个统一的仿真环境中模拟舰船的冲击环境，“试验”获取舰船结构和舰载设备的冲击动态特性，预测其抗冲击能力，评估抗冲击方法和措施，其分析流程如图 1.6 所示。虚拟冲击的最大特征是将传统的冲击环境试验设备、部件试验、实船试验统一起来，在尽可能接近真实的仿真环境中进行冲击试验。当然，传统的冲击环境试验设备、部件试验、实船试验是虚拟冲击的基础。虚拟冲击涵盖的主要内容如下：第一部分是爆炸冲击作用下船体流固接触面的动压力建模和计算；第二部分是爆炸冲击作用下船体作为刚体在水中的运动以及舰船各个设备之间作为刚体的相对运动；第三部分是将船体作为弹性体、设备作为刚体(或弹性体，如果刚度较小)、船体和设备的连接作为刚性或弹性连接进行动力学仿真。

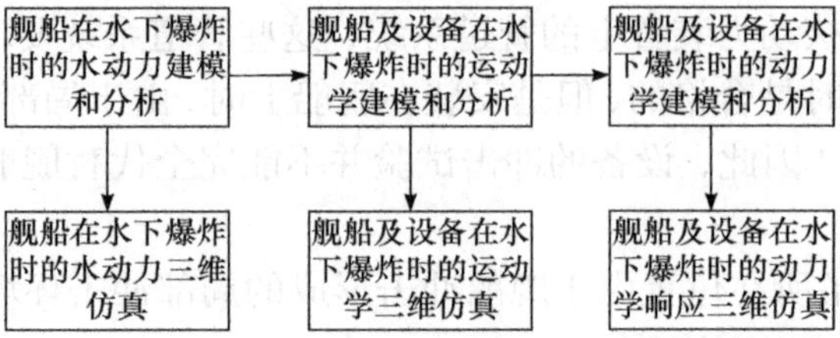

图 1.6　冲击问题分析流程

虚拟冲击与单自由度或多自由度的质量-弹簧系统动力学响应分析不同，后者虽然计算效率高，但是它的假设条件、简化模型限制了它的应用。因此，人们希望虚拟冲击在不久的将来可以提供比试验更全面精确的冲击数据。

虚拟冲击和冲击试验的关系可以归结为两个方面的问题：①虚拟冲击需要通过试验或部分试验结果加以验证；②由于冲击试验的成本昂贵，有些试验甚至不可能实现，只能借助虚拟冲击，而这些虚拟冲击显然是无法验证的，必须具有很高的可信度。所以，现阶段虚拟冲击的作用有两个，一是作为冲击试验的补充，二是作为冲击试验的部分替代。

虚拟冲击作为冲击试验的补充和替代，优势主要表现在以下几个方面：①在首制舰船的设计制造阶段和后续舰船的改进设计阶段，为设计者提供指导抗冲击设计的决策数据。②试验数据的补充和归纳，可以加深专家对系统性能的了解，有助于早期改进设计和使用，这些性能在舰船冲击试验时是很难或不可能测量的。③一般来说，冲击试验的环境没有实际作战中遭受水下爆炸的条件恶劣，虚拟冲击可以和冲击试验相结合，利用建立在冲击试验数据上的仿真模型，推断实际作战中遭受水下爆炸时的响应过程。例如，设计仿真(simulation based design，SBD)，设计者可利用测试和仿真得到的数据进行抗冲击设计。④为冲击试验做预报。冲击试验之前，需要预先确定冲击量级及可能产生破坏的程度，该任务可由虚拟冲击完成。

1.6　舰船设备和人员的水下爆炸冲击防护技术

水下非接触爆炸作用下舰船平台冲击响应的物理过程是炸药爆炸形成的冲击波瞬间传递到舰船结构与之发生耦合作用，部分冲击载荷转化为结构中的应力波，进而传递到舰船设备、人员的过程。因此，舰船水下爆炸冲击防护技术从以下两个方面开展，一是从水下爆炸冲击在流固耦合界面上采取降低冲击载荷的措施，二是在冲击载荷传递途径上采取缓冲和冲击隔离等措施减小舰船结构、设备和人员的冲击响应。

1. 水下爆炸载荷下舰船整体冲击防护技术

通过在舰船湿表面敷设一层抗冲覆盖层降低舰船湿表面的冲击输入载荷，改善舰船的整体冲击环境，如图 1.7 所示。21 世纪初上海交通大学和中国人民解放军海军研究院共同提出了具有原创性的超弹性多孔结构抗冲瓦新概念，即在水面舰船湿表面敷设一层内部具有特殊空腔结构的橡胶覆盖层，综合利用阻抗失配、大变形能量耗散、弹性表面稀疏波减压机理，隔离水中冲击波向舰船的传播，从而起到舰船整体抗冲击与减振降噪综合防护效果。

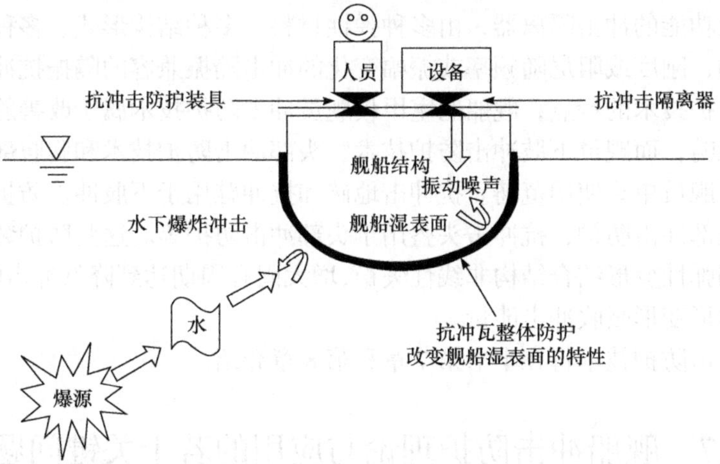

图 1.7 舰船整体抗冲击与减振降噪综合防护新原理

1) 阻抗失配原理

抗冲瓦在钢质船壳板和水之间形成一道近似空气的夹层，利用空气与水、空气与钢之间声阻抗严重不匹配的原理，阻断水中冲击波向船体的传播。

2) 大变形能量耗散原理

抗冲瓦在水下爆炸强冲击作用下瞬间产生整体变形，通过自身结构与材料特性消耗能量，降低传递到船体的总能量。

3) 弹性表面稀疏波减压机理

根据水在稀疏波作用下汽化形成由大量小气泡组成的空化区域现象，提出一种利用临水柔性界面在水下爆炸冲击波作用下产生空化效应减小冲击波冲量的作用机理，将水这种冲击的传递介质变为隔离介质，改善了冲击防护效果。

2. 水下爆炸载荷下舰船设备及人员冲击防护

冲击隔离的实质是通过冲击隔离系统的变形，将能量储存起来，以减小冲击强度，再以系统的固有频率缓慢释放。在设备和基础之间安装各种隔振器是抗冲击设计中最常用的方法。20 世纪 80 年代机电设备开始采用双层隔振系统，目前舰船机电设备逐渐采用由隔振器和筏架组成的浮筏隔振系统。现有的大部分隔振器很难做到隔振和抗冲兼顾，隔振要求隔振器具有合适的刚度，实现良好的振动隔离效果；而抗冲既要求隔振器具有较大的柔度起到缓冲的效果，同时要求避免隔振器变形过大而引起二次碰撞冲击。因此，舰船设备的冲击隔离器必须是非线性冲击隔离器。本书介绍的变刚度非线性隔振抗冲器、橡胶钢丝绳抗冲器、管路胶泥吸能器、空气弹簧聚氨酯阻尼复合抗冲器，以及前面介绍的抗冲瓦等，本质上都是在工作点附近具有较小的刚度、较大的阻尼，而在冲击大位移到来时具有大能量吸收功能的冲击隔离器，由多种弹性材料、多种结构形式、多种阻尼介质有机组成的，刚度或阻尼随频率或振幅变化的冲击隔振兼容的隔振抗冲装置。

按照防护技术的特点，舰船舱室甲板舰员冲击防护技术属于改善舱室地面的冲击环境范畴，而舰员下肢冲击防护技术、头部冲击防护技术和胸腹部冲击防护技术则属于舰员单兵使用范畴。抗冲击地砖和抗冲鞋用于下肢冲击防护，抗冲背心用于胸腹部冲击防护，抗冲击头盔用于头部冲击防护等。这些防护装具的技术特点是利用弹性变形结合结构非线性失稳，增大固有周期达到降低冲击响应幅值，或者利用塑形变形吸收冲击能量。

上述冲击防护技术将在本书第 7 章和第 8 章介绍。

1.7　舰船冲击防护理论与应用的若干关键问题

综上所述，舰船水下爆炸冲击理论、试验和防护技术的研究已有 100 多年的历史，我国研究起步较晚，自 20 世纪 50～60 年代开始，在近一二十年取得了长足的进步。但是，在冲击防护理论与应用方面仍有以下关键问题有待进一步研究。

1. 水下爆炸冲击环境预报的数值计算方法

弹性边界或冲击波可穿透边界下，可压缩流体水下爆炸载荷的高效数值计算方法，是舰船冲击及防护理论与应用的首要关键问题。水下爆炸计算的主要目的是获取载荷谱。但是，以往很少考虑到作用于船体的水下爆炸冲击载荷实际受流固耦合效应和被冲击结构特性的影响。弹性边界或冲击波可穿透边界下，载荷在不同的频段会发生变化，抗冲瓦在毫秒级的主冲击波作用阶段、秒级气泡脉动阶段和射流阶段等三个阶段的流固耦合相互作用机理都是不一样的。

2. 水下爆炸冲击和冲击试验的虚拟实现方法

一维时间加三维空间的四维虚拟冲击成为当前的发展方向。由于虚拟冲击具有的 3M 特性，即多尺度(multiscale，结构小变形，流体大变形)、多物理特性(multiphysics，结构和水耦合作用时表现出来的不同物理特性)，导致多种处理方法(multiprocessing)。这些处理方法可以并行处理，现代并行机的出现为虚拟冲击提供了更好的平台。

3. 复杂设备的冲击响应计算方法

舰船用的燃气轮机等动力设备都是非常复杂的机械系统，含连杆机构、齿轮机构、花键联接等。机构的冲击动力学问题和结构的冲击动力学问题不一样，各个构件之间可以相互运动，在连接部位必须有间隙。间隙的存在会导致构件之间的碰撞和边界的变化。有待进一步认识冲击过程中各个连接副之间的挤压、摩擦、接触等瞬态冲击界面力学行为。获取动力设备典型连接件接触面冲击特性相关特征参数，据此建立集总参数或连续系统力学模型，研究弯曲波、压缩波、剪切波等冲击波在复杂结构中的传递，优化局部结构，减小结构薄弱环节处的冲击载荷，实现结构响应控制仍然有很长的路要走。

4. 隔振抗冲融合的主被动控制方法

冲击响应取决于系统特性和冲击载荷的特性。对于单自由度系统，取决于固有周期和冲击输入信号的持续时间两者的比值。但由于必须支撑被隔离设备的重量，以及防止二次碰撞，冲击隔离器不能设计得很软。合理地利用非线性刚度实现变刚度，利用非线性阻尼实现变阻尼，在冲击到来的瞬间刚度足够小，在响应尚未到最大值时阻尼足够大，在冲击过后刚度和阻尼恢复到原先的设计值，需要研究冲击隔离/缓冲的主被动控制方法，实现舰船设备冲击和隔振的兼容及优化。

5. 舰船设备的安全性评估方法

复杂装备如燃气轮机、核动力堆、二回路系统等部件强度不同，失效模式各异。如何采用数值模拟结合试验研究，获取突加冲击载荷统计特性、典型连接件冲击刚度和损伤容限等结构统计特性，以及重要关键设备的剩余强度和破坏模式，建立包含结构、性能等多个功能函数的整机安全性评估方法和准则，开发安全性评估软件，形成相应的安全性设计规范、准则和数据库，建立设备、管道、人员、船体的安全评估体系，是当前需要攻克的关键问题。

6. 舰船设备试验标准规范和试验装备

舰船设备冲击试验装备，尤其是三折线冲击谱模拟试验装备是舰船设备冲击试验考核的核心装备。需要解决的科学技术问题：一是谱位移/谱速度/谱加速度可调的舰船设备冲击试验方法和系统实现原理；二是正波超大能量输出与负波超大能量耗散控制技术；三是正负波形和冲击谱的精确控制技术；四是建立相应的试验标准规范。

7. 管道系统的冲击响应计算和试验方法

核潜艇上的管道系统一般采用刚性连接，其质量几乎和所连接的设备相当。因此，对泵或氧罐进行冲击响应计算时必须考虑管道对它的影响，反之亦然。此外，管道系统一般分布在船上较长的区域并用适当的支撑或吊架加以定位，因此在这些支撑点上的冲击输入是不同的。这类问题的分析方法显然与其他舰载设备不同，不能采用单点输入(在各个激励点的输入一样)，必须用多点输入(在各个激励点的输入不一样)的处理方法。因此，如何确定各点的载荷又是一件不容易的事情。

上述关键问题，部分在本书中提供了参考解决办法，有些还有待进一步研究。

参 考 文 献

[1] Cole R H. Underwater Explosions[M]. Princeton: Princeton University Press, 1948.

[2] Scavuzzo R J, Pusey H C. Naval Shock Analysis and Design[M]. Washington: Shock and Vibration Information Analysis Center, 2000.

[3] Welch W P. Mechanical shock on naval vessels as related to equipment design[J]. Journal of the American Society for Naval Engineers, 1946, 58(4): 599-631.

[4] Bort R L. Assessment of shock-design methods and shock specifications[J]. Transactions SNAME, 1962, 70(4): 459-494.

[5] Giannoccolo S. The west coast shock facility[J]. Marine Technology and SNAME News, 1966, 3(3): 353-363.

[6] Forehand W T. UNDEX testing: When, why & how it began[C]. Proceedings of the 70th Shock and Vibration Symposium, 1999: 251-261.

[7] Reid W D. The response of surface ships to underwater explosions[R]. Canberra: Defence Science and Technology Organization, 1996.

[8] 联邦德国海军舰艇建造规范. BV043/73. 冲击、缓冲、冲击安全性，耐冲击结构的设计特点[Z]. 北京：中国人民解放军海军装备技术部，1978.

[9] 联邦德国国防军舰艇建造规范. BV043/85. 冲击安全性[Z]. 北京：中国舰船研究院科技发展部，1998.

[10] Mindlin R D, Bleich H H. Response of an elastic cylindrical shell to a transverse, step shock wave[J]. Journal of Applied Mechanics—Transactions of the ASME, 1953, 20(2): 189-195.

[11] Haywood J H. Response of an elastic cylindrical shell to a pressure pulse[J]. The Quarterly Journal of Mechanics and Applied Mathematics, 1958, 11(2): 129-141.

[12] Felippa C A. A family of early-time approximations for fluid-structure interaction[J]. Journal of Applied Mechanics—Transactions of the ASME, 1980, 47(4): 703-708.

[13] Chertock G. Effects of underwater explosions on elastic structures[J]. Ship Propulsion and

Hydroelasticity, 1962, 3: 850.
[14] Chertock G. Transient flexural vibrations of ship-like structures exposed to underwater explosions[J]. The Journal of the Acoustical Society of America, 1970, 48(1B): 170-180.
[15] Geers T L. Doubly asymptotic approximations for transient motions of submerged structures[J]. The Journal of the Acoustical Society of America, 1978, 64(5): 1500-1508.
[16] Geers T L, Zhang P. Doubly asymptotic approximations for submerged structures with internal fluid volumes: Formulation[J]. Journal of Applied Mechanics—Transactions of the ASME, 1994, 61: 893-899.
[17] Geers T L, Zhang P. Doubly asymptotic approximations for submerged structures with internal fluid volumes: Evaluation[J]. Journal of Applied Mechanics—Transactions of the ASME, 1994, 61: 900-906.
[18] Geers T L, Toothaker B J. Third-order doubly asymptotic approximations for computational acoustics[J]. Journal of Computational Acoustics, 2000, 8(1): 101-120.
[19] Felippa C A, Deruntz J A. Finite element analysis of shock-induced hull cavitation[J]. Computer Methods in Applied Mechanics and Engineering, 1984, 44(3): 297-337.
[20] Newton R E. Effects of cavitation on underwater shock loading-axisymmetric geometry[R]. Monterey: Naval Postgraduate School, 1978.
[21] Newton R E. Effects of cavitation on underwater shock loading. Part 1[R]. Monterey: Naval Postgraduate School, 1978.
[22] Newton R E. Finite element analysis of shock-induced cavitation[C]. ASCE Spring Convention, 1980: 80-110.
[23] Newton R E. Effects of cavitation on underwater shock loading-plane problem[R]. Monterey: Naval Postgraduate School, 1981.
[24] Sprague M A, Geers T L. Computational treatments of cavitation effects in near-free-surface underwater shock analysis[J]. Shock and Vibration, 2001, 8(2): 105-122.
[25] Sprague M A, Geers T L. Spectral elements and field separation for an acoustic fluid subject to cavitation[J]. Journal of Computational Physics, 2003, 184(1): 149-162.
[26] Sprague M A, Geers T L. A spectral-element method for modelling cavitation in transient fluid-structure interaction[J]. International Journal for Numerical Methods in Engineering, 2004, 60(15): 2467-2499.
[27] Wilkerson S A. A boundary integral approach to three-dimensional underwater explosion bubble dynamics[D]. Baltimore: The Johns Hopkins University, 1990.
[28] Blake J R, Gibson D C. Cavitation bubbles near boundaries[J]. Annual Review of Fluid Mechanics, 1987, 19(1): 99-123.
[29] Best J P, Kucera A. A numerical investigation of non-spherical rebounding bubbles[J]. Journal of Fluid Mechanics, 1992, 245: 137-154.
[30] Zhang Y L, Yeo K S, Khoo B C, et al. 3D jet impact and toroidal bubbles[J]. Journal of Computational Physics, 2001, 166(2): 336-360.
[31] Wang Q X, Blake J R. Non-spherical bubble dynamics in a compressible liquid. Part 1. Travelling acoustic wave[J]. Journal of Fluid Mechanics, 2010, 659: 191-224.

[32] Pearson A, Cox E, Blake J R, et al. Bubble interactions near a free surface[J]. Engineering Analysis With Boundary Elements, 2004, 28(4): 295-313.
[33] Wang C, Khoo B C. An indirect boundary element method for three-dimensional explosion bubbles[J]. Journal of Computational Physics, 2004, 194(2): 451-480.
[34] 宗智，何亮，孙龙泉. 水下爆炸气泡对水面舰船载荷的数值研究[J]. 船舶力学，2008, 12(5): 733-739.
[35] Blake J R, Gibson D C. Growth and collapse of a vapour cavity near a free surface[J]. Journal of Fluid Mechanics, 1981, 111: 123-140.
[36] Gibson D C, Blake J R. The growth and collapse of bubbles near deformable surfaces[J]. Applied Scientific Research, 1982, 38(1): 215-224.
[37] Best J P, Blake J R. An estimate of the Kelvin impulse of a transient cavity[J]. Journal of Fluid Mechanics, 1994, 261: 75-93.
[38] Best J P. The formation of toroidal bubbles upon the collapse of transient cavities[J]. Journal of Fluid Mechanics, 1993, 251: 79-107.
[39] Wang Q X, Yeo K S, Khoo B C, et al. Strong interaction between a buoyancy bubble and a free surface[J]. Theoretical and Computational Fluid Dynamics, 1996, 8(1): 73-88.
[40] Wang Q X, Yeo K S, Khoo B C, et al. Nonlinear interaction between gas bubble and free surface[J]. Computers & Fluids, 1996, 25(7): 607-628.
[41] Klaseboer E, Hung K C, Wang C, et al. Experimental and numerical investigation of the dynamics of an underwater explosion bubble near a resilient/rigid structure[J]. Journal of Fluid Mechanics, 2005, 537: 387-413.
[42] Wang Q X. The evolution of a gas bubble near an inclined wall[J]. Theoretical and Computational Fluid Dynamics, 1998, 12(1): 29-51.
[43] Klaseboer E, Khoo B C, Hung K C. Dynamics of an oscillating bubble near a floating structure[J]. Journal of Fluids and Structures, 2005, 21(4): 395-412.
[44] Zhang A, Wang S, Huang C, et al. Influences of initial and boundary conditions on underwater explosion bubble dynamics[J]. European Journal of Mechanics—B/Fluids, 2013, 42: 69-91.
[45] Zhang A, Yang W S, Huang C, et al. Numerical simulation of column charge underwater explosion based on SPH and BEM combination[J]. Computers & Fluids, 2013, 71: 169-178.
[46] Wang Q X, Yeo K S, Khoo B C, et al. Vortex ring modelling of toroidal bubbles[J]. Theoretical and Computational Fluid Dynamics, 2005, 19(5): 303-317.
[47] Wang C, Khoo B C, Yeo K S. Elastic mesh technique for 3D BIM simulation with an application to underwater explosion bubble dynamics[J]. Computers & Fluids, 2003, 32(9): 1195-1212.
[48] Li Z, Sun L, Zong Z, et al. Some dynamical characteristics of a non-spherical bubble in proximity to a free surface[J]. Acta Mechanica, 2012, 223: 2331-2355.
[49] Wang Q X. Unstructured MEL modelling of nonlinear unsteady ship waves[J]. Journal of Computational Physics, 2005, 210(1): 368-385.
[50] Zong Z, He L, Zhang E G. Numerical simulation of a three-dimensional underwater explosion bubble near a structure[J]. Journal of Hydrodyn, 2007, 22(5): 592-602.
[51] Li Z R, Sun L, Zong Z, et al. A boundary element method for the simulation of non-spherical

bubbles and their interactions near a free surface[J]. Acta Mechanica Sinica, 2012, 28(1): 51-65.
[52] 张阿漫. 水下爆炸气泡三维动态特性研究[D]. 哈尔滨: 哈尔滨工程大学, 2006.
[53] 张阿漫, 汪玉, 闻雪友, 等. 水下爆炸气泡动态特性研究综述[J]. 船舶力学, 2009, (5): 828-840.
[54] Zhang A M, Cui P, Cui J, et al. Experimental study on bubble dynamics subject to buoyancy[J]. Journal of Fluid Mechanics, 2015, 776: 137-160.
[55] Zhang A M, Liu Y L. Improved three-dimensional bubble dynamics model based on boundary element method[J]. Journal of Computational Physics, 2015, 294: 208-223.
[56] Gong S W, Goh B H T, Ohl S W, et al. Interaction of a spark-generated bubble with a rubber beam: Numerical and experimental study[J]. Physical Review E, 2012, 86(2): 26307.
[57] Gong S W, Khoo B C. Transient response of stiffened composite submersible hull to underwater explosion bubble[J]. Composite Structures, 2015, 122: 229-238.
[58] Kalumuck K M, Duraiswami R, Chahine G L. Bubble dynamics fluid-structure interaction simulation by coupling fluid BEM and structural FEM codes[J]. Journal of Fluids and Structures, 1995, 9(8): 861-883.
[59] Chahine G L, Kalumuck K M. BEM software for free surface flow simulation including fluid-structure interaction effects[J]. International Journal of Computer Applications in Technology, 1998, 11(3-5): 177-198.
[60] Chahine G L, Kalumuck K M, Hsiao C T. Simulation of surface piercing body coupled response to underwater bubble dynamics utilizing 3DYNAFS, a three-dimensional BEM code[J]. Computational Mechanics, 2003, 32(4-6): 319-326.
[61] Hsiao C T, Jayaprakash A, Kapah A, et al. Modelling of material pitting from cavitation bubble collapse[J]. Journal of Fluid Mechanics, 2014, 755: 142-175.
[62] Hsiao C T, Chahine G L. Dynamic response of a composite propeller blade subjected to shock and bubble pressure loading[J]. Journal of Fluids and Structures, 2015, 54: 760-783.
[63] Liu G R, Liu M B. Smoothed Particle Hydrodynamics: A Meshfree Particle Method[M]. Singapore: World Scientific, 2003.
[64] Shu C W. A brief survey on discontinuous Galerkin methods in computational fluid dynamics[J]. Advances in Mechanics, 2013, 43(6): 541-553.
[65] Liu M B, Liu G R, Lam K Y. A one-dimensional meshfree particle formulation for simulating shock waves[J]. Shock Waves, 2003, 13(3): 201-211.
[66] Liu M B, Liu G R, Zong Z, et al. Numerical simulation of underwater explosion by SPH[J]. Advances in Computational Engineering & Science, 2000, 1: 1475-1480.
[67] Liu M B, Liu G R, Lam K Y, et al. Smoothed particle hydrodynamics for numerical simulation of underwater explosion[J]. Computational Mechanics, 2003, 30(2): 106-118.
[68] Liu M B, Liu G R, Zong Z, et al. Computer simulation of high explosive explosion using smoothed particle hydrodynamics methodology[J]. Computers & Fluids, 2003, 32(3): 305-322.
[69] Mair H U. Review: Hydrocodes for structural response to underwater explosions[J]. Shock and Vibration, 1999, 6(2): 81-96.
[70] Wardlaw A B Jr. Underwater explosion test cases[R]. N0.NSMC-IHTR-2069. Maryland: Naval

Surface Warfare Center Indian Head Division, 1998.
[71] Wardlaw A B Jr, Luto J A. Fluid-structure interaction mechanisms for close-in explosions[J]. Shock and Vibration, 2000, 7(5): 265-275.
[72] Fedkiw R P, Aslam T, Merriman B, et al. A non-oscillatory Eulerian approach to interfaces in multimaterial flows (the ghost fluid method)[J]. Journal of Computational Physics, 1999, 152(2): 457-492.
[73] Fedkiw R P. Coupling an Eulerian fluid calculation to a Lagrangian solid calculation with the ghost fluid method[J]. Journal of Computational Physics, 2002, 175(1): 200-224.
[74] Liu T G, Khoo B C, Yeo K S. Ghost fluid method for strong shock impacting on material interface[J]. Journal of Computational Physics, 2003, 190(2): 651-681.
[75] Wang C W, Liu T G, Khoo B C. A real ghost fluid method for the simulation of multimedium compressible flow[J]. SIAM Journal on Scientific Computing, 2006, 28(1): 278-302.
[76] Liu T G, Ho J Y, Khoo B C, et al. Numerical simulation of fluid-structure interaction using modified ghost fluid method and naviers equations[J]. Journal of Scientific Computing, 2008, 36(1): 45-68.
[77] Liu T G, Xie W F, Khoo B C. The modified ghost fluid method for coupling of fluid and structure constituted with hydro-elasto-plastic equation of state[J]. SIAM Journal on Scientific Computing, 2008, 30(3): 1105-1130.
[78] Liu T G, Chowdhury A W, Khoo B C. The modified ghost fluid method applied to fluid-elastic structure interaction[J]. Advances in Applied Mathematics and Mechanics, 2011, 3(5): 611-632.
[79] Xie W, Liu Z, Young Y L. Application of a coupled Eulerian-Lagrangian method to simulate interactions between deformable composite structures and compressible multiphase flow[J]. International Journal for Numerical Methods in Engineering, 2009, 80(12): 1497-1519.
[80] Liu T G, Khoo B C, Xie W F. Isentropic one-fluid modelling of unsteady cavitating flow[J]. Journal of Computational Physics, 2004, 201(1): 80-108.
[81] Young Y L, Liu Z, Xie W. Fluid-structure and shock-bubble interaction effects during underwater explosions near composite structures[J]. Journal of Applied Mechanics, 2009, 76(5): 051303.
[82] 史汝超. 基于虚拟流体方法的水下爆炸计算研究[D]. 合肥：中国科学技术大学, 2013.
[83] 史汝超, 张亚军, 徐胜利. 水下爆炸柱形高压气泡膨胀过程的 RGFM 和高精度格式数值模拟[J]. 爆炸与冲击, 2014, 34(4): 439-443.
[84] Xu L, Liu T G. Modified ghost fluid method as applied to fluid-plate interaction[J]. Advances in Applied Mathematics and Mechanics, 2014, 6(1): 24-48.
[85] 许亮, 冯成亮, 刘铁钢. 弹性板水下爆炸冲击载荷的修正虚拟流体方法分析[J]. 计算物理, 2017, 34(1): 1-9.
[86] Wu Z D, Sun L, Zong Z. Computational investigation of the mitigation of an underwater explosion[J]. Acta Mechanica, 2013, 224(12): 3159.
[87] Wu Z, Zong Z, Sun L. A Mie-Grüneisen mixture Eulerian model for underwater explosion[J]. Engineering Computations, 2014, 31(3): 425-452.
[88] 吴宗铎. 变参数状态方程下多介质 Riemann 问题的质量分数方法及应用[D]. 大连：大连理工大学, 2013.

[89] 金泽宇. 抗冲覆盖层水下爆炸计算方法研究[D]. 上海: 上海交通大学, 2017.
[90] Biot I M. A mechanical analyzer for the prediction of earthquake stresses[J]. Bulletin of the Seismological Society of America, 1941, 31(2): 151-171.
[91] Alexander J E. A nonlinear DDAM procedure[C]. Proceedings of the 66th Shock and Vibration Symposium, 1995: 1-6.
[92] Durant B R. Optimal design of nonlinear shock isolation for large, locally nonlinear structural systems[R]. Monterey: Naval Postgraduate School, 1998.
[93] Alexander J E. Structural analysis of a nonlinear system given a shock response spectrum input[C]. SAVIAC Proceedings of the 69th Shock and Vibration Symposium, 1998: 1-4.
[94] Mair H U, Reese R M, Hartsough K. Simulated ship shock tests/trials?[C]. Proceedings of the 68th Shock and Vibration Symposium, 1997: 1-5.
[95] Barsoum R G S. Interdisciplinary computational mechanics-some computational problems in naval ship design[J]. International Journal for Numerical Methods in Engineering, 2000, 47(1-3): 729-734.

第 2 章　冲击输入的时域和频域表示

水下爆炸作用下舰船及设备的冲击响应的物理过程，是从炸药爆炸到冲击波(气泡脉动)形成，再传递到舰船结构和舰载设备，是从外到里的过程。为了使读者能够从简单到复杂，更好地理解水下爆炸冲击的过程，本书采取从里到外的讲述方法，将设备及支撑简化为一个单自由度系统，将冲击输入简化为简单的冲击脉冲的冲击问题。水下爆炸冲击环境预报方法放在第 6 章专门论述。本书介绍的冲击输入是设备基础的加速度、速度或位移，参考资料主要来自美国海军的研究报告[1-6]及振动冲击手册[7-9]。

2.1　振动冲击的基本方程

2.1.1　运动方程

1. 无阻尼系统的运动方程

由于机械结构的阻尼比一般很小，金属结构的阻尼比为 0.001～0.05，橡胶隔振器和橡胶抗冲器的阻尼比一般也不超过 0.2，对于瞬态响应，主要关心早期响应，忽略阻尼比会给数学处理带来许多方便。

1) 受外力激励的系统

如图 2.1(a)所示的无阻尼单自由度系统，质量为 m，外力为 $f(t)$，由牛顿定律可得

$$m\ddot{x} = -kx + f(t) \tag{2.1}$$

$$m\ddot{x} + kx = f(t) \tag{2.2}$$

$$\ddot{x} + \omega_{\mathrm{n}}^2 x = \frac{f(t)}{m} \tag{2.3}$$

其中，$\omega_{\mathrm{n}} = \sqrt{\dfrac{k}{m}}$ 为系统的固有频率。

2) 受基础激励的系统

对如图 2.1(b)所示的无阻尼单自由度系统，由牛顿定律可得

$$m\ddot{x} = -k(x - z(t)) \tag{2.4}$$

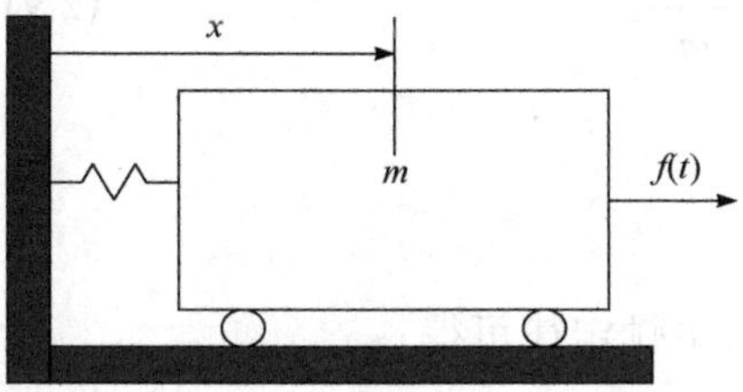

(a) 外力激励

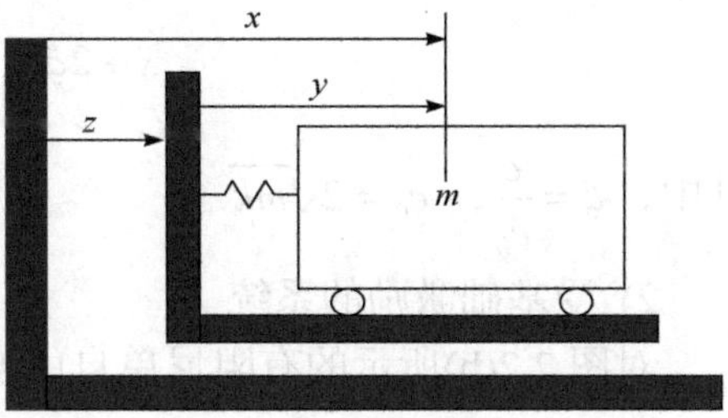

(b) 基础激励

图 2.1　无阻尼单自由度系统

位移输入时，有

$$\ddot{x}+\omega_{\mathrm{n}}^{2}x=\omega_{\mathrm{n}}^{2}z(t) \tag{2.5}$$

速度输入时，对式(2.5)两边求导有

$$\frac{\mathrm{d}\ddot{x}}{\mathrm{d}t}+\omega_{\mathrm{n}}^{2}\dot{x}=\omega_{\mathrm{n}}^{2}\dot{z}(t) \tag{2.6}$$

加速度输入时，在式(2.4)中，令相对位移 $y=x-z$ ，有

$$\ddot{y}+\omega_{\mathrm{n}}^{2}y=-\ddot{z}(t) \tag{2.7}$$

显然，与式(2.2)比较，在基础上作用加速度输入时，相当于在系统上作用有外力 $-m\ddot{z}(t)$ ，但求得的是相对位移。

2. 有阻尼系统的运动方程

一般的机械结构都是有阻尼的。下面仍然将系统分为受外力激励和基础激励的两种情况讨论单自由度系统的运动方程，坐标及运动描述如图 2.2 所示。

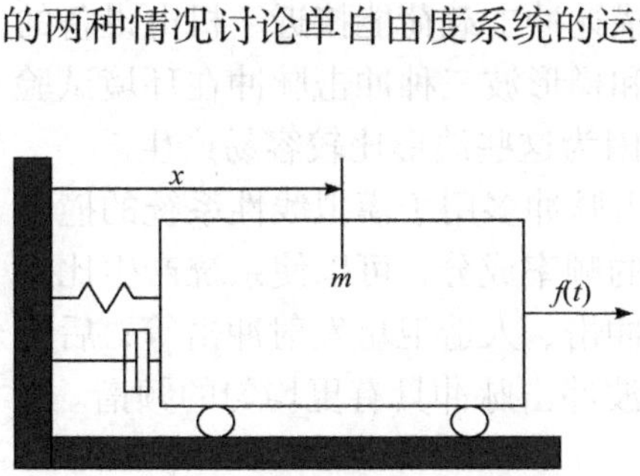

(a) 外力激励

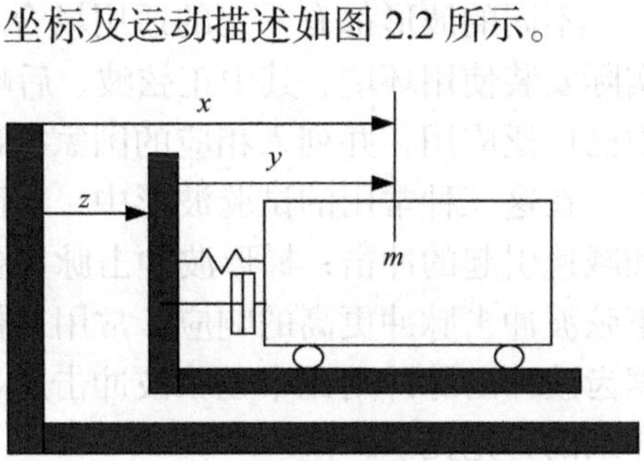

(b) 基础激励

图 2.2　有阻尼单自由度系统

1) 受外力激励的系统

对图 2.2(a)所示的有阻尼单自由度系统，由牛顿定律可得

$$m\ddot{x}+c\dot{x}+kx=f(t) \tag{2.8}$$

$$\ddot{x}+2\xi\omega_{\mathrm{n}}\dot{x}+\omega_{\mathrm{n}}^{2}x=\frac{f(t)}{m} \tag{2.9}$$

其中，$\xi=\dfrac{c}{c_0}$，$c_0=2\sqrt{mk}$。

2) 受基础激励的系统

对图 2.2(b)所示的有阻尼单自由度系统，由牛顿定律可得

$$m\ddot{x}=-c\left(\dot{x}-\dot{z}(t)\right)-k\left(x-z(t)\right) \tag{2.10}$$

令相对位移 $y=x-z$，有

$$\ddot{y}+2\xi\omega_{\mathrm{n}}\dot{y}+\omega_{\mathrm{n}}^{2}y=-\ddot{z}(t) \tag{2.11}$$

2.1.2 作用在基础上的冲击输入

一个冲击的输入脉冲，通常可以用它的加速度峰值 A_0 (单位为 g)、作用的时间 τ (单位为 ms)及其波形特性来描述。

一般工程及自然界发生的冲击激励，总带有不规则的、较为复杂的冲击力或冲击加速度波形，因此描述冲击激励的函数也较复杂。为了便于研究、分析，工程上常将复杂的波形简化成几种理想的、形状规则的脉冲波形，如半正弦波、锯齿波(根据峰值位置不同，又可分成前峰锯齿波、对称锯齿波及后峰锯齿波三种)、倒正弦波及矩形波(由于试验实施困难，工程上多用梯形波代替)等。几种理想的冲击波及与其相对应的位移、速度、加速度变化(以后称为冲击速度)如图 2.3 所示，脉冲加速度和阶跃加速度是经典的冲击运动的极限情况，半正弦加速度、衰减正弦加速度和复杂振荡型运动都是工程中常遇到的典型冲击运动。

不同的波形都有一定的适用场合，用它们描述冲击载荷能接近于机电设备的实际安装使用环境，其中正弦波、后峰锯齿波和梯形波三种冲击脉冲在环境试验中已广泛应用，并列入相应的国家标准，这是因为这些波形比较容易产生。

在这三种常用的试验波形中，半正弦波冲击脉冲多用于模拟线性系统的撞击和减速引起的冲击；梯形波冲击脉冲包含很宽的频率成分，可以使系统产生比半正弦波冲击脉冲更高的响应，常用来模拟爆炸冲击、人造卫星发射冲击等；后峰锯齿波冲击脉冲则比半正弦波冲击脉冲和梯形波冲击脉冲具有更均匀的频谱。更详细的讨论见 3.3 节。

因为冲击的种类很多(碰撞、跌落、爆炸等)，所以有不同冲击试验规范与之相适应，用于检测设备的抗冲击性能。不同的冲击试验常和设备的工作环境相联系，如安装在飞机上的设备，常用自由跌落冲击试验机进行试验，它能产生半正弦波或后峰锯齿波(典型的试验为 11ms 的半正弦波，峰值加速度为 15g)。导弹上某些设备，当各级分离爆炸时，要承受很大的冲击脉冲，这可以用峰值加速度为

100g 的 6ms 的锯齿波描述。如果是安装在舰船上的设备，则可按美军标 MIL-S-901C 用锤击试验产生可接近于 3m/s 的速度冲击载荷。

图 2.3 给出了 5 种冲击运动的例子。脉冲加速度和阶跃加速度是经典的冲击运动的极限情况。半正弦脉冲加速度、衰减正弦加速度和复杂振荡型运动都是工程中常遇到的典型冲击运动。

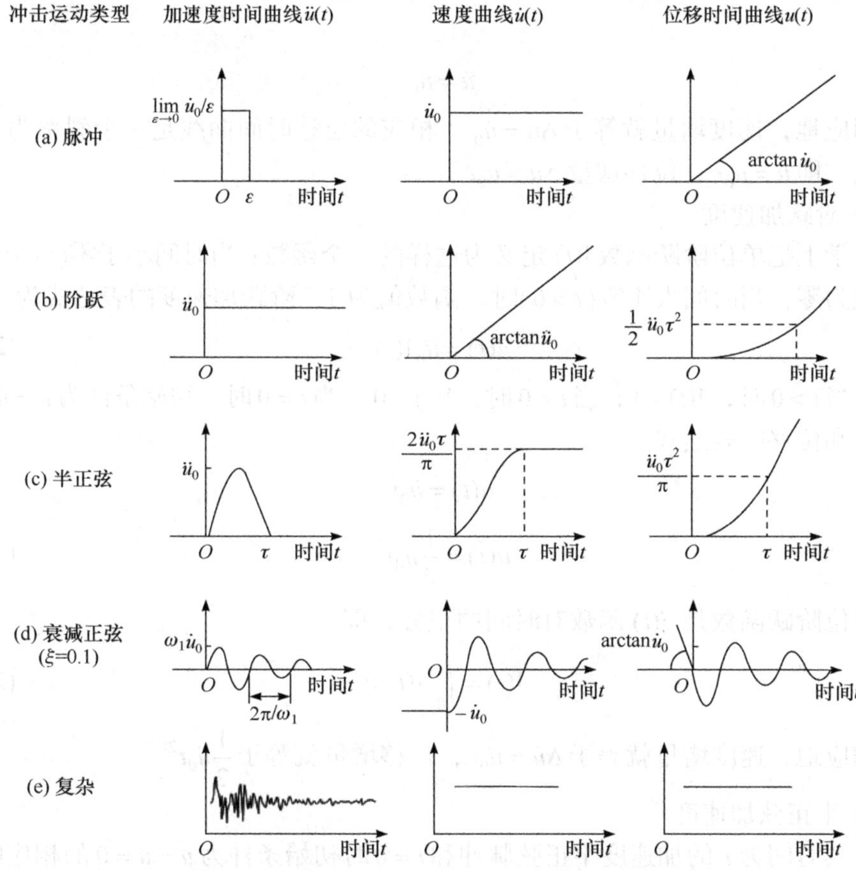

图 2.3　几种理想的冲击波形及与其相对应的速度变化

1) 脉冲加速度或阶跃速度

脉冲加速度或阶跃速度信号可以表示为

$$\ddot{u}(t)=\dot{u}_0\delta(t) \tag{2.12}$$

其中，当 $t\neq 0$ 时，$\delta(t)=0$；当 $t=0$ 时，$\delta(t)=\infty$，$\int_{-\infty}^{\infty}\delta(t)\mathrm{d}t=1$。

换种形式，加速度可表示为

$$\ddot{u}(t)=\lim_{\varepsilon\to 0}\dot{u}_0/\varepsilon,\quad 0<t<\varepsilon \tag{2.13}$$

其中，当$t<0$和$t>\varepsilon$时，$\ddot{u}(t)=0$；当$t=0$时，初始条件为$u=\dot{u}=0$的速度和位移的表达式为

$$\dot{u}(t)=\dot{u}_0 \tag{2.14}$$

$$u(t)=\dot{u}_0 t \tag{2.15}$$

如果在$t=0$时的速度和位移都为零，那么相应的速度时间曲线是一个阶跃速度，即

$$\dot{u}=\dot{u}_0$$

相应地，速度增量就等于$\Delta\dot{u}=\dot{u}_0$。相应的位移时间曲线是一个斜率为常值的直线，即$u=\dot{u}_0 t$，位移增量$\Delta u=\dot{u}_0 t$。

2) 阶跃加速度

数学上把单位阶跃函数$1(t)$定义为这样的一个函数：当时间小于零($t<0$)时，函数值为零；当时间大于零($t>0$)时，函数值为 1。阶跃加速度的表达式为

$$\ddot{u}(t)=\ddot{u}_0 1(t) \tag{2.16}$$

其中，当$t>0$时，$1(t)=1$；当$t<0$时，$1(t)=0$；当$t=0$时，初始条件为$u=\dot{u}=0$的速度和位移的表达式为

$$\dot{u}(t)=\ddot{u}_0 t$$

$$u(t)=\frac{1}{2}\ddot{u}_0 t^2 \tag{2.17}$$

单位阶跃函数是$\delta(t)$函数对时间的积分，即

$$1(t)=\int_0^t \delta(t)\mathrm{d}t \tag{2.18}$$

相应地，速度增量就等于$\Delta\dot{u}=\ddot{u}_0 t$，位移增量就等于$\frac{1}{2}\ddot{u}_0 t^2$。

3) 半正弦加速度

持续时间为τ的加速度半正弦脉冲和$t=0$时初始条件为$u=\dot{u}=0$的相应的速度和位移的表达式分别为

$$\ddot{u}(t)=\begin{cases}\ddot{u}_0 \sin\dfrac{\pi t}{\tau}, & 0<t<\tau \\ 0, & \text{其他}\end{cases} \tag{2.19}$$

$$\dot{u}(t)=\begin{cases}\dfrac{\ddot{u}_0\tau}{\pi}\left(1-\cos\dfrac{\pi t}{\tau}\right), & 0<t<\tau \quad (2.20) \\ \dfrac{2\ddot{u}_0\tau}{\pi}, & t\geqslant\tau \quad (2.21)\end{cases}$$

$$u(t)=\begin{cases}\dfrac{\ddot{u}_0\tau^2}{\pi^2}\left(\dfrac{\pi t}{\tau}-\sin\dfrac{\pi t}{\tau}\right), & 0<t<\tau \qquad (2.22)\\[2ex] \dfrac{\ddot{u}_0\tau^2}{\pi}\left(\dfrac{2t}{\tau}-1\right), & t\geqslant\tau \qquad (2.23)\end{cases}$$

该例子代表一类不存在无穷大斜率的加速度脉冲形式的冲击运动，而在冲击作用期间的速度增量和位移增量分别等于加速度曲线和速度曲线包围的面积：

$$\Delta\dot{u}=\dot{u}(\tau)-\dot{u}(0)=\frac{2\ddot{u}_0\tau}{\pi}$$

$$\Delta u=\frac{\ddot{u}_0\tau^2}{\pi}$$

4) 衰减正弦加速度

衰减正弦加速度曲线和初始条件 $t=0$ 时 $\dot{u}=-\dot{u}_0$ 及 $u=0$ 的相应的速度及位移的时间曲线如图 2.3(d)所示。相应的数学表达式为

$$\ddot{u}(t)=\frac{\dot{u}_0\omega_1}{\sqrt{1-\xi_1^2}}\mathrm{e}^{-\xi_1\omega_1 t}\sin\left[\sqrt{1-\xi_1^2}\,\omega_1 t+\arcsin\left(2\xi_1\sqrt{1-\xi_1^2}\right)\right],\quad t>0 \tag{2.24}$$

其中，ω_1 是振动频率；ξ_1 是相应于衰减量的临界阻尼系数。对应的速度为

$$\dot{u}(t)=-\frac{\dot{u}_0}{\sqrt{1-\xi_1^2}}\mathrm{e}^{-\xi_1\omega_1 t}\cos\left(\sqrt{1-\xi_1^2}\,\omega_1 t+\arcsin\xi_1\right),\quad t>0 \tag{2.25}$$

其中，当 $t<0$ 时，$\dot{u}(t)=-\dot{u}_0$。

位移的表达式为

$$u(t)=-\frac{\dot{u}_0}{\omega_1\sqrt{1-\xi_1^2}}\mathrm{e}^{-\xi_1\omega_1 t}\sin\left(\sqrt{1-\xi_1^2}\,\omega_1 t\right),\quad t>0 \tag{2.26}$$

其中，当 $t<0$ 时，$u(t)=-\dot{u}_0 t$。

5) 复杂的冲击运动

复杂冲击曲线是一种有复杂时间历程的加速度时间曲线，通常不能用一个解析函数定义。因此，只能对这种加速度时间曲线采用数值积分，得到相应的速度和位移的时间曲线。

在上述几种信号中，阶跃加速度信号是较为特殊的冲击脉冲，为持续载荷(载荷具有持续性)。持续载荷的量级可以瞬时达到或经过有限时间达到。持续载荷之所以归入冲击环境，是因为其激励力或加速度从参考幅值变到最大持续力幅值或加速度幅值是以突然加载的方式进行的。在这些持续载荷中，阶跃冲击加载最为突出，所以在讨论冲击隔离系统的响应时，这种冲击形式最为典型。

此外，半正弦冲击信号和脉冲冲击信号等都可以由两个符号相反、时间延迟

为脉冲宽度的阶跃信号叠加而成，这将在冲击响应的介绍中举例说明。

2.2　对速度冲击的进一步说明

速度冲击是指突然施加力或加速度引起速度发生瞬时变化而产生的冲击。如果速度变化发生在比系统的固有周期还要短得多的时间内，那么这种速度变化就称为冲击速度。

有的文献中也有将冲击速度称为阶跃速度的。任何一种冲击，无论是基座承受加速度冲击，还是质量承受力的冲击、自由落体，或是持续载荷，都可以归结为速度冲击，如基座承受加速度冲击，其冲击速度为

$$V=\int_0^\tau x(t)\mathrm{d}t \tag{2.27}$$

质量承受力的冲击时，其冲击速度为

$$V=\frac{1}{m}\int_0^\tau f(t)\mathrm{d}t \tag{2.28}$$

众所周知，一个冲击的输入脉冲，通常用它的峰值、作用时间和波形三个特性描述。这种描述不利于各种冲击之间的比较，如果采用速度冲击，描述与比较就方便得多。冲击速度是冲击输入脉冲曲线下的面积，因此它包括峰值、作用时间和波形三个因素。这样用一个物理量就可以完整地描述冲击输入特性，理论和实践都证明用速度冲击描述冲击激励是合理、符合实际的。

如果基座承受的加速度冲击波形为$a(t)$，那么冲击速度为

$$V=\int_0^\tau a(t)\mathrm{d}t \tag{2.29}$$

以矩形冲击波和半正弦冲击波为例，它们在时域上表示如图 2.4(a)所示，图 2.4(b)为对应的速度曲线。

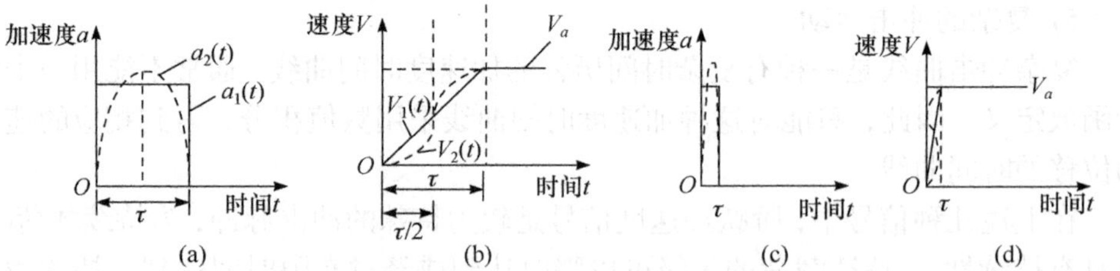

图 2.4　矩形波和半正弦波冲击加速度及其冲击速度的比较

假设这两种加速度冲击波包含的面积完全相等，由图 2.4(b)可以看出，当时间t由$0\to\tau/2$时，矩形波的速度变化值大于半正弦波的速度变化值，当时间t由$\tau/2\to\tau$时，情况恰好相反。但是，当时间$t>\tau$以后，不论是矩形波还是半正弦

波，两者的速度变化都达到同一最大值 V_a。事实上各种冲击波形，只要加速度波形下的面积相同，其最终的速度变化都相等。

如果将加速度曲线上的冲击持续时间 τ 缩短，相对地压缩到如图 2.4(c)所示，那么在相应的速度曲线图 2.4(d)上，由于斜线很陡，几乎反映不出加速度冲击波形的影响。唯一有意义且可以完全代表加速度面积大小的，是冲击终了的速度变化值 V_a。这样当 τ 很小时，就可以略去加速度形状不计，而直接以速度表示冲击强度的大小，这个速度就是前面讲的冲击速度 V_a。V_a 类似于跳跃式的速度变化过程，所以也称为阶跃速度，在数学上称为起始速度。一般冲击激励持续时间 τ 要比系统的固有周期小得多。因此，略去加速度冲击形状不计，而以冲击速度表示冲击强度的大小，是具有足够正确性的。

美国海军曾在同一试验条件(同一舰种，同一爆炸环境)下对条件不同的安装方式(刚性的、半刚性的和弹性的)的设备进行了实船试验，得出如下结论：对于质量比较接近的机械设备，不管其安装方式如何，它们的冲击速度(在 0.015s 内)是相同的，因此可以用 V_a 作为冲击设计的依据。这个结论非常重要，BV043/73 就是按设备质量规定冲击速度的，如图 2.5 所示。图 2.5 中横坐标设备质量只到 10t，当设备质量大于 10t 时，可按下面公式估算冲击速度：

$$V = 1.50\left(\frac{6000+G}{3000+G}\right)$$

其中，G 为设备质量，kg。

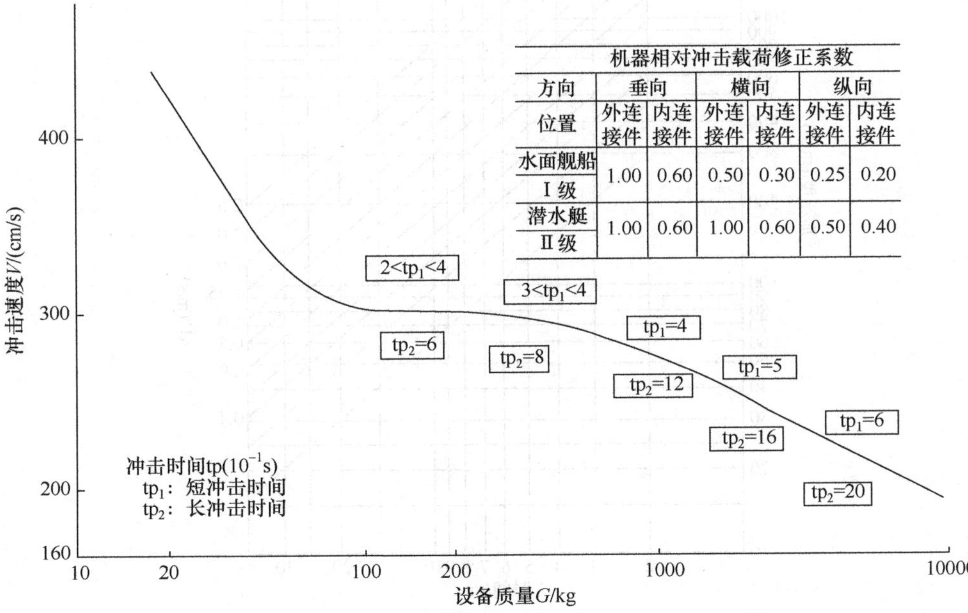

机器相对冲击载荷修正系数						
方向	垂向		横向		纵向	
位置	外连接件	内连接件	外连接件	内连接件	外连接件	内连接件
水面舰船 Ⅰ级	1.00	0.60	0.50	0.30	0.25	0.20
潜水艇 Ⅱ级	1.00	0.60	1.00	0.60	0.50	0.40

图 2.5　BV043/73 冲击规范中给出的冲击试验输入

根据设备质量按图 2.5 纵坐标查得的冲击速度 V 称为基准速度或名义速度，考虑到舰船类型(水上、水下)、安装部位(外部连接、内部连接)，以及冲击作用方向(垂向、横向、纵向)的不同，上述冲击速度 V 尚需要乘上一个修正系数(见图 2.5 中右上方小表)才得到设计需要的冲击速度。

一般来说，由冲击引起的舰载设备的响应，将在该设备基础处产生相应的反作用力。这个反作用力，可能改变该设备基础处未安装设备时能观察到的输入，通常这种情况可以减小响应及设备中相应的应力。总之，较重的设备可以期望它会对自身的环境产生一个比较大的缓冲作用。这将在后面介绍谱跌现象时做进一步说明。

在图 2.5 中还给出了相应的冲击试验持续时间，工程实践中冲击波形持续时间可分为两种，一种为短冲击时间(tp_1)，另一种为长冲击时间(tp_2)。有了设计冲击速度和冲击持续时间，即可计算出各种加速度波形的幅值。为了便于工程应用，在 BV043/73 冲击规范中还给出了最常用的半正弦冲击试验加速度、试验时间及设计冲击速度之间的关系，如图 2.6 所示。

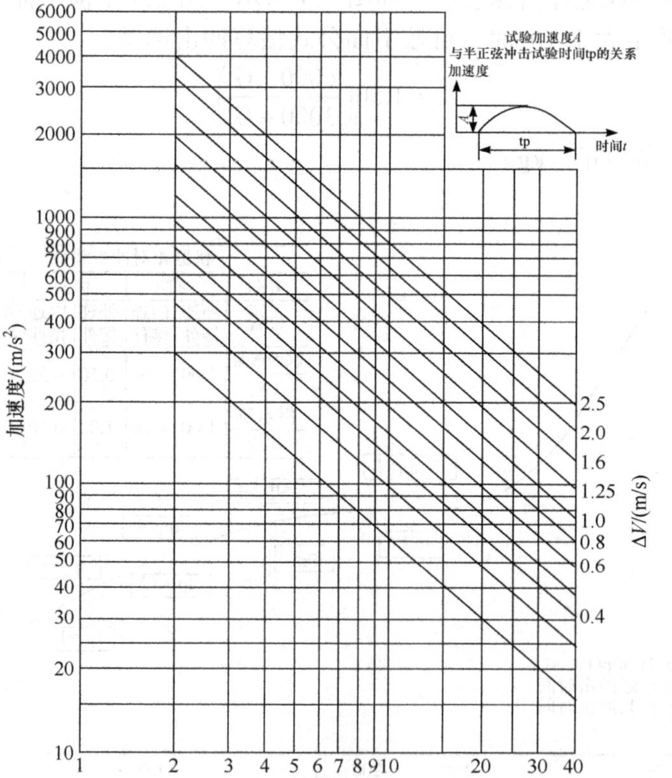

图 2.6　半正弦冲击试验加速度、试验时间及设计冲击速度之间的关系

2.3　冲击信号的频域表示

从冲击测量的工程用途上考虑，对冲击的描述有两种不同的表达方式，即在时域或在频域内表达和用冲击的固有特性表达。冲击输入信号的谱是冲击信号的频域表示，仅与冲击脉冲的波形(形状、峰值、脉宽)有关。给定了冲击时域波形，就可以求出傅里叶(Fourier)谱；反过来如果已知 Fourier 谱，也就可定出脉冲波形。下面讨论将时域数据转换成频率数据的概念。一些典型输入信号的频域表示如图 2.7 所示。

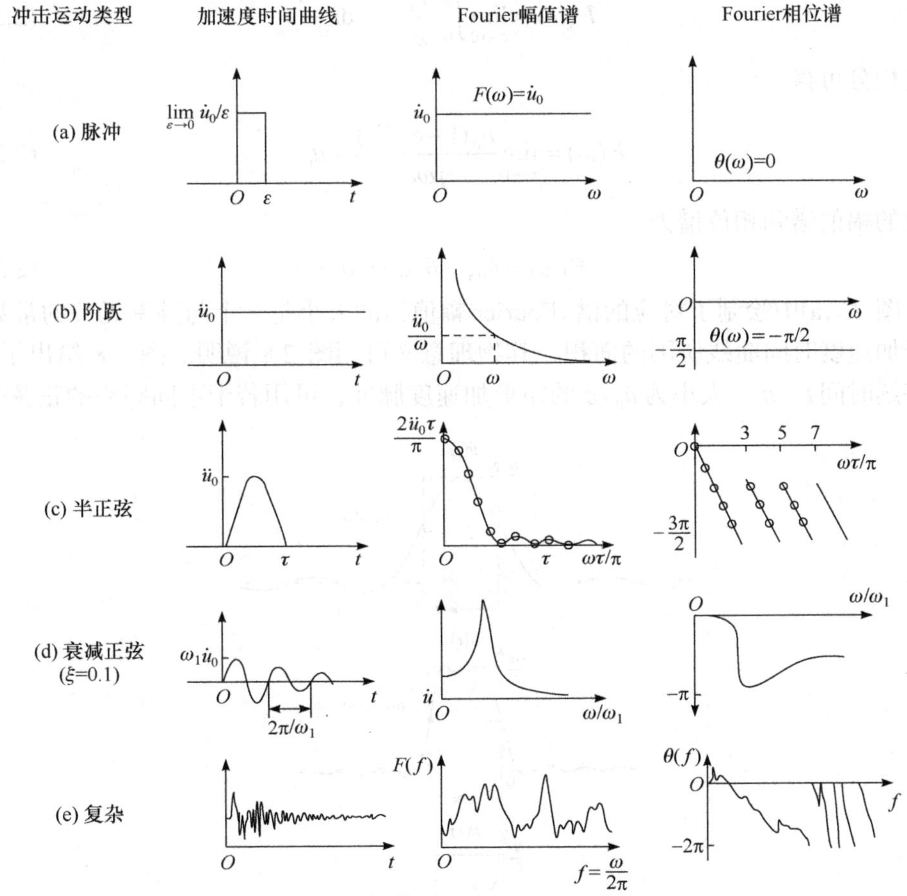

图 2.7　一些典型输入信号的频域表示

无论实际情况如何，即使包含在其中的数据已转换成其他形式，也要把原始时间曲线保存起来。数据转换的目的是使数据对于某些具体应用更为有效。但经转换的数据的应用范围要比原来的时间曲线有更多的限制。

任一非周期函数可以表达为正弦分量的叠加，每一正弦分量都有其特有的振幅和相位，这种叠加就是信号的 Fourier 谱，是函数分解成为正弦分量的振幅和相位的曲线。它类似于周期函数的 Fourier 分量。一个周期函数的 Fourier 分量是离散的频率，而由这些分量叠加就得到合成的时域函数。对照之下，非周期函数的 Fourier 谱是频率的一个连续函数。下面讨论图 2.7 所示冲击运动的 Fourier 谱的应用。

1) 脉冲加速度

将式(2.12)给出的脉冲加速度的定义代入 Fourier 积分公式，有

$$F(\omega)=\lim_{\varepsilon\to 0}\int_0^{\varepsilon}\frac{\dot{u}_0}{\varepsilon}\mathrm{e}^{-\mathrm{j}\omega t}\mathrm{d}t \tag{2.30}$$

通过积分可得

$$F(\omega)=\lim_{\varepsilon\to 0}\frac{\dot{u}_0(1-\mathrm{e}^{-\mathrm{j}\omega\varepsilon})}{\mathrm{j}\omega\varepsilon}=\dot{u}_0 \tag{2.31}$$

相应的幅值谱和相位谱为

$$F(\omega)=\dot{u}_0,\quad \theta(\omega)=0 \tag{2.32}$$

图 2.7(a)中绘制了对应的谱。Fourier 幅值谱的大小是一个与频率无关的常数，等于加速度时间曲线所围的面积，其物理意义可用图 2.8 说明。图 2.8 给出了一个持续时间 $t=\varepsilon$ 、大小为 $\dot{u}_0/\varepsilon$ 的矩形加速度脉冲，可用若干不同频率的正弦分

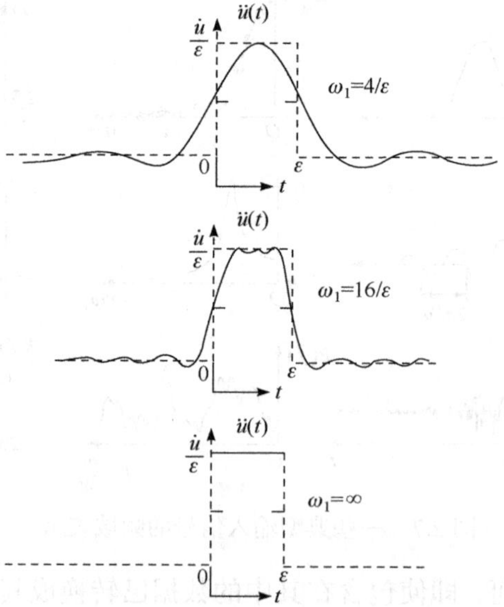

图 2.8　周期函数可以表达为正弦分量的叠加

量叠加逼近它。当取频率极限 $\omega_1 = 4/\varepsilon$ 时，脉冲具有明显的弧形轮廓，它由频率小于 ω_1 的所有分量叠加而成。这些分量虽然在 $-\infty < t < \infty$ 的全部时间内都存在，但它们在 $0 < t < \varepsilon$ 的时间区域内是倾向于增加的，在这个区域之外，则相互抵消，$\ddot{u}$ 趋近于零。当 $\omega_1 = 16/\varepsilon$ 时，脉冲更接近于矩形，在时间 $t < 0$ 和 $t > \varepsilon$ 时，$\ddot{u}$ 更迅速地趋向于零。当 $\omega_1 = \infty$ 时，正弦分量的叠加给出：在脉冲时间区间内，$\ddot{u} = \dot{u}_0/\varepsilon$，当 $t = 0$ 和 $t = \varepsilon$ 时 $\ddot{u} = \dot{u}_0/(2\varepsilon)$。在其余全部时间内这些分量全部抵消。当 $\varepsilon \to 0$ 和 $\omega_1 \to \infty$ 时，无穷多个频率分量叠加得到 $t = 0$ 时 $\ddot{u} = \infty$。$\omega_1 = \infty$ 的时间历程曲线可以得到矩形脉冲完全的 Fourier 幅值谱图像。

2) 阶跃加速度

严格地说，阶跃加速度的 Fourier 谱是不存在的，因为在 $\omega \to \infty$ 时式(2.16)的 Fourier 积分不趋于零。当使用一个收敛因子时便得到 Fourier 变换，即

$$F(\omega - \mathrm{j}a) = \int_0^\infty \ddot{u}_0 \mathrm{e}^{-\mathrm{j}(\omega - \mathrm{j}a)t} \mathrm{d}t = \frac{\ddot{u}_0}{\mathrm{j}(\omega - \mathrm{j}a)} \tag{2.33}$$

当 $a \to 0$ 时取极限可得

$$F(\omega) = \frac{\ddot{u}_0}{\mathrm{j}\omega} \tag{2.34}$$

幅值谱和相位谱分别为

$$F(\omega) = \frac{\ddot{u}_0}{\omega}, \quad \theta(\omega) = -\frac{\pi}{2} \tag{2.35}$$

图 2.7(b)表示出了这些谱，幅值谱随频率增加而减小，而相位谱是与频率无关的常数。

3) 半正弦加速度

将半正弦加速度时间曲线即式(2.19)代入 Fourier 积分公式可得

$$F(\omega) = \int_0^\tau \ddot{u}_0 \sin\frac{\pi t}{\tau} \mathrm{e}^{-\mathrm{j}\omega t} \mathrm{d}t \tag{2.36}$$

积分可得

$$F(\omega) = \begin{cases} \dfrac{\dfrac{\ddot{u}_0 \tau}{\pi}}{1 - \left(\dfrac{\omega\tau}{\pi}\right)^2}(1 + \mathrm{e}^{-\mathrm{j}\omega\tau}), & \omega \neq \pi/\tau \\ -\dfrac{\mathrm{j}\ddot{u}_0 \tau}{2}, & \omega = \pi/\tau \end{cases} \tag{2.37}$$

幅值谱和相位谱的表达式为

$$F(\omega)=\begin{cases}\dfrac{2\ddot{u}_0\tau}{\pi}\left|\dfrac{\cos\left(\dfrac{\omega\tau}{2}\right)}{1-\left(\dfrac{\omega\tau}{\pi}\right)^2}\right|, & \omega\neq\pi/\tau\\ \dfrac{\ddot{u}_0\tau}{2}, & \omega=\pi/\tau\end{cases}\tag{2.38}$$

$$\theta(\omega)=-\frac{\omega\tau}{2}+n\pi\tag{2.39}$$

其中，n 为使 $|\theta(\omega)|$ 不超过 $3\pi/2$ 的最小整数。

半正弦加速度脉冲的 Fourier 谱如图 2.7(c)所示。

下面采用数值法计算半正弦加速度脉冲 Fourier 谱上的一点。假设需要知道频率为 $6\pi/\tau$ 时的精确结果，可容许的最大时间区域为

$$\Delta t\approx\frac{2}{6\pi/\tau}=\frac{\tau}{3\pi}$$

取 $\Delta t=\tau/10$ 既方便又满足要求。如图 2.9 所示，半正弦加速度脉冲近似地被分成 10 个矩形。表 2.1 给出了频率 $\omega=2/\tau$ 的表格法计算，对每一个要进行 Fourier 谱计算的频率都需要做如表 2.1 所示的计算。

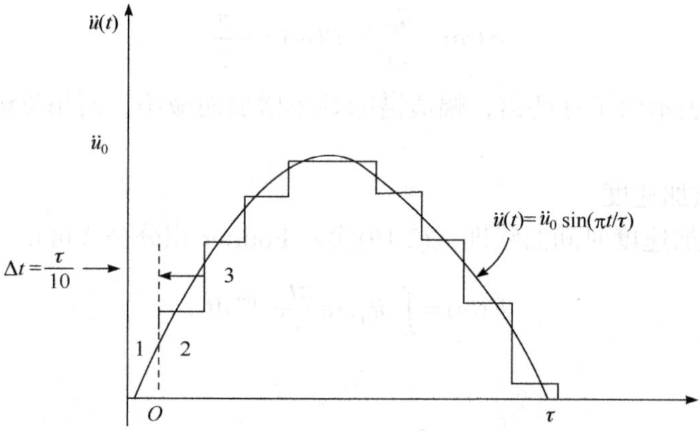

图 2.9　计算冲击 Fourier 谱的数值法示意图

表 2.1 的第一列是图 2.9 中各个矩形的序号，第二列是矩形高与最大脉冲值之比，第三列和第四列中的数值是计算得到的实部和虚部，即 Fourier 谱的实部和虚部为

$$\mathrm{Re}\left[F\left(\frac{2}{\tau}\right)\right]=\Delta t\sum\mathrm{col.3}=\left(\frac{\tau}{10}\right)(3.12\ddot{u}_0)=0.312\ddot{u}_0\tau$$

$$\operatorname{Im}\left[F\left(\frac{2}{\tau}\right)\right]=-\Delta t\sum \text{col.}4=-\left(\frac{\tau}{10}\right)(4.85\ddot{u}_0)=-0.485\ddot{u}_0\tau$$

其中，col.3 指表 2.1 中的第三列，依此类推。相应的幅值谱和相位谱为

$$F\left(\frac{2}{\tau}\right)=\sqrt{(0.312\ddot{u}_0\tau)^2+(-0.485\ddot{u}_0\tau)^2}=0.576\ddot{u}_0\tau$$

$$\theta\left(\frac{2}{\tau}\right)=-\arctan\frac{-0.485\ddot{u}_0\tau}{0.312\ddot{u}_0\tau}=-57.3^\circ$$

该数值计算的结果和在其他各个频率上数值计算的结果，在图 2.7(c)中用圆圈表示。

表 2.1　关于图 2.9 所示的半正弦加速度脉冲的 Fourier 谱 ($\omega = 2/\tau$)

序号	矩形高与最大脉冲值之比	实部	虚部
n	$\dfrac{r_n}{\ddot{u}_0}$	$\dfrac{\operatorname{Re}[F_n(\omega)]}{\ddot{u}_0}$	$\dfrac{\operatorname{Im}[F_n(\omega)]}{\ddot{u}_0}$
1	0.156	0.155	0.016
2	0.452	0.431	0.133
3	0.704	0.617	0.337
4	0.887	0.678	0.570
5	0.984	0.611	0.769
6	0.984	0.446	0.876
7	0.887	0.237	0.853
8	0.704	0.050	0.701
9	0.452	−0.058	0.447
10	0.156	−0.050	0.147
合计		3.117	4.849

4) 衰减正弦加速度

对式(2.24)定义的衰减正弦加速度，应用 Fourier 谱变换可以得到

$$F(\omega)=\dot{u}_0\frac{1+\mathrm{j}2\xi_1\omega/\omega_1}{(1-\omega^2/\omega_1^2)+\mathrm{j}2\xi_1\omega/\omega_1} \tag{2.40}$$

幅值谱为

$$F(\omega)=\dot{u}_0\sqrt{\frac{1+(2\xi_1\omega/\omega_1)^2}{(1-\omega^2/\omega_1^2)^2+(2\xi_1\omega/\omega_1)^2}} \tag{2.41}$$

相位谱为

$$\theta(\omega)=-\arctan\frac{2\xi_1(\omega/\omega_1)^3}{(1-\omega^2/\omega_1^2)+(2\xi_1\omega/\omega_1)^2} \tag{2.42}$$

当$\xi_1=0.1$时，幅值谱和相位谱如图 2.7(d)所示。在幅值谱中靠近频率ω_1的峰值表明 Fourier 分量在振荡频率附近高度集中。

5) 复杂冲击

图 2.7(e)给出了复杂冲击运动的实测结果。由于不知道它的函数形式，它的 Fourier 谱需要用数值计算得到。用 100 个 0.00015s 持续时间增量计算得到图 2.7(e)所示的 Fourier 谱。因此，在接近 f= 2/0.00015=13333 的频率范围的结果是精确的。幅值谱上的那些尖峰表明正弦分量集中在冲击运动(时间曲线)中不同的振荡频率附近。相位谱高频部分会产生不连续的现象。为作图方便，每经过 –360°，并不将相位角折回到零，则可认为曲线是连续的。

6) Fourier 谱的应用

当受冲击作用的结构特性可以用某一频率的函数定义时，在线性分析中用 Fourier 谱描述冲击是有用的。传递函数可以表示这种特性。在冲击和振动的术语汇集中，常用的传递函数是机械阻抗、转移率和传递性能。

当结构受冲击作用时，在某种意义上结构的响应本质上是一种振荡。响应时主要出现的频率是冲击的优势频率和结构的固有频率。响应的 Fourier 谱$R(\omega)$是冲击的 Fourier 谱$F(\omega)$与结构的一个相应的传递函数的乘积。例如，如果$F(\omega)$和$R(\omega)$都是加速度的 Fourier 谱，那么传递函数就是结构的传递性能，即响应处的加速度和激励处的加速度之比，且为频率的函数。但是，如果$R(\omega)$是速度的 Fourier 谱而$F(\omega)$是力的 Fourier 谱，那么传递函数就是传递率，且为频率的函数。

Fourier 谱也可以应用于计算负载对冲击输入的影响。冲击激励、被冲击设备(弹性或刚性安装的负载)、设备冲击响应是相互联系的。冲击通过弹性结构传递给负载，因此受冲击的负载的特性要影响被冲击输入，可以用机械阻抗和传递率定义冲击源和负载的特性。如果在无负载时的冲击源的输出处测得了冲击运动并用它的 Fourier 谱表示，那么可以用下面公式确定负载对冲击运动的影响，即

$$\dot{U}(\omega)=\frac{1}{1+\dfrac{H_{\mathrm{s}}(\omega)}{H_1(\omega)}}\dot{U}_{\mathrm{s}}(\omega)$$

带有负载的合成运动可以用它的 Fourier 谱表达。上面公式中下标 s 表示无负载时的传递函数，1 表示负载和基础刚性连接时的传递函数。

可以用作用在结构上的力脉冲和测量的响应确定结构的传递函数，这与用一个频率变化范围很宽的正弦激励力和测量与其频率相应的正弦响应运动这一更

普遍的使用方法类似。在某些情形下，应用脉冲更为有利，由测得的激励力和响应的时间曲线可以计算响应的 Fourier 谱。把激励力的 Fourier 谱除以响应的 Fourier 谱就是传递函数。

2.4　典型冲击输入谱

如果把冲击输入信号表示在频域，一般来说，若在低频段，则基础的位移激励是主要的；若在中频段，则速度激励是主要的；若在高频段，则加速度激励是主要的。因此，通常用三折线图表示冲击输入谱。

将冲击输入谱规定为设计冲击输入谱(这是一个人为的谱)，可以指导工程实际应用。从适合某一特定设备的冲击谱中取出一个或两个(实测或计算获得)，可以通过简单的处理获得设计谱，即使用圆频率 ω 作为标量因子，将相对峰值位移 D 换算成速度单位或加速度单位，即

$$\begin{cases} V = \omega D \\ a = \omega V = \omega^2 D \\ A = \dfrac{a}{g} = \dfrac{V\omega}{g} = \dfrac{\omega^2 D}{g} \end{cases} \tag{2.43}$$

其中，D 为谱位移，是质量 m 与基础之间的最大相对位移，可以通过弹簧刚度 k 乘 D 求得冲击力；V 为谱速度，是在初始条件为零时，受到冲击后产生的速度，满足式(2.43)；a 为谱加速度，可以认为是质量 m 为获取位移 D 的最大有效加速度，由 ma 确定其动态力。

这三个谱可以在一张对数图谱中给出，如图 2.10 所示。

由于

$$\lg V = \log\omega + \log D \tag{2.44}$$

$$\lg V = -\log\omega + \log a \tag{2.45}$$

因此在对数坐标中，速度和位移呈线性关系，斜率为 1。速度和加速度也呈线性关系，但是斜率为−1。例如，曲线 $y = af^n$ 取对数有 $\log y = n\log f + \log a$，因为每倍频程增加多少分贝(dB)的表达式为 $N\,\text{dB/oct} = 20\lg 2^n = 20n\lg 2 \approx 6n$，所以斜率为 1 表示每倍频程增加 6dB。

这样的典型三折线谱将表现为有限的位移、有限的速度和有限的加速度输入。在动态设计分析方法的输入中做了有限的速度和加速度的规定。在动态设计分析方法输入中尚没有考虑位移的限制条件，在某些情形中，这些设计输入谱会

导致一些低频系统冲击输入的过高估计。

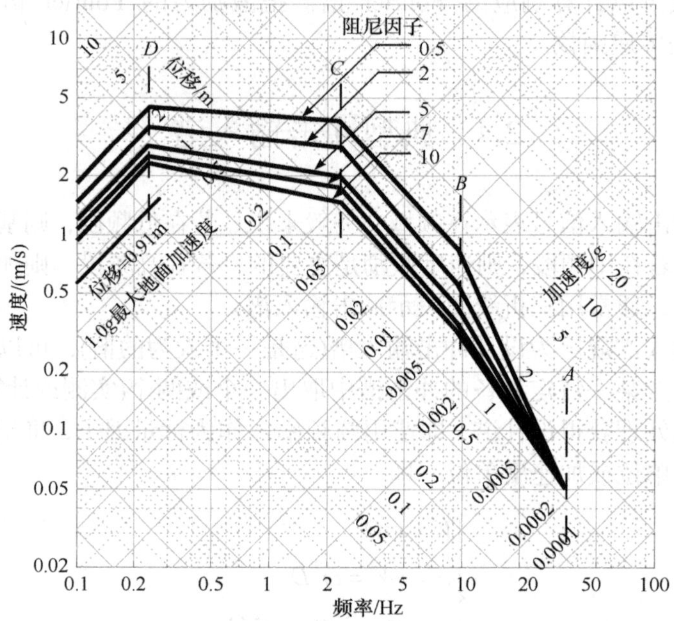

图 2.10　已换算成 1g 地面加速度的水平地震设计谱

在工程应用中，上述三折线谱称为“伪速度谱”。为什么要叫“伪速度谱”呢？因为前面所讲的冲击响应谱都是基于无阻尼单自由度系统，但实际上，所有的系统都存在阻尼，式(2.43)只适合于简谐激励。所以这样的速度谱就不是真实的，是“伪”的。可是，工程上大多数结构的阻尼都很小，忽略阻尼引起的误差也很小，从而就可以用这样的速度谱代表实际的速度谱。用“伪速度谱”也只是为了说明这种微小的差别。

2.5　三折线谱的 Fourier 逆变换

1. Fourier 逆变换方法

设有冲击输入载荷规定如下：低频段(<10Hz)按位移 0.02m 输入；中频段(10～160Hz)按速度 1.2m/s 输入；高频段(160～600Hz)按加速度 125g 输入。图 2.11(a)和(b)是对应的载荷谱和时域信号。由于载荷谱没有相位信息，实际对应的 Fourier 逆变换有任意多种，图中所示时域信号仅是其中的一种，若不采用这种方法，还可使用下面简化的计算公式得到时域的冲击信号。

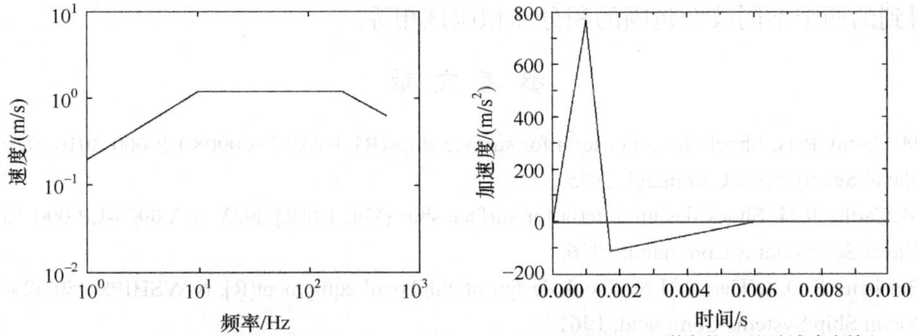

(a) 设计冲击载荷谱　(b) 经Fourier逆变换后的时域冲击输入

图 2.11　冲击谱到时域冲击的转换

2. 简化方法

参照国外的设计规范如 BV043/85，应用两种简化的计算方法，载荷谱 Fourier 逆变换后的时域信号如图 2.12 所示。

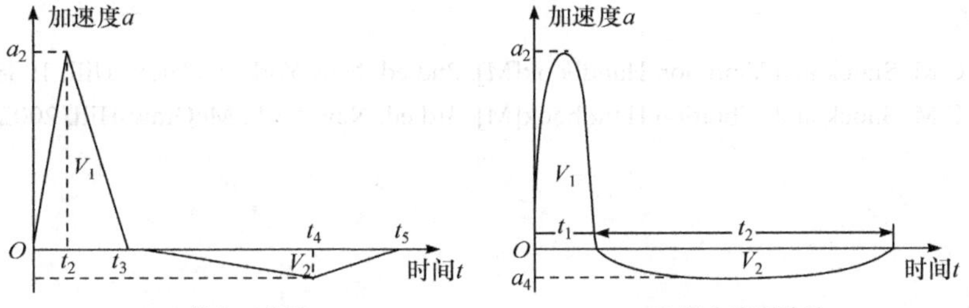

(a) 组合三角波　(b) 组合半正弦波

图 2.12　载荷谱经 Fourier 逆变换后的近似时域信号

1) 组合三角波

组合三角波如图 2.12(a)所示，各参数计算如下：

$$a_2 = 0.6a_0\text{，}\ V_1 = 0.75v_0\text{，}\ t_3 = \frac{2V_1}{a_2}\text{，}\ t_2 = 0.4t_3\text{，}\ t_5 = t_3 + \frac{6d_0 \times 1.05 - 1.6a_2 t_3^2}{1.6a_2 t_3}$$

$$a_4 = \frac{a_2 t_3}{t_3 - t_5}\text{，}\ t_4 = t_3 + 0.6(t_5 - t_3)$$

其中，a_0、v_0、d_0 分别是给定的加速度、速度、位移设计输入谱值。

2) 组合半正弦波

组合半正弦波如图 2.12(b)所示，各参数计算如下：

$$a_2 = 0.5a_0\text{，}\ V_1 = V_2 = \frac{2}{3}v_0\text{，}\ t_1 = \frac{\pi V_1}{2a_2}\text{，}\ t_2 = \frac{2d_0}{V_1} - t_1\text{，}\ a_4 = \frac{\pi V_1}{2t_2}$$

获取载荷的时间历程后，可进行后续的结构冲击响应分析。上述两种简化方法得到的两个不同波形包围的积分面积应该相等。

参考文献

[1] McCarthy R H. Shock design criteria for surface ships[R]. NAVSEA 0908-LP-000-3010, Rev. 1. Naval Sea Systems Command, 1995.

[2] McCarthy R H. Shock design criteria for surface ships(Vol. 10)[R]. NAVSEA 0908-LP-000-3010. Naval Sea Systems Command, 1976.

[3] Belsheim R O, O'Hara G J N. Shock design of shipboard equipment[R]. NAVSHIPS 250-423-30. Naval Ship Systems Command, 1961.

[4] Cunniff P F, O'Hara G J. Normal mode theory for three-directional motion[R]. NRL Report 6170. Washington: Naval Research Laboratory, 1965.

[5] O'Hara G J. Effect of shock spectra of dynamic interaction of structures[R]. NRL Report S236. Washington: Naval Research Laboratory, 1958.

[6] Cunniff P F, Collins R P. Structural interaction effects on shock spectra[J]. The Journal of the Acoustical Society of America, 1968, 43(2): 239-244.

[7] Harris C M, Crede C E. Shock and Vibration Handbook[M]. 2nd ed. New York: McGraw-Hill, 1976.

[8] Harris C M. Shock and Vibration Handbook[M]. 2nd ed. New York: McGraw-Hill, 1988.

[9] Harris C M. Shock and Vibration Handbook[M]. 3rd ed. New York: McGraw-Hill, 2002.

第 3 章　冲击响应特性分析

当给定冲击输入时，如第 2 章介绍的时域或频域的冲击输入，作用在给定的对象，就会有输出。评估对象的抗冲击能力，最终要根据冲击作用在对象后产生的响应，如位移、速度或加速度、应力或应变确定。对工程技术人员来说，首先要分清隔振和抗冲的区别，其次是掌握冲击谱的概念以及如何评价隔振器的冲击隔离能力。本章参考资料主要来自美国海军的研究报告[1-4]，尤其是 O'Hara[3-7]贡献最大，他是动态设计分析方法的主要创始人。Cunniff 和 Collins 最先发现谱跌现象[8]。文献[1]、[9]～[11]介绍了有关水面舰船的抗冲击设计方法。文献[12]对冲击响应的特性分析作了理论推导。隔振器的冲击隔离能力可参见 Harris 的《振动冲击手册》[13]，以及日本和中国的振动冲击手册中有关冲击的部分内容[14-17]。

3.1　典型冲击输入下的响应

系统在冲击输入下的响应可以用多种方法计算：经典的微分方程通解加特解的方法、Laplace 积分变换法、卷积积分法、杜阿梅尔(Duhamel)积分法和相平面图解法等。对于单自由度系统，冲击响应可由卷积给出，即

$$x(t)=\int_0^t h(t-\tau)f(\tau)\mathrm{d}\tau \tag{3.1}$$

其中，$f(\tau)$ 为冲击载荷；$h(t-\tau)$ 为脉冲响应函数，可以表示成

$$h(t-\tau)=\frac{1}{m\omega_{\mathrm{d}}}\mathrm{e}^{-\xi\omega_{\mathrm{n}}(t-\tau)}\sin\omega_{\mathrm{d}}(t-\tau) \tag{3.2}$$

将式(3.2)代入式(3.1)得到 Duhamel 积分公式，即

$$x(t)=\frac{1}{m\omega_{\mathrm{d}}}\int_0^t f(\tau)\mathrm{e}^{-\xi\omega_{\mathrm{n}}(t-\tau)}\sin\omega_{\mathrm{d}}(t-\tau)\mathrm{d}\tau \tag{3.3}$$

其中，$\omega_{\mathrm{d}}=\omega_{\mathrm{n}}\sqrt{1-\xi^2}$ 。

1) 在基础上作用脉冲加速度

将式(2.12)代入 Duhamel 积分公式(3.3)，有

$$x(t)=\frac{1}{m\omega_{\mathrm{d}}}\int_0^t m\dot{u}_0\delta(t)\mathrm{e}^{-\xi\omega_{\mathrm{n}}(t-\tau)}\sin\omega_{\mathrm{d}}(t-\tau)\mathrm{d}\tau \tag{3.4}$$

$$x(t)=\frac{\dot{u}_0}{\omega_d}e^{-\xi\omega_n t}\sin\omega_d t,\quad \xi<1 \tag{3.5}$$

ξ 为 0、0.1 和 0.5 时的冲击响应如图 3.1(a)所示。

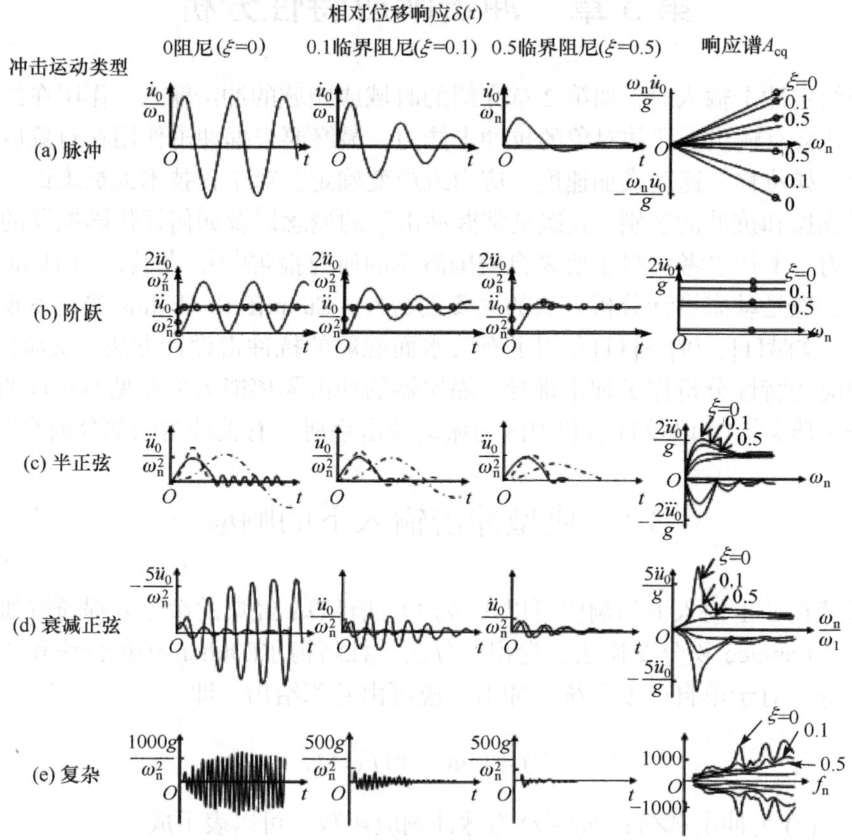

图 3.1　典型输入下的响应

2) 在基础上作用阶跃加速度

将式(2.16)代入 Duhamel 积分公式(3.3)，有

$$x(t)=\frac{1}{m\omega_d}\int_0^t m\ddot{u}_0 1(t)e^{-\xi\omega_n(t-\tau)}\sin\omega_d(t-\tau)d\tau \tag{3.6}$$

$$x(t)=\frac{\ddot{u}_0}{\omega_n^2}\left[1-\frac{e^{-\xi\omega_n t}}{\sqrt{1-\xi^2}}\cos(\omega_d t-\arcsin\xi)\right],\quad \xi<1 \tag{3.7}$$

图 3.1(b)给出了 ξ =0、0.1 和 0.5 时的响应 $x(t)$ 。响应超过 $\ddot{u}_0/\omega_n^2$ ，并由于阻尼的耗能作用，在 $\ddot{u}_0/\omega_n^2$ 附近做减幅振荡。对于零阻尼，响应达到 $2\ddot{u}_0/\omega_n^2$ 。

3) 在基础上作用半正弦加速度

将式(2.19)代入 Duhamel 积分公式(3.3)，有相对位移响应：

$$y(t)=\frac{1}{m\omega_{\mathrm{d}}}\int_0^t m\ddot{u}_0\sin\left(\frac{\pi t}{\tau}\right)\mathrm{e}^{-\xi\omega_{\mathrm{n}}(t-\tau)}\sin\omega_{\mathrm{d}}(t-\tau)\mathrm{d}\tau \tag{3.8}$$

对于无阻尼系统，响应 $y(t)$ 为

$$y(t)=\begin{cases}\dfrac{\ddot{u}_0}{\omega_{\mathrm{n}}^2}\left(\dfrac{\dfrac{\omega_{\mathrm{n}}\tau}{\pi}}{1-\left(\dfrac{\omega_{\mathrm{n}}\tau}{\pi}\right)^2}\right)\left[\sin\omega_{\mathrm{n}}t-\dfrac{\omega_{\mathrm{n}}\tau}{\pi}\sin\left(\dfrac{\pi t}{\tau}\right)\right], & 0<t\leqslant\tau\\[2ex] \dfrac{\ddot{u}_0}{\omega_{\mathrm{n}}^2}\left(\dfrac{\dfrac{\omega_{\mathrm{n}}\tau}{\pi}}{1-\left(\dfrac{\omega_{\mathrm{n}}\tau}{\pi}\right)^2}\right)2\cos\left(\dfrac{\omega_{\mathrm{n}}\tau}{2}\right)\sin\left[\omega_{\mathrm{n}}\left(t-\dfrac{\tau}{2}\right)\right], & t>\tau\end{cases} \tag{3.9}$$

响应也可以由两个符号相反、时间延迟为脉冲宽度的正弦冲击信号激励下的响应叠加而成，即

$$\ddot{u}=\ddot{u}_0\left[1(t)\sin\left(\frac{\pi t}{\tau}\right)-1(t-\tau)\sin\left(\frac{\pi(t-\tau)}{\tau}\right)\right] \tag{3.10}$$

其中，$1(t)$ 是单位阶跃函数。其 Laplace 变换为

$$u(s)=u_0\frac{\pi}{\tau}\left[\frac{1}{s^2+\left(\dfrac{\pi}{\tau}\right)^2}+\frac{\mathrm{e}^{-s\tau}}{s^2+\left(\dfrac{\pi}{\tau}\right)^2}\right] \tag{3.11}$$

将式(3.10)代入式(2.7)的右边，两边 Laplace 变换后可以得到相对位移响应的 Laplace 变换，即

$$u(s)=u_0\frac{\pi}{m\tau}\left[\frac{1}{s^2+\omega^2}\frac{1}{s^2+\left(\dfrac{\pi}{\tau}\right)^2}-\frac{1}{s^2+\omega^2}\frac{\mathrm{e}^{-s\tau}}{s^2+\left(\dfrac{\pi}{\tau}\right)^2}\right] \tag{3.12}$$

利用 Laplace 逆变换，同样可以得到式(3.9)。图 3.1(c)中的点划线就是固有频率为 $2\pi/(3\tau)$ 的响应的一个例子。

4) 在基础上作用衰减正弦加速度

简单结构在图 2.3(d)所示的衰减正弦加速度输入作用下的响应，不用数值求

解是极其困难的。响应本质上是脉冲型的。衰减正弦加速度时间曲线下的面积是 $\dot{u}_0$。当响应系统的固有频率接近衰减正弦的振荡频率 ω_1 时，响应振荡容易出现增长的共振型。图 3.1(d)给出了 ξ=0、0.1、0.5 和 $\omega_n = \omega_1$ 时的响应。在响应系统无阻尼时，增长率随时间增加而减小，而响应振荡的幅度随输入加速度衰减到很小值时而趋于恒定值。在响应系统小阻尼时，如 $\xi = 0.1$，降低了初始增长率，并且使响应在达到最大值后衰减到零。当阻尼大到 $\xi = 0.5$ 时，没有增长出现。

5) 在基础上作用复杂冲击信号

图 3.1(e)给出了图 2.3(e)的复杂冲击的冲击响应，由模拟试验得到。从图 3.1 中的响应谱看到的 3 个峰值是结构的固有频率。

3.2　冲　击　谱

1. 冲击谱的概念和定义

冲击响应和振动响应不同。从冲击的工程用途上考虑，把冲击当作一种对结构的激励作用，用结构的响应表达冲击对结构的作用效果。通常可以用峰值响应的大小确定冲击响应，这与表达冲击输入的 Fourier 谱在以下方面有很大不同。

(1) Fourier 谱用它的频率分量有关的幅值和相位定义冲击，而响应谱仅用峰值响应表达冲击对结构的影响。

(2) 冲击信号 Fourier 谱与冲击响应谱是性质上完全不同的两种冲击谱。Fourier 谱仅与冲击脉冲的波形(形状、脉冲宽度和峰值)有关。给定了冲击波形，就可以求出 Fourier 谱；反过来，如果已知冲击波形的 Fourier 谱，也就可以确定脉冲波形。冲击响应谱不仅与冲击脉冲的波形有关，而且与受冲击系统本身的特性有关。例如，受冲击系统的刚度和阻尼大小，可直接影响冲击响应谱的大小。给定了波形，可以求出冲击响应谱；但给定了响应谱，却不能反过来求出冲击的波形。不可能由已知的冲击激励系统的峰值响应确定冲击的时间曲线，即峰值响应的计算是不可逆的过程。

(3) 冲击对结构的效果主要看响应峰值和结构的固有频率，而冲击信号的频域表示中可以发现冲击的优势频率。

只考虑线性响应时，对具有集中参数的黏性阻尼单自由度系统，如图 2.2 所示，给定冲击波形的响应只依赖于两个结构参数，即无阻尼固有频率和临界阻尼系数。在只包含两个参数的情形下，可以由冲击测量结果得到单自由度系统的峰值响应图。这种数据转换方法可直接应用到单自由度线性系统的响应中，并且在某种程度上可以用正交振型叠加计算多自由度线性系统的响应。

冲击谱的定义：对于单自由度系统，是指一个有阻尼(或无阻尼)的单自由度振子(质量为 m、刚度为 k)在基础冲击载荷作用下，振子的相对位移(或速度、加速度)的最大幅值(或可乘以一定的比例系数)随频率变化的关系。可以把响应峰值归结成具有各种临界阻尼的系统的固有频率或固有周期的函数，这样的表示形式称为冲击谱。在冲击谱中，或者更确切地说在二维冲击谱中，只把在单一的时间曲线上出现的响应最大值包络出来。三维冲击谱取曲面的形式，它表示出了在整个时间历程上响应峰值的分布。二维谱比较常用，本节后续部分将详细讨论。方便起见，后续都简单地将它们称为冲击谱。在后面章节也将简单地讨论三维谱问题。

对有 n 个单自由度的无阻尼质量系统，各质量块的固有频率各不相同，对这个系统施加特定的冲击，并测出这些质量的最大响应，可以看到：某些质量的响应很大，某些则很小，把每个谐振频率上的最大响应标注出来，就可以得出一个谱，这个谱就称为在这个特定冲击下的冲击响应谱。冲击谱图形的优点之一是便于应用到工程实际情况。参考图 2.2 所示的单自由度系统，从结构上的测量结果可以直接确定下面的重要参数。

2. 冲击谱的参数

图 2.2(b)表示的单自由度系统，运动微分方程由式(2.10)和式(2.11)给出，即

$$m\ddot{x} = -c(\dot{x} - \dot{z}(t)) - k(x - z(t))$$

$$\ddot{y} + 2\xi\omega_{\mathrm{n}}\dot{y} + \omega_{\mathrm{n}}^2 y = -\ddot{z}(t)$$

冲击谱的参数可以是下面的任意一种：

(1) 质量 m 的绝对位移 $x(t)$ 。它表示响应关于一个惯性参考平面的位移，即关于固定在空间的坐标轴的位移。

(2) 质量 m 的相对位移 $y(t)$ 。它表示响应相对于它的支座的位移，这个量在计算响应结构里的变形和应变时有用。

(3) 质量 m 的绝对速度 $\dot{x}(t)$ 。这个量在确定冲击响应的动能时有用。

(4) 质量 m 的相对速度 $\dot{y}(t)$ 。这个量对于确定系统中由黏性阻尼引起的应力和结构消耗的最大能量时有用。

(5) 质量 m 的绝对加速度 $\ddot{x}(t)$ 。这个量在确定系统中由结构的弹性与阻尼联合作用产生的应力时有用。

(6) $\ddot{z}(t)$ 为基础加速度输入。

3. 等效静加速度

等效静加速度是一种表达成重力加速度倍数的恒定作用的加速度，它使结构由冲击引起的变形为最大变形。对于如图 2.2(b)所示的单自由度系统，相对位移

响应y就是在冲击条件下的变形。相应静力条件下的变形在一个g的重力场中可表示为

$$y_{\mathrm{st}} = \frac{mg}{k} = \frac{g}{\omega_{\mathrm{n}}^2} \tag{3.13}$$

用类似的方法，冲击条件下的最大相对位移为

$$y_{\max} = \frac{A_{\mathrm{eq}} g}{\omega_{\mathrm{n}}^2} \tag{3.14}$$

其中，A_{eq}是以重力加速度为单位的等效静加速度。

由式(3.14)可得

$$A_{\mathrm{eq}} = \frac{y_{\max} \omega_{\mathrm{n}}^2}{g} \tag{3.15}$$

最大相对位移$y_{\max}$与等效静加速度A_{eq}成正比。

如果冲击是一个载荷参数，如力、压力或力矩，它们都是时间的函数，那么相应的等效静参数分别是等效静压力和等效静力矩。如果在冲击载荷作用下支撑结构不运动，那么相对响应运动和绝对响应运动是等效的。

图 2.2(b)所示的系统的运动微分方程又可以写为

$$\ddot{x}(t) + 2\xi\omega_{\mathrm{n}}\dot{y}(t) + \omega_{\mathrm{n}}^2 y(t) = 0 \tag{3.16}$$

其中，ω_{n}是无阻尼固有频率；ξ是临界阻尼系数。当$\xi = 0$时，$\ddot{x}_{\max} = -A_{\mathrm{eq}} g$，这是由式(3.14)直接得来的结果。当$\xi \neq 0$时，质量$m$承受的加速度$\ddot{x}(t)$是由弹簧$k$和阻尼器$c$传递的力引起的。因此，在阻尼系统中，质量的最大加速度不完全等于等效静加速度。但是，在大多数机械结构上，阻尼是比较小的。因此，等效静加速度和最大绝对加速度通常是可以互换的，其误差忽略不计。

如图 3.2 所示的模型，设已知上层结构的等效静加速度为A_{eq}，最大绝对加速度为$\ddot{x}_{\max}$，那么用A_{eq}可直接计算上层结构的最大相对位移响应。当下层结构的固有频率高于上层结构的固有频率时，就用M的最大加速度$\ddot{x}_{\max}$来计算m相对于M的最大相对位移。第二层结构对质量M的加速度则按照“静止状态”处理，即质量m的最大加速度近似于质量M的最大加速度。因此，从设计角度讲，A_{eq}和$\ddot{x}_{\max}$都可以用来计算作用在设备上的等效静载荷。

如果在处理的结构中的阻尼较大，那么A_{eq}和$\ddot{x}_{\max}$是显著不同的。因为第一层结构通常需要的数据形式是最大变形，而等效静加速度是一个用等效静载荷表示的量，所以下面的讨论限于用A_{eq}表示的冲击谱。

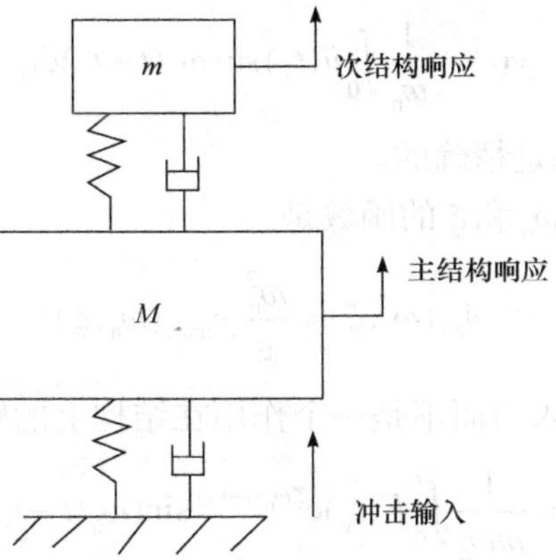

图 3.2　简单的二自由度系统 ($m \ll M$)

受冲击激发的小阻尼单自由度系统的响应，最大相对位移 $y_{\max}$、最大相对速度 $\dot{y}_{\max}$ 和最大绝对加速度 $\ddot{x}_{\max}$ 有下面的近似关系：

$$\dot{y}_{\max} = \omega_n y_{\max}, \quad \ddot{x}_{\max} = \omega_n \dot{y}_{\max}, \quad \ddot{x}_{\max} = \omega_n^2 y_{\max} \tag{3.17}$$

因正负最大值是近似相等的，故式中负号可以略去。应用时，可用这些关系将一种参数表示的谱转换成另一种参数表示的谱。对于实际上接近理想化的冲击运动，冲击谱的纵坐标一般用无因次比表示。较常用的一些无因次比是

$$\frac{gA_{eq}}{\ddot{u}_{\max}} = \frac{\omega_n^2 y_{\max}}{\ddot{u}_{\max}}, \quad \frac{\ddot{x}_{\max}}{\ddot{u}_{\max}}, \quad \frac{\omega_n y_{\max}}{\Delta \dot{u}}, \quad \frac{y_{\max}}{u_{\max}} \tag{3.18}$$

其中，$\ddot{u}_{\max}$ 和 $u_{\max}$ 分别是冲击运动的最大加速度和最大位移；$\Delta \dot{u}$ 是冲击运动的速度变化(等于加速度时间曲线下的面积)，有时将这些无因次比称为冲击放大因子。

4. 冲击谱的计算

用 Duhamel 积分求得由支座的冲击加速度 $\ddot{u}(t)$ 引起的简单结构的相对位移响应：

$$y(t) = \frac{1}{\omega_d} \int_0^t \ddot{u}(t_v) e^{-\xi \omega_n (t - t_v)} \sin \omega_d (t - t_v) dt_v \tag{3.19}$$

其中，$\omega_n = (k/m)^{1/2}$ 是无阻尼固有频率；$\xi = c/(2m\omega_n)$ 是临界阻尼系数；$\omega_d = \omega_n \cdot (1-\xi^2)^{1/2}$ 是有阻尼的固有频率；激励信号 $\ddot{u}(t_v)$ 定义为积分变量 t_v 的函数；响应 $y(t)$ 是时间 t 的函数。当 $t=0$ 时，相对位移 y 和相对速度 $\dot{y}$ 为零。无阻尼时用 Duhamel 积分计算相对位移响应的表达式为

$$y(t)=\frac{1}{\omega_{\mathrm{n}}}\int_{0}^{t}\ddot{u}(t_{\mathrm{v}})\sin\omega_{\mathrm{n}}(t-t_{\mathrm{v}})\mathrm{d}t_{\mathrm{v}} \tag{3.20}$$

可见，无阻尼时式(3.18)是精确的。

等效静加速度作为 ω_{n} 和 ξ 的函数是

$$A_{\mathrm{eq}}(\omega_{\mathrm{n}},\xi)=\frac{\omega_{\mathrm{n}}^{2}}{g}y_{\max}(\omega_{\mathrm{n}},\xi) \tag{3.21}$$

如果冲击载荷是输入力而不是一个作用在结构上的输入运动，则响应是

$$y(t)=\frac{1}{m\omega_{\mathrm{d}}}\int_{0}^{t}F(t_{\mathrm{v}})\mathrm{e}^{\xi\omega_{\mathrm{n}}(t-t_{\mathrm{v}})}\sin(\omega_{\mathrm{d}}(t-t_{\mathrm{v}}))\mathrm{d}t_{\mathrm{v}} \tag{3.22}$$

而等效静力是

$$F_{\mathrm{eq}}(\omega_{\mathrm{n}},\xi)=ky_{\max}(\omega_{\mathrm{n}},\xi)=m\omega_{\mathrm{n}}^{2}y_{\max}(\omega_{\mathrm{n}},\xi) \tag{3.23}$$

等效静力和等效静加速度的关系是

$$F_{\mathrm{eq}}(\omega_{\mathrm{n}},\xi)=mA_{\mathrm{eq}}(\omega_{\mathrm{n}},\xi) \tag{3.24}$$

通常人们感兴趣的是图 2.2(b)表示的单自由度系统在正负两个方向上的最大相对位移。如果 $\ddot{u}(t)$ 按图中所示的方向为正，那么 $\ddot{x}(t)$ 的正值表示质量 m 向右的加速度，该方向也为 $y(t)$ 的正方向，转换数据的最后应用也许会需要确定弹簧 k 的伸长和压缩。同样，A_{eq}^{+} 是向右的加速度，它产生一个正位移；A_{eq}^{-} 是向左的加速度，它产生一个负位移。

冲击响应过程中，响应最大值可能发生在冲击持续时间之内，也可能发生在冲击过后。冲击作用时间内出现的最大响应和在冲击结束后自由振动时间内出现的最大响应分别为主冲击谱和残余冲击谱。例如，对图 2.3(c)中半正弦脉冲响应 $y(t)$，在 $t<\tau$ 时出现的是主响应，在 $t>\tau$ 时出现的是残余响应。在残余谱中若有阻尼，其谱值最后总是为零。更详细的讨论见 3.3 节。

5. 冲击谱的例子

本节讨论图 2.3 中 5 种加速度时间曲线的冲击谱。用等效静加速度表达无阻尼响应结构，ξ=0.1、0.5 以及一些其他临界阻尼系数条件下结构的响应谱，图 3.1 给出了最大正响应和最大负响应及相对位移的时间曲线 $y(t)$。

1) 脉冲加速度

图 2.3(a)的脉冲加速度激励下的响应为

$$y(t)=\frac{\dot{u}_{0}}{\omega_{\mathrm{d}}}\mathrm{e}^{-\xi\omega_{\mathrm{n}}t}\sin\omega_{\mathrm{d}}t,\quad \xi<1 \tag{3.25}$$

图 3.1(a)给出了 ξ=0.1 和 0.5 时的响应。式(3.25)对时间求导并令其为零，可得

$$\frac{\sin\omega_{\rm d}t}{\cos\omega_{\rm d}t}=\frac{\sqrt{1-\xi^2}}{\xi} \tag{3.26}$$

即在时间 $t=(\arccos\xi)/\omega_{\rm d}$ 时达到峰值响应，对随后相继产生的各个峰，$\arccos\xi$ 都增加 π 值。第 i 个峰的响应值是

$$y_{\max}^{i}(\omega_{\rm n},\xi)=\frac{\dot{u}_0}{\omega_{\rm n}}{\rm e}^{\left\{-\frac{\xi}{\sqrt{1-\xi^2}}[\arccos\xi+(i-1)\pi]\right\}},\quad 0<\arccos\xi\leqslant\pi/2 \tag{3.27}$$

其中，i 是峰数(对于第一个正峰 $i=1$，对于第一个负峰 $i=2$，依此类推)。

最大正响应发生在第一个峰，即 $i=1$。将式(3.27)代入式(3.21)并取 $i=1$，得出正方向的等效静加速度为

$$A_{\rm eq}^{+}(\omega_{\rm n},\xi)=\frac{\omega_{\rm n}\dot{u}_0}{g}\exp\left(-\frac{\xi}{\sqrt{1-\xi^2}}\arccos\xi\right) \tag{3.28}$$

在第二个峰值即 $i=2$ 时，由最大相对位移计算出在负方向的等效静加速度为

$$A_{\rm eq}^{-}(\omega_{\rm n},\xi)=\frac{\omega_{\rm n}\dot{u}_0}{g}{\rm e}^{\left[-\frac{\xi}{\sqrt{1-\xi^2}}(\arccos\xi+\pi)\right]} \tag{3.29}$$

图 3.1(a)给出了与 ξ=0、0.1、0.5 曲线相应的冲击谱。任一阻尼值的冲击谱是一条通过原点的直线。结构最大变形 $y_{\max}$ 与频率成反比。因此，质量的相对位移随固有频率的减小而增加，但是等效静加速度则有相反的趋势。此外，对加速度脉冲，几乎都是残余冲击谱。

2) 阶跃加速度

将式(2.16)代入式(3.19)并积分，可求得单自由度系统在图 2.3(b)所示的阶跃加速度作用下的响应，即

$$y(t)=\frac{\ddot{u}_0}{\omega_{\rm n}^2}\left[1-\frac{{\rm e}^{-\xi\omega_{\rm n}t}}{\sqrt{1-\xi^2}}\cos(\omega_{\rm d}t-\arcsin\xi)\right],\quad \xi<1 \tag{3.30}$$

图 3.1(b)给出了 ξ=0.1 和 0.5 时的响应 $y(t)$。响应超过 $\ddot{u}_0/\omega_{\rm n}^2$，并由于阻尼耗能作用，在 $\ddot{u}_0/\omega_{\rm n}^2$ 附近做减幅振荡。对于零阻尼，响应达到 $2\ddot{u}_0/\omega_{\rm n}^2$。

式(3.30)对时间求导并令其为零，可以得到在时间 $t=i\pi/\omega_{\rm d}$ 时，出现响应的极大值和极小值，在 $i=0$ 时是第一个极小值，在 $i=1$ 时是第一个极大值。相对位移响应的极大值为

$$y_{\max}(\omega_{\mathrm{n}},\xi)=\frac{\ddot{u}_0}{\omega_{\mathrm{n}}^2}\left[1+\mathrm{e}^{\left(-\frac{\xi}{\sqrt{1-\xi^2}}i\pi\right)}\right],\quad i\text{ 为奇数} \tag{3.31}$$

在第一个极大值，即式中$i=1$时，出现最大正响应。将式(3.31)代入式(3.21)，令$i=1$，得到正方向的等效静加速度为

$$A_{\mathrm{eq}}^{+}(\omega_{\mathrm{n}},\xi)=\frac{\ddot{u}_0}{g}\left[1+\mathrm{e}^{\left(-\frac{\xi\pi}{\sqrt{1-\xi^2}}\right)}\right] \tag{3.32}$$

当$t=0$时，出现最大负响应，为零，与阻尼无关。因此，在负方向的等效静加速度是

$$A_{\mathrm{eq}}^{-}(\omega_{\mathrm{n}},\xi)=0 \tag{3.33}$$

因为等效静加速度与固有频率无关，所以图 3.1(b)的冲击谱曲线是一条水平线。在冲击谱上标出的符号与相对位移响应上标出的符号是一致的。

无阻尼单自由度系统的等效静加速度是阶跃加速度$\ddot{u}_0/g$的 2 倍。随着阻尼的增加，响应的超越值减小，当结构在临界阻尼时，没有超越值。

此外，阶跃加速度几乎都是主冲击谱。

3) 半正弦加速度

半正弦加速度即式(2.19)作用下，无阻尼系统的响应$y(t)$为

$$y(t)=\begin{cases}\dfrac{\ddot{u}_0}{\omega_{\mathrm{n}}^2}\left[\dfrac{\dfrac{\omega_{\mathrm{n}}\tau}{\pi}}{1-\left(\dfrac{\omega_{\mathrm{n}}\tau}{\pi}\right)^2}\right]\left[\sin\omega_{\mathrm{n}}t-\left(\dfrac{\omega_{\mathrm{n}}\tau}{\pi}\right)\sin\left(\dfrac{\pi t}{\tau}\right)\right], & 0<t\leqslant\tau\\[2ex]\dfrac{\ddot{u}_0}{\omega_{\mathrm{n}}^2}\left[\dfrac{\dfrac{\omega_{\mathrm{n}}\tau}{\pi}}{1-\left(\dfrac{\omega_{\mathrm{n}}\tau}{\pi}\right)^2}\right]2\cos\left(\dfrac{\omega_{\mathrm{n}}\tau}{2}\right)\sin\left[\omega_{\mathrm{n}}\left(t-\dfrac{\tau}{2}\right)\right], & t>\tau\end{cases} \tag{3.34}$$

对于零阻尼系统，残余响应是具有常量振幅的正弦信号。对于固有频率小于π/τ的单自由度系统，响应中第一个极大值出现在残余响应的时间范围内，也就是在$t=\tau$之后。随后每个接连的响应峰的大小与第一个极大值相同。因此，对于$\omega_{\mathrm{n}}\leqslant\pi/\tau$，正负冲击谱曲线是相同的。图 3.1(c)中的点划线就是固有频率为$2\pi/(3\tau)$的响应的一个例子，图中还给出了不同阻尼的冲击谱。

当固有频率低于$\pi/(2\tau)$时，无阻尼系统的冲击谱非常接近斜率为$\pm2\ddot{u}_0\tau/(\pi g)$的直线。在此低频范围，响应本质上是脉冲型的，也就是最大响应近似与理想脉

冲加速度(图 3.1(a))激励的响应一样；同时，速度变化 $\dot{u}_0$ 等于半正弦加速度时间曲线所围成的面积。

图 3.1(c)中曲线代表固有频率在 $3\pi/\tau$ 的响应。在脉冲结束时，位移和速度响应两者皆为零，以后也无残余响应发生。所有在 $3\pi/\tau$ 以上的 π/τ 的奇数倍的残余冲击谱均趋于零。

超过 $3\pi/\tau$ 以后随着固有频率的增加，响应具有比较低幅的振荡特性，同时出现有中等的半正弦脉冲的形状。频率为 $8\pi/\tau$ 的实曲线就是此种响应的一例。最大正响应略高于 $\ddot{u}_0/\omega_n^2$，残余响应在比较低的谱级上出现。

当固有频率非常高时，响应非常接近半正弦形状。在极限情形下，固有频率变成无穷大，而响应逼近半正弦波，如图 3.1(c)所示，固有频率大于 $5\pi/\tau$，响应有随冲击输入一致的倾向，且最大响应有 20%是由峰值输入加速度静作用产生的。这部分冲击谱有时称为“静态区域”，参见下述冲击谱的限制值。

在正方向的无阻尼等效静加速度是

$$A_{eq}^{+}(\omega_n,0)=\begin{cases}\dfrac{\ddot{u}_0}{g}\left[\dfrac{2\dfrac{\omega_n\tau}{\pi}}{1-\left(\dfrac{\omega_n\tau}{\pi}\right)^2}\right]\cos\left(\dfrac{\omega_n\tau}{2}\right), & \omega_n\leqslant\dfrac{\pi}{\tau}\\[3ex] \dfrac{\ddot{u}_0}{g}\left[\dfrac{\dfrac{\omega_n\tau}{\pi}}{\left(\dfrac{\omega_n\tau}{\pi}-1\right)}\right]\sin\left(\dfrac{2i\pi}{\dfrac{\omega_n\tau}{\pi}+1}\right), & \omega_n>\dfrac{\pi}{\tau}\end{cases} \tag{3.35}$$

其中，i 是正整数，它使正弦项的值在角度保持小于 π 时达到最大值。在负方向，峰值响应总是在残余响应时间内出现。因此，由式(3.35)的第一个表达式的绝对值给出：

$$A_{eq}^{-}(\omega_n,0)=\frac{\ddot{u}_0}{g}\left[\frac{2\dfrac{\omega_n\tau}{\pi}}{1-\left(\dfrac{\omega_n\tau}{\pi}\right)^2}\right]\cos\left(\frac{\omega_n\tau}{2}\right) \tag{3.36}$$

有阻尼系统的冲击谱可以用计算机求得，图 3.1(c)给出了 $\xi=0.1$ 和 0.5 的冲击谱。

固有频率小于 $\pi/(2\tau)$ 的有阻尼系统的响应本质上是一个脉冲型的，即在此频率范围的冲击谱，本质上与图 3.1(a)的脉冲加速度的冲击谱相同。除了在无阻尼系统的负谱上靠近零，阻尼降低了峰值响应。对于正谱，在静态区域内此阻尼的影响较小，因为所有的阻尼值响应有和冲击输入一致的倾向。在负谱上，阻尼的影响较大，因为在系统固有频率处，它影响了响应振荡的衰减。

4) 衰减正弦加速度

单自由度系统对图 2.3(d)所示的衰减正弦加速度的响应，其分析式虽然可用，但谱的计算不用计算机是不可能完成的。图 3.1(d)给出了衰减正弦加速度的几种阻尼值的谱，在低频范围($\omega_n < 0.2\omega_1$)，响应本质上是脉冲型的。衰减正弦加速度时间曲线下的面积是$\dot{u}_0$的加速度脉冲的响应。

当系统的固有频率接近衰减正弦的振荡频率ω_1时，响应振荡容易出现增长的共振型。把$\omega_1 = \omega_n$的邻近区域称为冲击谱的准共振区域。图 3.1(d)给出了$\xi = 0$、0.1、0.5 和$\omega_n = \omega_1$的响应。对于无阻尼系统，增长率随时间增加而减小，输入加速度衰减到很小值时，响应振荡的幅度将趋于恒定值。在系统小阻尼时，如$\xi =$ 0.1，降低了初始增长率，并且使响应在达到最大值后衰减到零。当阻尼大到$\xi =$ 0.5 时，不会有增长出现。

5) 复杂冲击

图 3.1(e)表示出了图 2.3(e)的复杂冲击的冲击谱，它是由冲击谱分析器得到的，也表示出了固有频率为 1250Hz 的系统的响应时间曲线。谱曲线的纵坐标是等效静加速度，横坐标是以 Hz 表示的固有频率。在零阻尼谱上有三个显著的峰，分别在 1250Hz、1900Hz 和 2350Hz 附近处出现。这些峰表明在冲击中频率含量的集中程度，类似于图 3.1(d)中的衰减正弦的谱。无阻尼系统冲击谱上的其他峰表示冲击中意义不大的振荡特性。有明显的峰出现的两个较低的频率与相同冲击的 Fourier 谱上的峰有关系，如图 2.3(e)所示，有明显峰出现的最高频率已超过计算 Fourier 谱的范围。

由于谱分析器频率响应的限制，冲击谱不能扩展到 200Hz 以下。因为图 2.3(e)的复杂冲击的持续时间约为 0.016s，所以仅对远低于 200Hz 的固有频率才会出现脉冲型的响应。因此，结果在冲击谱上没有出现脉冲区域。因为没有计算到足够高的频率，所以也没有示出谱的静态区域。

除了在冲击谱的凹谷区域阻尼会增加谱的量值，一般在单自由度系统中，随着阻尼增加，等效静加速度A_{eq}减小。对于任意阻尼值，正谱和负谱在量值上都倾向于相等。因此，对于复杂冲击的谱可用与符号无关的峰值响应为基础而得到好的近似值。

6) 冲击谱的限制值

由冲击谱提供的响应数据，有时可以提炼出能为一定目的服务的简化数据。一般来说，必须给出关于数据的最后使用的明确要求，特别是给出受冲击作用的结构的固有频率相关要求。下面讨论两种主要的情形。

脉冲或速度变化：冲击持续时间有时要比受此冲击作用的结构的固有周期还

小，因此结构的全响应基本是冲击时间曲线下面积的函数；冲击是用加速度、力、压力或力矩表达的。此时，冲击的效果与无穷小持续时间的脉冲(即理想脉冲)的效果等效。

图 3.1(a)示出了一个理想脉冲的冲击谱。所有的等效静加速度曲线都是经过原点的直线。呈现这种直线性质的谱的部分就称为脉冲区域。当 ω_n 小于 $\pi/(2\tau)$ 时，半正弦脉冲的冲击谱有一个脉冲区域，如图 3.1(c)所示。如果加速度或冲击载荷的时间曲线下的面积不为零或无穷大，那么冲击谱上就有一个脉冲区域存在。该区域在固有频率轴上的范围取决于冲击持续时间和波形。

图 3.3 示出了无阻尼系统对几种简单脉冲加速度正冲击谱靠近原点的一部分。谱的纵坐标是用 A_{eq} 除以 $\omega_n\Delta\dot{u}/g$ 归一化的等效静加速度，这里的 $\Delta\dot{u}$ 是相应的加速度曲线下的面积。图 3.3 示出了脉冲区域，在此区域，离开脉冲型响应 $gA_{eq}/(\omega_n\Delta\dot{u})=1$ 的偏差小于 10%。为了用图表示脉冲的性质，用峰脉冲的响应 $\omega_n\Delta\dot{u}/g$ 使各谱归一化，其中的 $\Delta\dot{u}$ 是相应的加速度时间曲线下的面积。因此，这些谱表明纵坐标大致为 1 的脉冲的响应。如果 $\omega_n<0.25\pi/\tau$，即 $f_n<0.4\tau^{-1}$，那么简单脉冲加速度的响应是一个在 10%的容许误差内的脉冲响应，其中 f_n 是响应结构的固有频率，以 Hz 计；τ 是脉冲持续时间，以 s 计。当响应结构的固有频率小于某指定值时，可以将冲击脉冲的描述转换成某指定的速度变化的描述。速度变化的大小是加速度脉冲曲线下的面积：

$$\Delta\dot{u}=\int_0^{\tau}\ddot{u}(t)\mathrm{d}t \tag{3.37}$$

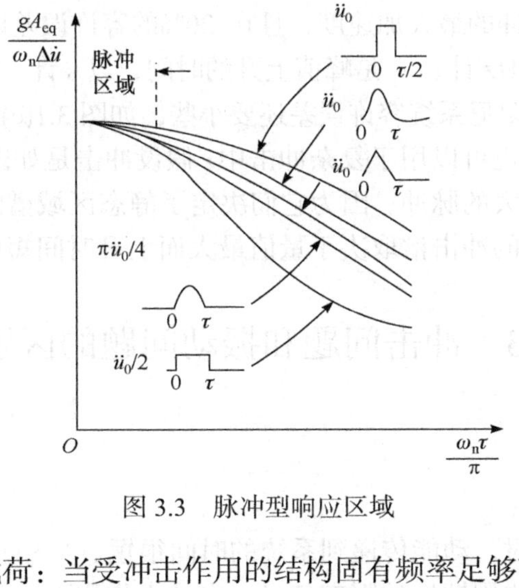

图 3.3　脉冲型响应区域

峰值加速度或载荷：当受冲击作用的结构固有频率足够高时，结构在固有频率处的响应振荡的振幅比较小。图 3.1(c)示出了 $\omega_n=8\pi/\tau$ 和 ξ=0、0.1、0.5 的种响应的例子。结果，结构的最大响应约等于最大的冲击加速度，并把它称为等效静响应。在这种静态区域，谱的量值主要由冲击加速度或载荷的峰值确定。图 3.4 表示了在高固有频率区域，无阻尼系统对许多加速度脉冲的正谱部分。纵坐标是用脉冲的峰值加速度 $\ddot{u}_0/g$ 归一化了的等效静加速度。如果纵坐标约为 1，那么冲击谱曲线大致趋向静止的状态。

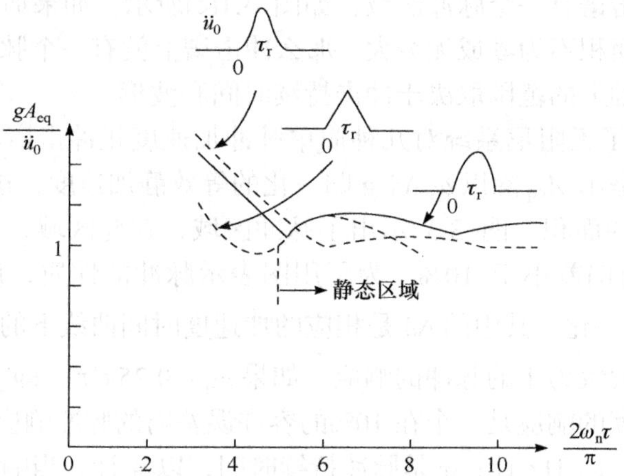

图 3.4　冲击响应准静态区域 $\ddot{u}_0$

对于结构的固有频率，静态区域的极限与其说是脉冲持续时间的函数，不如说是加速度时间曲线斜率的函数。因此，在图 3.4 中用上升时间 τ_r 与脉冲最大值之比定出冲击谱的水平轴。当 $\omega_n > 2.5\pi/\tau_r$ 即 $f_n > 1.25\tau_r^{-1}$ 时，结构对简单脉冲加速度的峰值响应等于脉冲的最大加速度，且在 20%的容许误差以内；其中 f_n 是响应结构的固有频率，以 Hz 计；τ_r 是峰值上升的时间，以 s 计。20%的容许误差是对无阻尼而言的，对于阻尼系统容许误差还要小些，如图 3.1(c)所示。

静态区域的概念也可以用于复杂冲击中。假设冲击是如图 2.3(e)所示的振荡，最重要的是那些量值大的脉冲，因为它们决定了静态区域谱的纵坐标。因此，在静态区域，复杂冲击的冲击谱取决于量值最大而上升时间短的那些脉冲。

3.3　冲击问题和振动问题的区别

1. 冲击的特点

冲击的特点如下：

(1) 在冲击作用时，动能传递到系统的时间很短。

(2) 冲击激励是非周期性的瞬态信号。在冲击作用下，系统产生的运动为瞬态运动，而振动一般是周期性的稳态振动。

(3) 在冲击作用下，系统的动态响应与冲击输入的形式、持续时间 (t_e) 、系统的固有频率(f_0 或周期 τ_0)和阻尼特性有关。

系统对冲击作用的响应(可以是位移、速度或加速度)在冲击作用持续时间内与作用结束后是不同的，响应的最大值可能出现在冲击持续时间内，也可能出现在冲击持续时间后，取决于冲击持续时间和系统固有周期的比值。只有当固有周期大于 τ/π 时，才会在冲击持续时间内出现响应最大值。因此，在冲击隔离设计中，应力求使系统的固有周期 τ_0 远大于冲击持续时间 t_e 。

2. 冲击隔离和振动隔离的区别

由于冲击和振动在动力特性上的不同，针对稳态情况设计的隔振装置并不能满足瞬态冲击隔离的要求。

在振动隔离中主要是研究如何减小振动着的机器传递给基础的力(积极隔振)或者是当存在基础振动的情况下，如何设法减小安装在基础上的机械设备的振幅(消极隔振)。不管是哪一种情况，主要研究的均属于稳态过程。

在冲击隔离中，设计者考虑的主要是当机组承受突然作用的力或基础突然产生的运动对弹性安装于基础上的机械设备的影响，其目的是减小机组承受的相对位移。和振动隔离相对应，冲击隔离主要研究的是瞬态过程。

因此，冲击隔离设计(抗冲击减振设计)实质上是将瞬态的、强烈的冲击波的能量放大，先以位能形式最大限度地储存于冲击隔离器(减振器)中，使减振器产生很大的变形，然后按照隔离系统本身的特性以缓和的形式，按系统的固有振动周期，将隔离器中的能量较慢地释放出来，作用于机械设备，以达到缓解冲击的保护作用。

图 3.5 和表 3.1 形象化地表明了冲击隔离和振动隔离的区别，图 3.5(a)为简谐振动激励；图 3.5(b)为宽带随机振动激励；图 3.5(c)为冲击激励。由图 3.5 可知，当简谐振动激励时，隔离的刚性物体的响应也是简谐振动，其频率和激励频率相同；当宽带随机振动激励时，机组的响应是幅值随机的简谐振动，其频率相当于隔离系统的固有频率；而当冲击激励时，机组的响应是随时间衰减的瞬态振动，其频率等于隔离系统有阻尼时的固有频率。

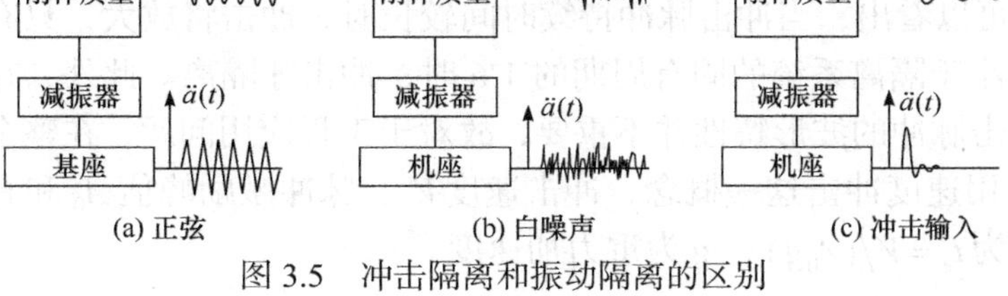

图 3.5　冲击隔离和振动隔离的区别

表 3.1　振动问题与冲击问题的差别

振动问题		冲击问题	
谐振激励白噪声激励	初始条件下的稳态解答	初始条件下的瞬态解答	冲击信号的瞬态解答

在隔离效果的评价方面两者也有所不同，通常振动隔离用以激励频率(f)或频率比(f/f_0)为横坐标的振动传递率(T_v)特性曲线表示，如图 3.6(a)所示。振动传递率(T_v)的定义：响应的简谐振动幅值(X_0)与激励的简谐振动幅值(a_0)之比，f 为激励频率，f_0 为隔振系统的固有频率。冲击隔离则以冲击脉冲持续时间(t_e)或时间比(t_e/τ_0)为横坐标的冲击传递率(T_a)特性曲线表示，如图 3.6(b)所示。这里冲击传递率(T_a)的定义为：瞬态响应的最大幅值(A_{max})与冲击激励的峰值(A_0)之比，t_e 为冲击脉冲持续时间，τ_0 为隔离系统的固有周期。

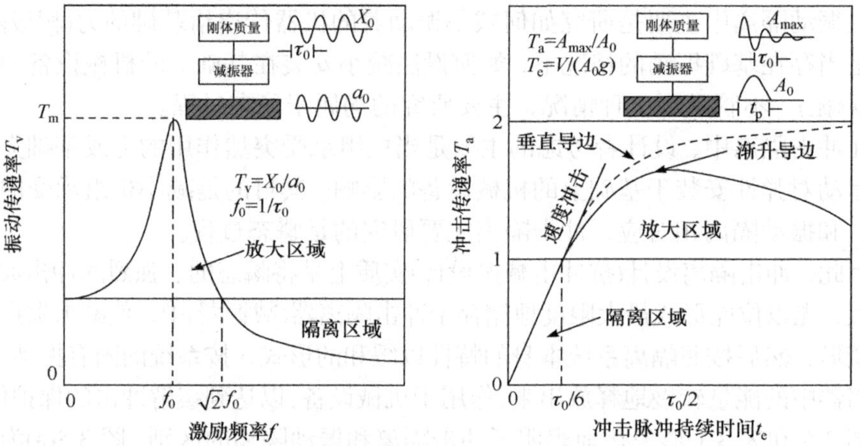

(a) 振动隔离　　(b) 冲击隔离

图 3.6　振动隔离和冲击隔离原理

比较图 3.6(a)和(b)可以看出，不管是振动隔离还是冲击隔离，它们的传递率特性都是用同量标的(响应/激励)比表示的，这里给出的是加速度，当然也可以是位移或力。振动传递率曲线的横坐标是频率或频率比，而冲击传递率曲线的横坐标则是时间或时间比。冲击传递率特性表示为时间的函数，除了一个冲击波形包含很多激励频率，更重要的是在处理冲击问题时，冲击作用的持续时间特别重要，从图 3.6(b)可以看出，当冲击脉冲持续时间较长时，冲击将放大，只有当冲击脉冲持续时间小于隔离系统的固有周期的 1/6 时，冲击才隔离。此外，在冲击隔离范围内，冲击脉冲的波形特性并不重要，故对于工程应用问题，在整个冲击隔离范围内都可用速度冲击这一概念，冲击速度 V 、脉冲激励峰值 A_0 和有效持续时间 t_e 的关系为 $t_e=V/(A_0 g)$ ，g 为重力加速度。

3. 冲击波形对响应的影响

对给定的单自由度系统，三个脉冲速度变化量(面积)相等、持续时间相同、形状不同的冲击响应谱如图 3.7 所示。

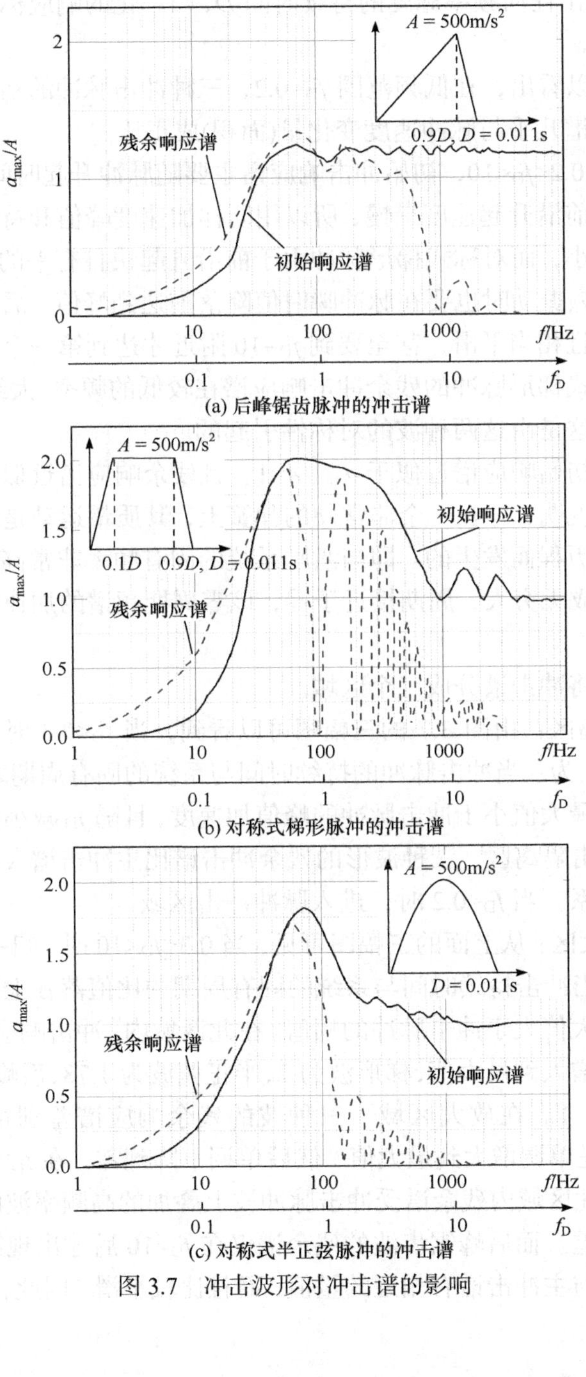

图 3.7　冲击波形对冲击谱的影响

图 3.7 分别给出了后峰锯齿脉冲、对称式梯形脉冲和对称式半正弦脉冲的冲击谱。图中的频率和响应都是归一化后的坐标。由于采用了无因次标度，所以相同脉冲波的冲击谱的形状是一致的，而不受脉冲持续时间长短的影响。归一化的频率标度 f_D 能定出任何频率标度的持续时间 D，归一化的响应标度 a_{max}/A 可定出任何脉冲峰值 A。

由图 3.7 可以看出，在低频范围 $f_D<0.2$，三种冲击脉冲的初始响应谱几乎相同，而残余响应谱几乎与脉冲速度变化量(面积)成正比。

在中频范围 $0.2<f_D<10$，初始冲击响应谱主要随脉冲升起时间的不同而不同。后峰锯齿脉冲的前沿升起速度最慢，所以用同样加速度峰值和持续时间给相同的系统造成的响应小，而对称式梯形脉冲由于前沿升起快且有平的峰值，所以响应最大，甚至在低频振动时也要在脉冲瞬时值降落前达到峰值。后峰锯齿脉冲的残余冲击谱相当高且相当平滑，甚至要到 $f_D=10$ 附近才达到第一个零值。对称式半正弦脉冲及对称式梯形脉冲的残余冲击响应谱在较低的频率,大约在 $f_D=1$ 处就开始反复出现零。这是由这两种波的对称性引起的。

在高频处，初始响应谱近似于 $a_{max}/A=1$，且残余响应谱近似于零。关于这一点可用下述事实说明，即在一个非常硬的弹簧上，其质量运动是紧紧随着激励脉冲加速度的时间历程而发生的。即当激励系统的固有频率非常高时，在极限情形下，固有频率变成无穷大，周期接近于零，该零周期频谱的加速度就接近于基础的峰值加速度。

因此，可以将冲击谱分成三个区域。

(1) 冲击隔离区：由图 3.7 的三幅图可以看到，当 $f_D<0.3$ 时，归一化响应小于 1。其物理意义为：当冲击脉冲的持续时间与系统的固有周期之比小于 0.3 时，系统的冲击响应最大值小于冲击脉冲的峰值加速度，且随 f_D 减小而冲击隔离作用单调增大。在冲击隔离区，三种波形的残余冲击谱比主冲击谱大，并且与速度增量近似呈正比关系。当 $f_D<0.2$ 时，进入脉冲冲击区域。

(2) 冲击放大区：从上面的三幅图可见，当 $0.3<f_D<10$ 时，归一化响应大于 1。其物理意义是：当冲击持续时间与系统的固有周期的比值落在上述区域内时，系统的冲击响应最大值大于冲击脉冲的幅值。在此区域内，冲击响应具有放大作用。冲击响应谱先是增大到最大值，梯形波为 2，半正弦波为 1.78，后峰锯齿波为 1.25，然后单调下降至 1。在放大区域，三种波的残余响应谱差别很大。梯形波在 $0.3<f_D<1$ 内，先是单调增大到最大值，然后单调下降到零。在 $f_D>1$ 后，反复出现零值。另外，在此区域内残余谱受冲击脉冲波上叠加的高频率波的影响很大，会使试验重复性变差。而后峰锯齿波的残余谱仅在 $f_D>10$ 后才出现第一个零值，在相当宽的频带内与主冲击谱有相近的量值，而且比较平滑。因此，试验重复性好。

(3) 等冲击区：当 f_D>10 后，三种波的残余响应谱近似为零，可以认为相当。

4. 由冲击引起的主要危害

由冲击引起的主要危害如下：

(1) 构件过应力引起永久变形、松脱或断裂(这经常出现在机械设备的支脚、连接螺栓处)。

(2) 设备与设备、设备与结构相对运动引起碰撞、挤压。

(3) 已有作用力平衡的破坏。

(4) 设备性能的变化。

(5) 对人员或设备的间接伤害与破坏，如蒸汽泄漏、电线短路、设备或构件坠落等。

5. 对冲击隔离器(隔振器)的要求

通常人们总以为采用振动隔离器后，同时解决了缓冲问题，事实上并不是这样。虽然冲击和振动的隔离通常都采用低频隔离系统，但一个好的振动隔离器(隔振器)并不一定能提供良好的冲击隔离。为此，通常可以将隔振器的刚度特性设计成非线性的，以便在缓冲和隔振要求之间能获得一个令人满意的折中解决办法。

在这种情况下，持续载荷的大小是极其重要的。因为它将导致隔振器“碰底”或在大刚度的非线性区域工作。总之，一般来说，缓冲和隔振要求应统一考虑，两者兼顾。具体要求如下：

(1) 应有足够的变形能力(变形空间)，在冲击作用下不发生“碰底”，不使用限位器限制变形。

(2) 应有防止在冲击作用下，因弹性元件的损坏而造成安装设备与基础分离的措施。

(3) 宜为非线性隔离器，并串联有防冲阻尼器。

(4) 当船用冲击隔离器同时具有隔振性能时，其弹性元件应满足舰船正常航行时的工作特性。

(5) 应能承受与被支承设备相同的舰船环境特性。

(6) 选择设计隔离器，应保证安装设备的固有频率不与甲板或基座的固有频率发生共振。

(7) 直接接触的不同金属，要有防电蚀的措施。

(8) 冲击隔振器固有频率的选择要照顾到两个方面，一方面是物体的加速度(或传递力)不能过大，另一方面是物体的位移响应也要有所控制，即要两者折中兼顾。此外，横向稳定性及某些低频冲击隔振器的漂移特性也影响着固有频率的选择。

(9) 应通过有关标准规定的鉴定试验和验收试验。

3.4 冲击谱的特性分析

冲击谱大致可以分为三个区域，即冲击隔离区、冲击放大区和等冲击区，这是冲击谱最显著的特性。在 3.3 节中已经对这三个区域的特性进行了初步分析，本节将对它们做进一步的讨论。

3.4.1 低频冲击隔离区特性

在冲击隔离区内，冲击波的形状对冲击谱的幅值影响很小。但是，冲击波带来的速度增量在冲击作用期间是非常重要的。另外，正冲击谱和负冲击谱在阻尼很小时几乎是对称的。在该区域内，响应幅值小于冲击输入，即起到冲击隔离的作用。下面分三种情况进行详细分析：①冲击速度增量在冲击结束时等于零；②冲击速度增量在冲击结束时不等于零，但位移增量等于零；③冲击速度增量和位移增量在冲击结束时均等于零。

1. 冲击速度增量在冲击结束时等于零

对冲击速度增量在冲击结束时刻等于零的情况，如脉冲加速度输入的响应，有

$$y(t)=\frac{\dot{u}_0}{\omega_\mathrm{d}}\mathrm{e}^{-\xi\omega_\mathrm{n}t}\sin\omega_\mathrm{d}t=\frac{\Delta\dot{u}}{\omega_\mathrm{d}}\mathrm{e}^{-\xi\omega_\mathrm{n}t}\sin\omega_\mathrm{d}t,\quad \xi<1 \tag{3.38}$$

只要对其求导并令其为零即可求得响应最大值：

$$y_\mathrm{m}=\frac{\Delta\dot{u}}{\omega_\mathrm{d}}\mathrm{e}^{\left(-\frac{\xi}{\sqrt{1-\xi^2}}\arctan\frac{\sqrt{1-\xi^2}}{\xi}\right)}\sin\left(\arctan\frac{\sqrt{1-\xi^2}}{\xi}\right) \tag{3.39}$$

在低频段的加速度冲击谱为

$$\omega_\mathrm{n}^2 y_\mathrm{m}=\frac{\omega_\mathrm{n}\Delta\dot{u}}{\sqrt{1-\xi^2}}\mathrm{e}^{\left(-\frac{\xi}{\sqrt{1-\xi^2}}\arctan\frac{\sqrt{1-\xi^2}}{\xi}\right)}\sin\left(\arctan\frac{\sqrt{1-\xi^2}}{\xi}\right) \tag{3.40}$$

即

$$\omega_\mathrm{n}^2 y_\mathrm{m}=\omega_\mathrm{n}\Delta\dot{u}\varphi(\xi) \tag{3.41}$$

$$\frac{\mathrm{d}(\omega_\mathrm{n}^2 y_\mathrm{m})}{\mathrm{d}\omega_\mathrm{n}}=\Delta\dot{u}\varphi(\xi) \tag{3.42}$$

无阻尼时，$\varphi(\xi)=1$，因此加速度冲击谱在原点的斜率等于速度增量。对于小阻尼，此结论也近似成立。而“伪”速度响应 $\omega_n y_m$ 趋近于速度增量 $\Delta\dot{u}$，位移近似为

$$y(t)=\frac{\Delta\dot{u}}{\omega_n}$$

将位移响应和冲击输入位移相比，当频率很低，趋近于 0 时，在很短的一段时间内，近似为 1。即在一个很软的弹簧上，冲击响应的相对位移在很短的时间内就达到冲击信号的位移，即

$$\frac{y(t)}{x(t)}=\frac{\Delta\dot{u}}{\omega_n}\frac{t}{\Delta\dot{u}}=1 \tag{3.43}$$

2. 冲击速度增量在冲击结束时不等于零，但位移增量等于零

当频率等于零时，速度的 Fourier 变换 $V(0)$ 等于位移增量 ΔD，即

$$V(\omega=0)=\int_{-\infty}^{\infty}v(t)\mathrm{d}t=\Delta D \tag{3.44}$$

因此，在频率很低时，加速度冲击谱等于 $\omega^2\Delta D$。而冲击响应的相对位移和冲击信号的位移之比仍然趋于 1。

3. 冲击速度增量和位移增量在冲击结束时均等于零

如果冲击输入为半正弦波等振荡类信号，则相对位移的冲击谱具有下列特征：①在即将达到激励频率附近，在对数坐标系中响应曲线的斜率为 3，即 18dB/oct；②在起始段，响应曲线的斜率为 1；③在中间段，响应曲线的斜率为 2。

3.4.2 高频等冲击区特性

在高频等冲击区，当输入为 $\ddot{u}$ 时，由 Duhamel 积分可以得到

$$\omega_0^2 y(t)=\frac{-\omega_0}{\sqrt{1-\xi^2}}\int_0^t \ddot{u}(\tau)\mathrm{e}^{-\xi\omega(t-\tau)}\sin(\omega_d(t-\tau))\mathrm{d}\tau \tag{3.45}$$

令 $t-\tau=u$，有

$$\omega_0^2 y(t)=\frac{-\omega_0}{\sqrt{1-\xi^2}}\int_0^t \ddot{u}(t-u)\mathrm{e}^{-\xi\omega u}\sin\omega_d u\mathrm{d}u \tag{3.46}$$

现在证明当 $\omega_0\to\infty$ 时，式(3.46)的左边，即加速度响应等于冲击输入加速度。令

$$w(t)=\frac{-\omega_0}{\sqrt{1-\xi^2}}\int_0^t \ddot{u}(t)\mathrm{e}^{-\xi\omega u}\omega_d u\mathrm{d}u=-\omega_0^2\int_0^t \ddot{u}(t)\mathrm{e}^{-\xi\omega u}u\mathrm{d}u \tag{3.47}$$

分部积分有

$$w(t)=\left(\frac{t\omega_0\mathrm{e}^{-\xi\omega_0 t}}{\xi}-\frac{1}{\xi^2}-\frac{\mathrm{e}^{-\xi\omega_0 t}}{\xi^2}\right)\ddot{u}(t) \tag{3.48}$$

当 $\omega_0\to\infty$ 时，$\lim\limits_{\omega\to 0}w(t)=\dfrac{\ddot{u}(t)}{\xi^2}$，因此只要证明

$$\lim_{\omega\to 0}\left|\omega_0^2 y(t)-\xi^2 w(t)\right|=0 \tag{3.49}$$

即可。

$$\begin{aligned}\left|\omega_0^2 y(t)-\xi^2 w(t)\right|&=\left|\frac{\omega_0}{\sqrt{1-\xi^2}}\int_0^t\left[\ddot{u}(t)\xi^2\omega_0\sqrt{1-\xi^2}u-\ddot{u}(t-u)\sin\left(\omega_0\sqrt{1-\xi^2}\right)u\right]\mathrm{e}^{-\xi\omega_0 t}\mathrm{d}u\right|\\&\leqslant\frac{\omega_0}{\sqrt{1-\xi^2}}\int_0^t\left|\left[\ddot{u}(t)\xi^2\omega_0\sqrt{1-\xi^2}u-\ddot{u}(t-u)\sin\left(\omega_0\sqrt{1-\xi^2}\right)u\right]\right|\mathrm{e}^{-\xi\omega_0 t}\mathrm{d}u\end{aligned} \tag{3.50}$$

若 $\ddot{u}(t)$ 连续，则有

$$f(u)=\left[\ddot{u}(t)\xi^2\omega_0\sqrt{1-\xi^2}u-\ddot{u}(t-u)\sin\left(\omega_0\sqrt{1-\xi^2}\right)u\right] \tag{3.51}$$

当 $u\to 0$ 时，有 $f(u)\to 0$。因此，存在 $\eta\in[0,t],\forall u\in[0,\eta],f(u)\leqslant\varepsilon$，有

$$\frac{\omega_0}{\sqrt{1-\xi^2}}\int_0^\eta f(u)\mathrm{e}^{-\xi\omega_0 u}\mathrm{d}u\leqslant\varepsilon\frac{\omega_0}{\sqrt{1-\xi^2}}\int\ \mathrm{e}^{-\xi\omega_0 u}\mathrm{d}u=\frac{\varepsilon}{\sqrt{1-\xi^2}} \tag{3.52}$$

若 $\ddot{u}(t)$ 连续，则当 $\omega_0\to\infty$ 时，有

$$\frac{\omega_0}{\sqrt{1-\xi^2}}\int_\eta^t f(u)\mathrm{e}^{-\xi\omega_0 u}\mathrm{d}u\leqslant\frac{\omega_0}{\sqrt{1-\xi^2}}\int_\eta^t M\mathrm{e}^{-\xi\omega_0 u}\mathrm{d}u=\frac{M}{\xi\sqrt{1-\xi^2}}\left(\mathrm{e}^{-\xi\omega_0 t}-\mathrm{e}^{-\xi\omega_0\eta}\right)<\varepsilon \tag{3.53}$$

因此

$$\left|\omega_0^2 y(t)-\xi^2 w(t)\right|\leqslant\frac{\omega_0}{\sqrt{1-\xi^2}}\int_0^\eta f(u)\mathrm{e}^{-\xi\omega_0 u}\mathrm{d}u+\frac{\omega_0}{\sqrt{1-\xi^2}}\int_\eta^t f(u)\mathrm{e}^{-\xi\omega_0 u}\mathrm{d}u \tag{3.54}$$

$$\left|\omega_0^2 y(t)-\xi^2 w(t)\right|\leqslant\frac{\varepsilon}{\xi\sqrt{1-\xi^2}}+\varepsilon \tag{3.55}$$

因此，$\omega_0^2 y(t)$ 在高频段趋于 $\ddot{u}(t)$，从而冲击谱也就趋于 $\ddot{u}_{\mathrm{m}}$。

3.4.3 冲击放大区特性

在冲击放大区，冲击特性主要和阻尼有关。阻尼在低频区和高频区对冲击谱的影响很小。在低频区，特别是当频率小于 $\pi/(2\tau)$ 时，冲击输入和响应接近。冲

击波形为方波时，在冲击放大区，冲击放大倍数为 1～2，取决于阻尼的大小。阻尼大，则放大倍数小。实际上，许多抗冲击元件同时要起减振作用，阻尼既不能太小，否则起不到减振抗冲的作用，也不可能太大，否则在工艺上难以实现。对抗冲击问题，一般建议抗冲击元件的阻尼比在 0.15～0.3，以 0.2～0.3 为好，既能够兼顾抗冲和隔振，又便于在工艺上制造。

目前，出现了许多主动抗冲击方法，如利用电流变、磁流变、压电晶体的机械能和电磁能量的互变效应，控制隔振抗冲元件的阻尼。但是，由于冲击问题可以提供的实时控制的时间太短，因此目前仍然以半主动控制为主开展研究。

3.5　四参数对数坐标冲击谱

上面介绍的冲击谱都是理想化的，目的是便于分析、研究。工程实际中遇到的多是复杂的冲击运动，要求有关响应的描述更全面，因此谱图的内容要更多。例如，当某一系统受到冲击作用时，有时关心的是其质量的受冲击情况，有时关心的则是其结构的受冲击情况。前者可以用一般的绝对冲击响应谱(图 3.8)表示，如对汽车上的乘客、飞机上的电子设备、舰船上的机械装备等。后者则要用相对冲击响应谱(图 3.9)表示，如建筑物、结构部件就属于这类情况。

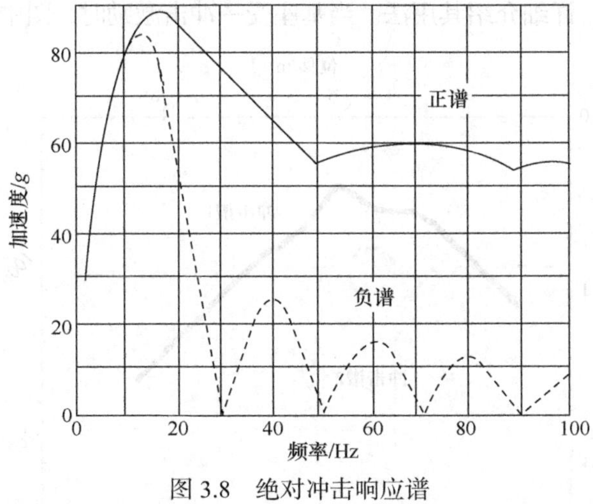

图 3.8　绝对冲击响应谱

事实上图 3.9 是将图 3.8 重新绘制后得到的，从图 3.9 上可以方便地同时得到加速度、速度和位移的数值。在对数坐标中，速度和位移呈线性关系，斜率为 1。速度和加速度也呈线性关系，但是斜率为–1。

在工程应用中，还经常用到“伪速度谱”这一概念，只要将位移响应谱乘上相应的频率 ω_n 就能得到本书 2.4 节的“伪速度谱”。

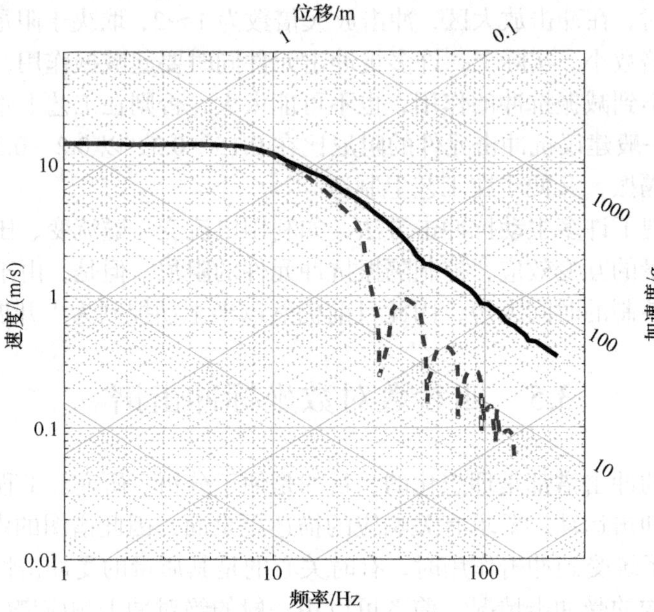

图 3.9　四参数对数坐标相对冲击响应谱

有了用四参数对数坐标表示的冲击响应谱图后，设计冲击隔离就方便多了。下面以图 3.10 为例，详细介绍其用法。当基座受一冲击激励时，图中的加速度及位移

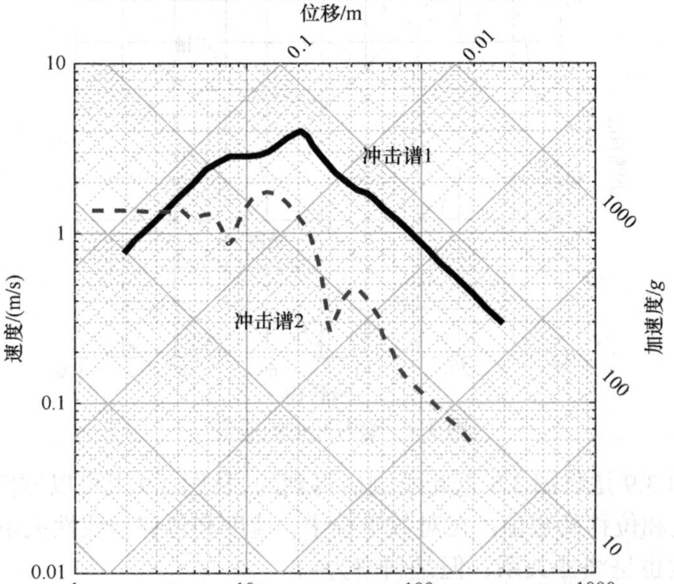

图 3.10　四参数对数坐标冲击谱

响应是 $A_{\max}$ 及 $y_{\max}$；而当隔离物体受一冲击激励时，图中的加速度及位移则相应是 $(F_T)_{\max}/(mg)$ 及 $X_{\max}$。

冲击谱的用处之一：对于某一给定的最大允许加速度或传递力，所需的隔离系统的固有频率及由此导致的最大相对位移都可由冲击谱曲线直接查得。从不同的固有频率中可以挑选出一种最佳的设计方案，以获得在最大的加速度(或传递力)和位移之间有一个最好的妥协、折中。

图 3.10 示出了在不同的阻尼特性下两个冲击谱的实例。对于第一个冲击谱，如果允许的最大加速度响应为 10g，则系统的固有频率应为 6Hz，这时动态位移响应 $y_{\max}$ 将是 68.58mm，而静挠度 y_{st} 则为 7.62mm。如果最大许可加速度增加到 20g，则固有频率可增至 10Hz，这时 $y_{\max}$=50.8mm，而 y_{st}=2.54mm。如果最大许可加速度增至 60g，则可以不进行任何隔离措施。第二个冲击谱中出现的凹谷，为冲击隔离提供了最佳设计的机会。当允许的传递加速度改为 5g 时，系统的固有频率可设计成30Hz，这时的动态位移及静挠度将分别减至1.27mm及0.254mm。当然，这种恰到好处的最佳设计，要求每次冲击激励的特性大致相同才行。

图 3.11 示出了美国海军使用的几种冲击试验机的典型冲击谱。当以单自由度模型作为一种设计方法时，这些谱对于需承受由各自试验机产生冲击的设备来说将是非常有用的。

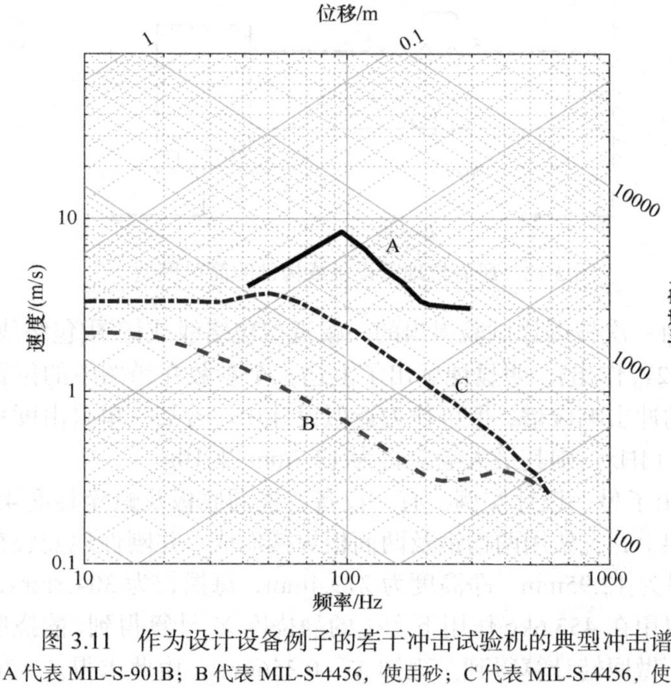

图 3.11　作为设计设备例子的若干冲击试验机的典型冲击谱

A 代表 MIL-S-901B；B 代表 MIL-S-4456，使用砂；C 代表 MIL-S-4456，使用铅

地震或核爆炸引起的冲击是很大的，因此在建筑物设计中，必须考虑抗震问题，以使建筑物不至于完全倒塌，设备及人员不至于冲击而损伤。在设计设备的基座时，必须考虑到两个重要方面：①基座本身必须有足够的强度承受地震产生的冲击力而不致损坏；②传递到设备及其部件上的加速度或运动不能大到损坏设备或使其无法正常工作。由冲击波经地表传递的大地真实运动的时间历程是极其复杂且是随机的，但由其作用到设备及结构部件上的主要影响却可用冲击响应谱的概念非常全面地加以描述。

一个设备或结构上的构件，支承在一地下结构的一点处，后者受到来自爆炸或地震的冲击。这时的设备或部件可以用图 3.12 所示的简单振子表示。图中 y 为大地位移，x 为设备位移，u 为质量 m 相对于支撑的相对位移，u 的最大值用 D 表示，称为响应谱位移。质量 m 相对于支座的相对速度的最大值可近似地称为响应谱伪速度，用 V 表示。质量 m 的绝对加速度称为响应谱加速度，用 A_g 表示。它是个无因次量，用以表示重力加速度 g 的倍数，当无阻尼时它们之间的关系如下：

$$V = 2\pi fD$$

$$A_g = 2\pi fV = (2\pi f)^2 D$$

上述公式在有阻尼时也可近似使用。

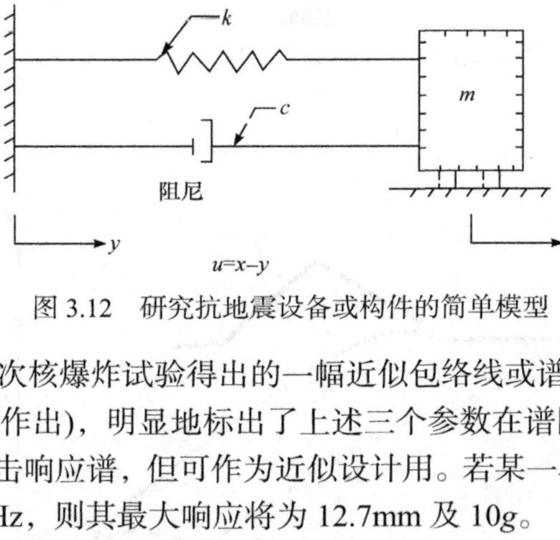

图 3.12　研究抗地震设备或构件的简单模型

图 3.13 是由一次核爆炸试验得出的一幅近似包络线或谱图(包络线按 $D = Y_0$、$V = 1.5Y_0$、$A = 2Y_0$ 作出)，明显地标出了上述三个参数在谱图中的位置。这虽然不是一幅真实的冲击响应谱，但可作为近似设计用。若某一单自由度系统的固有频率设计成 f_n=14Hz，则其最大响应将为 12.7mm 及 10g。

图 3.14 示出了另一设计实例，有一设备，连同底板及螺栓共重 453.6kg，用螺栓固定在支架上，支架用两槽钢及两面板焊接而成，并刚性地安装在结构的墙上。槽钢的壁厚为 12.95mm，净高度为 279.4mm，每根长为 304.8mm，两根槽钢的弹簧常数可以用在 453.6kg 作用下产生的静挠度 X_s 计算得到，静挠度则可通过假设槽钢端面不做回转计算得到。现知 X_s =0.356mm，由此求得 f_n =26.5Hz，槽

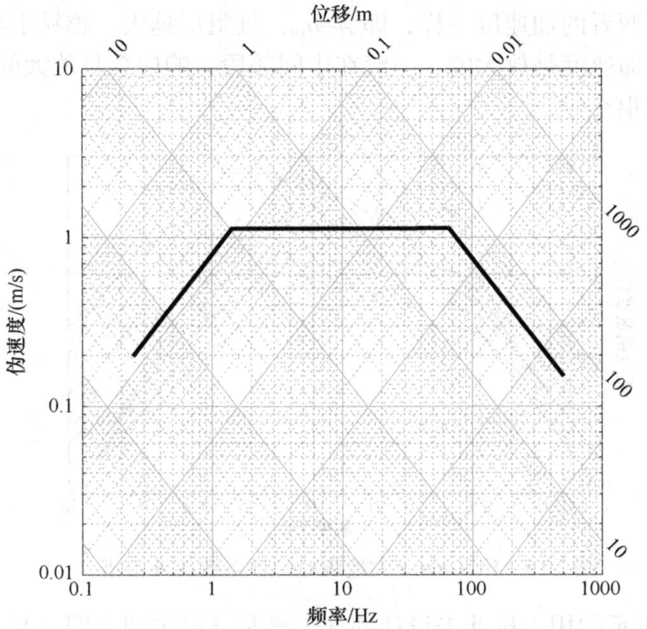

图 3.13　冲击响应谱图

钢壁中的最大静应力为 36.54MPa。在 26.5Hz 下的加速度响应为 20g，这意味着设备本身将受到最大加速度为 20g 的冲击作用，而支架中的应力也将达到 730.84MPa，连同原来的静载荷总应力将达 765.32MPa，这显然超负荷了。在这种情况下，增加支架的强度，并不一定是对的。因为增加强度的同时，会导致加速度响应增大。举例来说，将槽钢数目加倍，这时安装频率将增至 37.6Hz，而加速度响应将为 28g，最终导致的总应力将达 530.90MPa。一般在不牺牲强度的情况下，总希望将支架设计得越柔软越好，以确保设备及支架本身的加速度响应尽可能低。

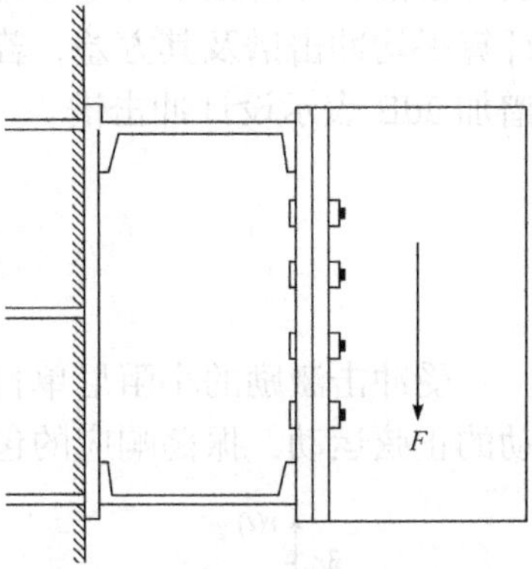

图 3.14　抗冲击支架安装实例

实测的冲击响应谱，不会像图 3.13 所示那样光滑，特别是在梯形的上半部，常出现一些粗糙的锯齿。图 3.15 为 1940 年 5 月 18 日发生在美国的 EL Centro 大地震的真实记录，其输入激励是复杂的大地脉冲运动，图中参数 ξ 代表临界阻尼比。从图中可以看出：当系统的固有频率降低时，最终小到大地的静位移，质量 m 不动，其相对位移 D 等于大地位移 d_m。阻尼的作用在中间频段明显，在低频范围内，阻尼作用不大。当固有频率很高时(即弹簧很硬，或质量甚小)，质量和大地一起运动，两者的加速度一样，即 $A=a_{\mathrm{m}}$，且阻尼越大，越易于趋近这一值。当频率不大时，加速度是放大的，一般在中间频段，响应总是放大的，特别是当输入脉冲和阻尼很小时。

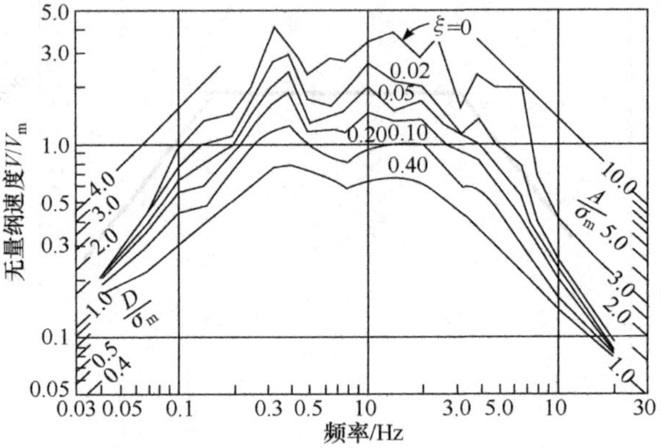

图 3.15　EL Centro 大地震时弹性系统的冲击谱

如图 3.13 所示的用于抗冲击设计的冲击谱是通过类似于图 3.15 那样的一系列冲击试验数据经过适当综合而成的：①首先作出如图 3.15 所示不同阻尼情况下的冲击谱，分析频率带宽覆盖主要的共振频率；②如果测试数据足够多，进一步计算平均冲击谱及其方差，若没有足够多的数据，则只能求其包络线；③用平均谱加 3dB 表示设计冲击谱。

3.6　三维冲击谱

受冲击激励的小阻尼单自由度系统的响应，基本上是一个以结构固有频率振动的正弦运动，振荡响应的包络线以相对缓慢的方式变化，如图 3.16 所示。

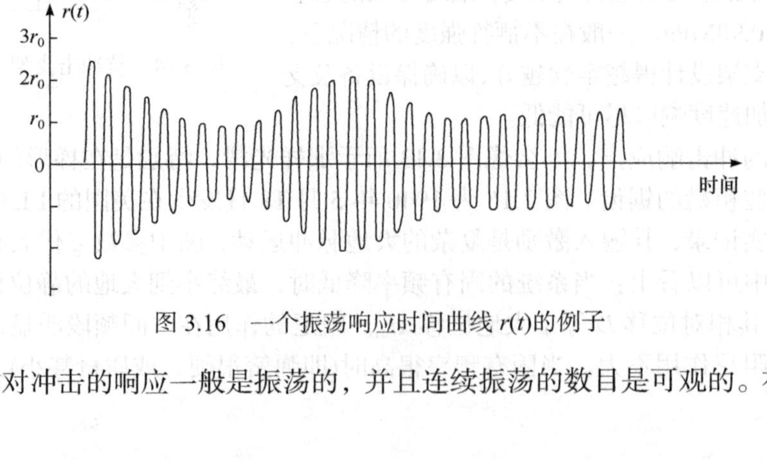

图 3.16　一个振荡响应时间曲线 $r(t)$的例子

结构对冲击的响应一般是振荡的，并且连续振荡的数目是可观的。在各个振荡周期中，响应最大值各不相同。例如，已知固有频率的单自由度系统响应的时间曲线由图 3.16 示出；可以用图 3.17 中的方框图概括相应的特性。图 3.17 的横坐标是在振荡的各个循环时的峰值响应，而纵坐标是峰值响应超出指定值时循环的数目。所以，图 3.16 的时间曲线峰值响应超过 $0.6r_0$ 的有 29 个振荡循环，而峰值响应超过 $2r_0$ 的只有 2 个振荡循环。

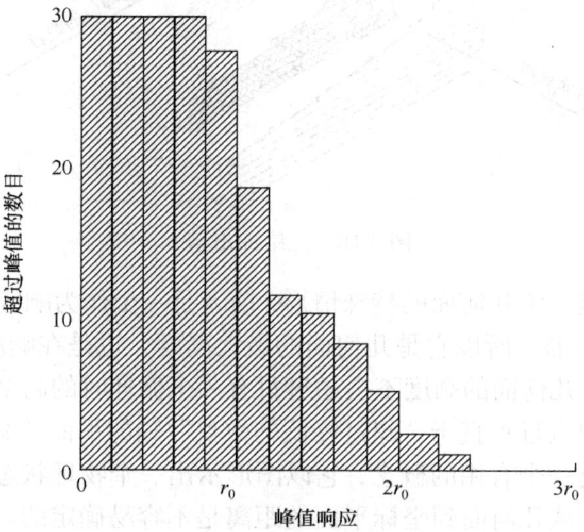

图 3.17　系统对冲击激发的响应的带条图

按照冲击谱的概念，响应系统的固有频率是离散的，需要在各个离散点处确定响应。这就可以导出许多各个固有频率的相应于图 3.16 的响应时间曲线和同样多的相应于图 3.17 的带条图。这些带条可以集合成几何面的形状，它用图形示出用简单系统的响应表征的冲击特性。几何面的三个坐标轴是峰值响应、响应系统的固有频率和超过一给定峰值的响应的循环次数。将图 3.17 的带条布置在这套坐标轴中沿固有频率轴的适当位置的 A 处，如图 3.18 所示。其他相应的带条图都示于 B 处。三维冲击谱就是光顺的经过带条端部的几何面；C 处表示该几何面与带条平面的交线，D 处表示该几何面与最大峰值响应-固有频率平面的交线。对于正响应值和负响应值，都能得到这种几何面；对于响应系统中每个临界阻尼系数，都能得到各自的几何面。

图 3.17 代表一个垂直于图 3.18 中的固有频率轴的平面，用计算超过最大响应的各种不连续增量的响应最大数目而得。在概念上，增量的宽度接近零，而光顺地通过带条端点的线是条光滑的曲线。

图 3.18 是一个各响应振荡的最大值的图，是超过峰值的数目和响应系统的固有频率两者的函数，它给出了适当配置于坐标平面的带条图。

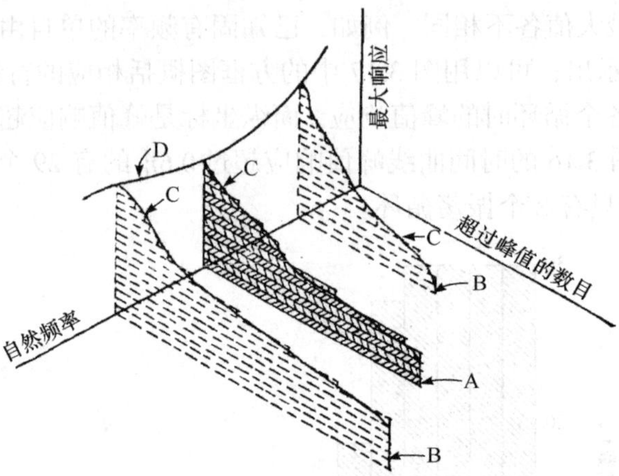

图 3.18　三维冲击谱

二维冲击谱是三维几何面的特殊情形，前者是一个作为响应系统固有频率函数的最大响应的图形，所以它是几何面的最大高度，也是在响应-固有频率平面上的投影图。但是几何面的高度不会超过只有一个循环时的高度，因此二维冲击谱是几何面与过原点且垂直于“超过峰值的数目”轴的平面的交线。

响应几何面是一个有用的概念，它以图形示出一个物理状态；但是不能用它做定量分析，因为从几何面到坐标平面的距离是不容易确定的。从定量方面，还是各自符合图 3.18 的一组带条更为有用些。带条纵向上的差是些不连续的增量；这与为了计算超出各量值的峰数把响应轴分成不连续的增量的数据转换方法是一致的。在概念上，可以认为增量的宽度接近零，那么光顺地经过带条端部的线就是带条平面与几何面的交线。

3.7　冲击谱与冲击信号 Fourier 谱的关系

3.7.1　主冲击谱与冲击信号 Fourier 谱的关系

虽然冲击谱和 Fourier 谱本质上不同，但它们之间有一定的关系。绝对值的 Fourier 谱和无阻尼简单结构的峰值残余响应之间存在定量的关系。考虑一个在 $0 \leqslant t \leqslant \tau$ 时的冲击加速度时间曲线 $\ddot{u}(t)$，Fourier 谱由式(3.56)给出，即

$$F(\omega)=\int_0^{\infty} \ddot{u}(t) \mathrm{e}^{-\mathrm{j} \omega t} \mathrm{d} t \tag{3.56}$$

实部和虚部为

$$\operatorname{Re}[F(\omega)]=\int_0^{\infty} \ddot{u}(t) \cos \omega t \mathrm{d} t \tag{3.57}$$

$$\mathrm{Im}[F(\omega)]=\int_0^{\infty}\ddot{u}(t)\sin\omega t\mathrm{d}t \tag{3.58}$$

考虑一个无阻尼单自由度系统在零初始条件时对冲击 $\ddot{u}(t)$ 的相对位移响应 $y(t)$ 。在冲击持续期间的响应由式(3.16)求得，令 $\xi=0$ ，有

$$y(\tau)=\frac{1}{\omega_{\mathrm{n}}}\int_0^{\tau}\ddot{u}(t_{\mathrm{v}})\sin(\omega_{\mathrm{n}}(\tau-t_{\mathrm{v}}))\mathrm{d}t_{\mathrm{v}} \tag{3.59}$$

展开后

$$y(\tau)=\frac{1}{\omega_{\mathrm{n}}}\left[\int_0^{\tau}\ddot{u}(t_{\mathrm{v}})\sin\omega_{\mathrm{n}}\tau\cos\omega_{\mathrm{n}}t_{\mathrm{v}}-\int_0^{\tau}\ddot{u}(t_{\mathrm{v}})\cos\omega_{\mathrm{n}}\tau\sin\omega_{\mathrm{n}}t_{\mathrm{v}}\right]\mathrm{d}t_{\mathrm{v}}$$

写为

$$\omega_{\mathrm{n}}y(\tau)=C\sin\omega_{\mathrm{n}}\tau+S\cos\omega_{\mathrm{n}}\tau \tag{3.60}$$

其中，$C=\int_0^{\tau}\ddot{u}(t_{\mathrm{v}})\cos\omega_{\mathrm{n}}t_{\mathrm{v}}\mathrm{d}t_{\mathrm{v}}$，$S=-\int_0^{\tau}\ddot{u}(t_{\mathrm{v}})\sin\omega_{\mathrm{n}}t_{\mathrm{v}}\mathrm{d}t_{\mathrm{v}}$。

由此可以得到

$$\omega_{\mathrm{n}}y(\tau)=\sqrt{C^2+S^2}\sin(\omega_{\mathrm{n}}\tau+\varphi_{\mathrm{p}})$$

$$\tan\varphi_{\mathrm{p}}=\frac{S}{C}$$

响应 $y(\tau)$ 在 $\sin(\omega_{\mathrm{n}}\tau+\varphi_{\mathrm{p}})=1$ 时取极大值，注意到 C 和 S 分别与式(3.57)和式(3.58)对应，得到

$$\omega_{\mathrm{n}}(y_{\mathrm{p}})_{\max}=\left\{\mathrm{Re}^2[F(\omega_{\mathrm{n}})]+\mathrm{Im}^2[F(\omega_{\mathrm{n}})]\right\}^{1/2}=\left|F(\omega_{\mathrm{n}})\right|,\quad \xi=0 \tag{3.61}$$

其中，$F(\omega_{\mathrm{n}})$ 是 Fourier 幅值谱，或者为在频率 ω_{n} 时 $F(\omega_{\mathrm{n}})$ 的绝对值；$(y_{\mathrm{p}})_{\max}$ 是响应系统在冲击期间的位移最大值。位移主冲击谱和冲击输入的 Fourier 幅值谱相差 ω_{n} 倍。而相位差为

$$\varphi_{\mathrm{p}}=\varphi_{\mathrm{f}}-k\pi$$

其中，φ_{f} 为冲击信号的 Fourier 谱的相位，有

$$\tan\varphi_{\mathrm{f}}=-\frac{\int_0^{\infty}\ddot{u}(t)\sin\omega_{\mathrm{n}}t\mathrm{d}t}{\int_0^{\infty}\ddot{u}(t)\cos\omega_{\mathrm{n}}t\mathrm{d}t}$$

3.7.2 残余冲击谱与冲击信号傅里叶谱的关系

考虑一个无阻尼单自由度系统在零初始条件时对冲击 $\ddot{u}(t)$ 的残余相对位移响应 $y(t)$ 。残余响应是冲击结束后的响应。在冲击结束瞬间的响应由方程(3.16)

求得，令 $\xi=0$，有

$$y(\tau)=\frac{1}{\omega_{\mathrm{n}}}\int_{0}^{\tau}\ddot{u}(t_{\mathrm{v}})\sin\left(\omega_{\mathrm{n}}(\tau-t_{\mathrm{v}})\right)\mathrm{d}t_{\mathrm{v}} \tag{3.62}$$

将式(3.62)对时间微分，在时间 τ 时的速度响应是

$$\dot{y}(\tau)=\int_{0}^{\tau}\ddot{u}(t_{\mathrm{v}})\cos\left(\omega_{\mathrm{n}}(\tau-t_{\mathrm{v}})\right)\mathrm{d}t_{\mathrm{v}} \tag{3.63}$$

展开式(3.62)和式(3.63)中的正弦函数和余弦函数，并代入在频率 ω_{n} 时的 Fourier 谱的实部和虚部，式(3.62)和式(3.63)为

$$\omega_{\mathrm{n}}y(\tau)=\mathrm{Re}[F(\omega_{\mathrm{n}})]\sin\omega_{\mathrm{n}}\tau+\mathrm{Im}[F(\omega_{\mathrm{n}})]\cos\omega_{\mathrm{n}}\tau \tag{3.64}$$

$$\dot{y}(\tau)=\mathrm{Re}[F(\omega_{\mathrm{n}})]\cos\omega_{\mathrm{n}}\tau-\mathrm{Im}[F(\omega_{\mathrm{n}})]\sin\omega_{\mathrm{n}}\tau \tag{3.65}$$

由于响应结构是无阻尼的，所以残余响应是一个以 $y(\tau)$ 和 $\dot{y}(\tau)$ 为初始条件的正弦波。因此，残余响应的最大值为

$$(y_{\mathrm{r}})_{\max}=\left(y^{2}(\tau)+\frac{\dot{y}^{2}(\tau)}{\omega_{\mathrm{n}}^{2}}\right)^{1/2} \tag{3.66}$$

将式(3.64)和式(3.65)代入式(3.66)，有

$$\omega_{\mathrm{n}}(y_{\mathrm{r}})_{\max}=\left\{\mathrm{Re}^{2}[F(\omega_{\mathrm{n}})]+\mathrm{Im}^{2}[F(\omega_{\mathrm{n}})]\right\}^{1/2}=|F(\omega_{\mathrm{n}})|,\quad \xi=0 \tag{3.67}$$

其中，$F(\omega_{\mathrm{n}})$ 是 Fourier 幅值谱，或者为在频率 ω_{n} 时 $F(\omega_{\mathrm{n}})$ 的绝对值；$(y_{\mathrm{r}})_{\max}$ 是响应系统在冲击结束后振荡时的位移最大值。如果 $F(\omega_{\mathrm{n}})$ 的相位在 $(-\pi/2,\pi/2)$ 取值，则二者的相位差为

$$\varphi_{\mathrm{f}}=\omega_{\mathrm{n}}\tau+\frac{k+1}{2}\pi$$

给定对于最大残余位移响应的等效静加速度为

$$(A_{\mathrm{eq}})_{\mathrm{r}}=\frac{\omega_{\mathrm{n}}^{2}(y_{\mathrm{r}})_{\max}}{g}=\frac{\omega_{\mathrm{n}}}{g}|F(\omega_{\mathrm{n}})|,\quad \xi=0 \tag{3.68}$$

给定对于最大位移响应的等效静加速度为

$$(A_{\mathrm{eq}})_{\mathrm{p}}=\frac{\omega_{\mathrm{n}}^{2}(y_{\mathrm{p}})_{\max}}{g}=\frac{\omega_{\mathrm{n}}}{g}|F(\omega_{\mathrm{n}})|,\quad \xi=0 \tag{3.69}$$

此结果对于加速度脉冲的 Fourier 谱和无阻尼冲击谱是十分明显的。Fourier 谱是与频率无关的水平线，如图 2.7(a)所示；冲击谱是倾斜直线，随频率增加而线性增加，如图 3.1(a)所示。由于脉冲仅在 $t=0$ 时存在，整个响应都是残余的。用同样的方法，也分别把示于图 3.1(c)和(d)的半正弦脉冲和衰减正弦加速度的脉

冲区域内无阻尼冲击谱与示于图 2.7(c)和(d)的冲击的 Fourier 谱联系起来。这是由于低频系统的最大响应只在残余运动中出现。另外的例子是图 3.1(c)中无阻尼半正弦脉冲的全负冲击谱，它的值是图 2.7(c)中的 Fourier 谱数值的 ω_n/g 倍。

3.8　二自由度系统的冲击谱

前面讨论的问题都是对单自由度系统的冲击问题。冲击谱定义在单自由度系统之上，因此对二自由度系统的冲击问题，以上结论是否适合，有待于做进一步研究。

图 3.19 为一个二自由度质量-弹簧系统。容易写出它的冲击动力学方程为

$$\begin{aligned} m_1\ddot{y}_1 + k_1y_1 - k_2y_2 &= -m_1\ddot{u} \\ m_2\ddot{y}_2 + k_2y_2 &= -m_2\ddot{u} - m_2\ddot{y}_1 \end{aligned} \tag{3.70}$$

$$y_1 = x_1 - u, \quad y_2 = x_2 - x_1 \tag{3.71}$$

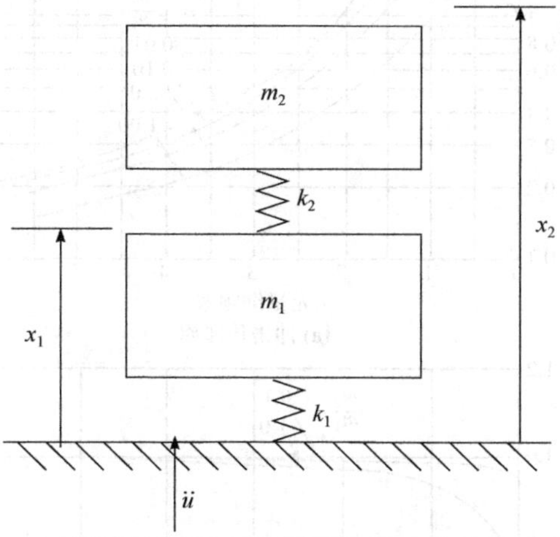

图 3.19　二自由度质量-弹簧系统

在初始条件为零、输入为阶跃速度 $\dot{u}_m$ 时可以用解析方法求得下面质量的相对位移响应和上面质量的加速度响应，即

$$y_{1m} = \frac{\dot{u}_m}{\omega_{n1}} \frac{1 + \dfrac{\omega_{n2}}{\omega_{n1}}\left(\dfrac{m_2}{m_1}+1\right)}{\left[\left(\dfrac{\omega_{n2}}{\omega_{n1}}+1\right)^2 + \dfrac{m_2}{m_1}\left(\dfrac{\omega_{n2}}{\omega_{n1}}\right)^2\right]^{1/2}} \tag{3.72}$$

$$\ddot{x}_{2m} = \frac{\dot{u}_m \omega_{n2}}{\left[\left(\frac{\omega_{n2}}{\omega_{n1}} - 1\right)^2 + \frac{m_2}{m_1}\left(\frac{\omega_{n2}}{\omega_{n1}}\right)^2\right]^{1/2}} \tag{3.73}$$

其中，ω_{n1} 和 ω_{n2} 是在假设两个系统无耦合的情况下各自的固有频率。归一化的质量 m_2 的加速度响应见图 3.20(a)。图 3.20(a)中的纵坐标是 m_2 的最大加速度和 $\dot{u}_m \omega_{n2}$ 的比值(假设 k_1 为无穷大时的加速度)。

归一化的 m_1 的位移响应见图 3.20(b)。图 3.20(b)中的纵坐标是 m_1 的最大位移和 $\dot{u}_m (1+m_2/m_1)^{1/2}/\omega_{n1}$ 的比值(假设 k_2 为无穷大时的位移)，因为 k_2 为无穷大，则

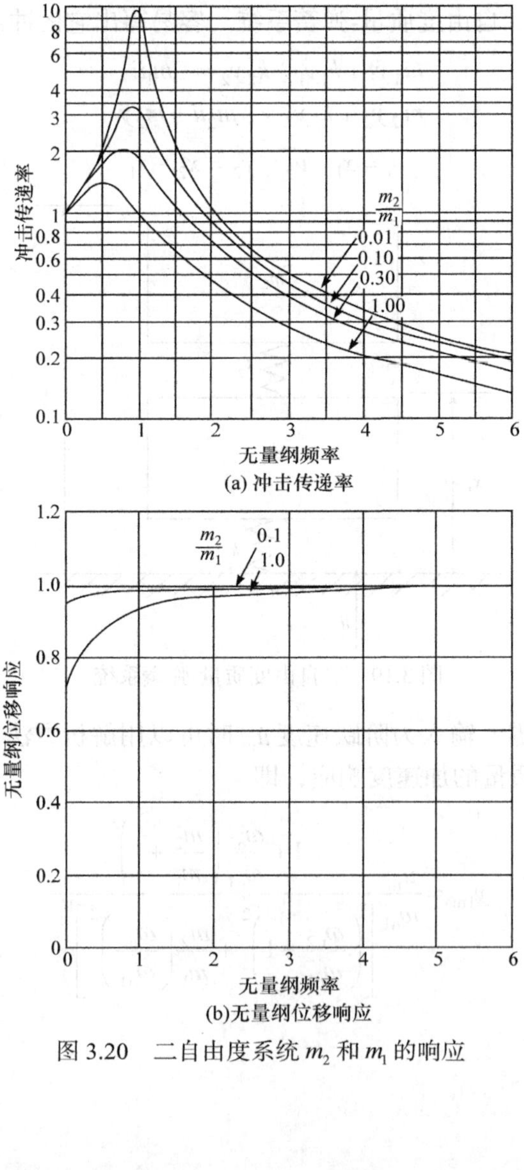

图 3.20　二自由度系统 m_2 和 m_1 的响应

$$\omega_{\mathrm{n}}^2=\frac{k_1}{m+m_2},\quad \omega_{\mathrm{n}}=\frac{\omega_{\mathrm{n1}}}{\left(1+\dfrac{m_2}{m_1}\right)^{1/2}}$$

因此，最大位移为

$$y_{1\mathrm{m}}=\frac{\dot{u}_{\mathrm{m}}\left(1+\dfrac{m_2}{m_1}\right)^{1/2}}{\omega_{\mathrm{n1}}}$$

从图 3.20 可以看出，随 m_2 质量的增大，m_2 的加速度和 m_1 的位移均减小，表示 m_2 的增大，逐渐影响到基础的输入，使输入减小。此外，在 ω_{n1} 和 ω_{n2} 接近的情况下，响应最大。

3.9 隔冲器的性能评价

通常采用冲击传递率[7,14]和冲击隔离系数[15,16]评价隔冲器的隔冲效果，但这种方法给出的结果却不是一种确定性的量值，它随试验条件而变化。文献[17]提出了用隔冲能力评价隔冲器的隔冲效果。为了评价隔冲器的冲击隔离效果，通常在中型冲击试验机或落锤冲击试验机上进行冲击试验。隔冲器上方负荷质量块的质量是隔冲器的额定负载质量。在中型冲击试验机上，隔冲器的下部与工作砧台相连。在落锤冲击试验机上，冲击锤作为隔冲器的安装基础。在冲击试验时，主要测量隔冲器基础激励的加速度时间曲线和负荷质量响应的加速度时间曲线。

1. 冲击传递率

冲击传递率 τ_{s} 可以用来表示冲击隔离效果，有

$$\tau_{\mathrm{s}}=\frac{\ddot{x}_{2\max}}{(\ddot{x}_{2\max})_{K_1\to\infty}} \tag{3.74}$$

令 m_1 表示设备主体的质量，m_2 表示易变形部件的质量，K_1 是隔冲器的刚度，K_2 是设备的主体与部件之间的连接刚度，C_1 和 C_2 是相应部分的阻尼，如图 3.21 所示。式(3.74)定义的冲击传递率的含义是：当设备的安装基础受到冲击时，易变形部件的响应加速度在有隔冲器时和无隔冲器($K_1\to\infty$)时的数值之比。

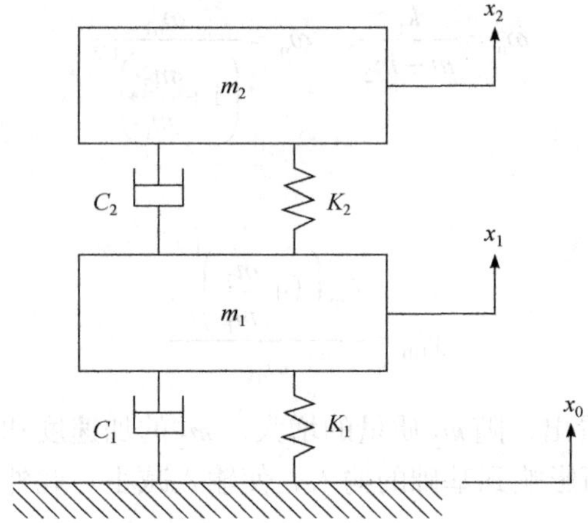

图 3.21　有阻尼二自由度系统

2. 冲击隔离系数

冲击隔离系数也可以用来表示冲击隔离效果[15]，即

$$\eta_s = \frac{\ddot{x}_m}{\ddot{u}_m} \tag{3.75}$$

其中，$\ddot{x}_m$ 和 $\ddot{u}_m$ 分别为响应和激励加速度的幅值。

3. 冲击隔离效果

用隔冲器的加速度传递率 T_a 和隔冲效率 η_a 表示冲击试验得到的隔冲器的冲击隔离效果，它们的表达式分别是

$$T_a = \frac{A_{31}}{A_{21}} \times 100\% \tag{3.76}$$

$$\eta_a = (100 - T_a)\% \tag{3.77}$$

其中，A_{31} 是隔冲器负荷的最大加速度，g；A_{21} 是隔冲器基础的最大加速度，g。

加速度冲击传递率 T_a 的定义与冲击隔离系数 η_s 的定义相同，而与冲击传递率 τ_s 的定义不同。从冲击传递率 τ_s 的定义可以看出，用试验方法测量它的数值比较困难。

4. 隔冲能力

文献[17]根据对隔冲器在落锤冲击试验机、中型冲击试验机、浮动冲击平台和实船爆炸试验等各种强冲击试验中的数据分析和研究，提出用隔冲能力的概念评价隔冲器的冲击隔离效果。隔冲能力的表达式为

$$A_{SI}=\frac{A_m}{V_m} \tag{3.78}$$

式中，A_{SI} 为隔冲能力，g · s/m；A_m 是设备响应加速度的最大值，g；V_m 是基础激励速度的最大值(m/s)，由基础激励加速度的积分得到。

隔冲理论的研究指出[16]，当基础激励加速度脉冲持续时间 $\omega_n\tau_r<1.0$ 时，脉冲形状影响很小，采用速度阶跃(速度冲击)近似值而产生的最大可能误差仅为5%。这里的 ω_n 是系统的固有频率，τ_r 是激励脉冲的平均宽度。如果带有隔冲器的系统的安装频率是 10Hz，即 $\omega_n=2\pi f=62.8\text{rad/s}$，中型冲击试验机的摆锤与工作砧台碰撞的时间为 1～1.5ms，实船爆炸试验时水中冲击波的时间常数约为1ms，它们产生的激励脉冲的平均宽度 $\tau_r<1.5\text{ms}$，因此 $\omega_n\tau_r=0.094\ll 1.0$。在这种条件下的基础激励均可以看成阶跃速度，即速度冲击。

式(3.78)的物理意义：V_m 是隔冲器正常工作时所能承受的最大冲击(阶跃)速度；A_m 是在最大冲击载荷(最大冲击速度)时设备的最大响应加速度。这里隐含的条件是设备(负荷)的质量为隔冲器的额定负载质量。如果设备是复杂结构(多自由度系统)，A_m 可能因设备对象的不同而有所变化。如果规定冲击试验时用刚性质量块代替设备，那么 A_m 的值是确定的，因此对于每种型号的隔冲器，其隔冲能力 A_{SI} 都有唯一的确定值。隔冲能力 A_{SI} 不仅给出了冲击隔离的效果 A_m，而且给出了隔冲器能承受的最大冲击速度 V_m。

参 考 文 献

[1] McCarthy R H. Shock design criteria for surface ships[R]. NAVSEA 0908-LP-000-3010, Rev. 1. Naval Sea Systems Command, 1995.

[2] McCarthy R H. Shock design criteria for surface ships(Vol.10)[R]. NAVSEA 0908-LP-000-3010. Naval Sea Systems Command, 1976.

[3] Belsheim R O, O'Hara G J N. Shock design of shipboard equipment[R]. NAVSHIPS 250-423-30. Naval Ship Systems Command, 1961.

[4] Cunniff P F, O'Hara G J. Normal mode theory for three-dimensional motion[R]. NRL Report 6170. Washington: Naval Research Laboratory, 1965.

[5] O'Hara G J. Effect of shock spectra of dynamic interaction of structures[R]. NRL Report 5236. Washington: Naval Research Laboratory, 1958.

[6] O'Hara G J. A numerical procedure for shock and Fourier analysis[R]. NRL Report 5772. Washington: Naval Research Laboratory, 1962.

[7] O'Hara G J. Shock spectra and design shock spectra[R]. Washington: Naval Research Lab, 1959.

[8] Cunniff P F, Collins R P. Structural interaction effects on shock spectra[J]. The Journal of the Acoustical Society of America, 1968, 43(2): 239-244.

[9] Fung Y. Shock loading and design response spectra[C]. The Annual Meeting of the ASME, 1960: 1-8.

[10] Guide R. Design response spectra for seismic design of nuclear power plants[J]. Regulatory Guide, 1973: 1-7.
[11] Supervisor of Shipbuilding, Conversion and Repair, USN. Shock design criteria for surface ships [R]. NAVSEA 0908-LP-00-3010. 1976.
[12] Lalanne C, Cetinkaya C. Mechanical shock. Mechanical vibration and shock series, Vol II[J]. Applied Mechanics Reviews, 2003, 56(5): B67-B68.
[13] Harris C M. Shock and Vibration Handbook[M]. 3rd ed. New York: McGraw-Hill, 1988.
[14] 松平精，国技正春. 振动、冲击的隔离和阻尼，振动工程大全(下册)[M]. 尹传家，译. 北京：机械工业出版社, 1986.
[15] 朱光汉，张兴准. 减振、隔振与冲击隔离，振动与冲击手册第三卷[M]. 北京：国防工业出版社, 1992.
[16] 牛顿. 冲击隔离理论：冲击和振动手册[M]. 众师，译. 北京：科学出版社, 1990.
[17] 李国华，侯维达. 冲击传递率与隔冲能力[J]. 振动、测试与诊断, 1995, 15(增刊): 128-132.

第 4 章　谱跌和动态设计分析方法的主模态理论

4.1　谱跌及由此产生的动态设计分析方法[1]

从第 3 章二自由度系统冲击响应的例子可见，m_2 的增大，逐渐影响基础的输入，使输入减小。m_2 作用在 m_1 的力等于 m_2 与其加速度的乘积，该力改变了输入。

当对谱响应曲线进行解释时，“谱跌(spectrum dip)”现象是必须加以考虑的最重要的概念之一。如果基础的阻抗比结构阻抗大很多，那么作用到基础的反作用力将不会改变输入的瞬时运动。当地震从横向(水平方向)激励高层柔性建筑物时，通常就是这种情况。地震激励的横向运动不会改变，横向的动态惯性力不足以大到改变这一横向输入。然而，如果建筑物刚度很大且很重，如核电站的反应堆安全壳，地震的横向运动就会因建筑物的惯性力作用而改变，结果得到的谱值与自由场的谱值相比大约减小了一半。

在船舶受冲击的情况下，与典型的建筑物相比，其基础的阻抗要比建筑物基础的阻抗低许多。因此，船舶设备惯性力与其基础输入运动之间的动态相互作用会显著地改变实际输入谱。所以，在解释测得的冲击谱时必须考虑这种影响。美国海军从 20 世纪 60 年代开始发表的一系列研究报告都谈到了谱跌问题[2-14]。

Biot[15]在其撰写的有关冲击谱的经典论文中提出“……冲击谱的包络，或更确切地说是在同一位置得出的谱曲线集合的包络，是设计所用的基本信息。”Biot 的方法已经成功地应用于高层柔性建筑物的抗震设计。但是，在最初尝试将这一方法应用于船舶设计时，得到的“谱设计”曲线有很大的误差。运用包络的谱设计曲线作为载荷预测那些曾在水面舰船或潜艇中通过冲击试验的装备结构，将会得到装备结构损坏的错误结论。在结构的固定基础的固有频率处，谱跌效应会使结构的输入约减小一个数量级。

出现在谱中的这一变化称为谱跌现象。这种现象同样也发生在地震工程中。自由场的地面运动通常会比在有一座很重的建筑结构(如反应堆安全壳)的位置有更高的谱。在这一领域的研究工作称为土壤-结构相互作用分析。

O’Hara[16,17]曾在中型冲击试验机上演示这一相互作用效应。在试验中，设计了一个无须改变质量就可改变刚度的构架，见图 4.1 和表 4.1。其中配重 1 包括一块 C 型质量块；配重 2 包括一块 C 型质量块和一块 E 型质量块；配重 3 包括两块 C 型质量块；配重 4 包括两块 C 型质量块和一块 E 型质量块；配重 5 包括三块 C 型质量块；配重 6 包括三块 C 型质量块和一块 E 型质量块。

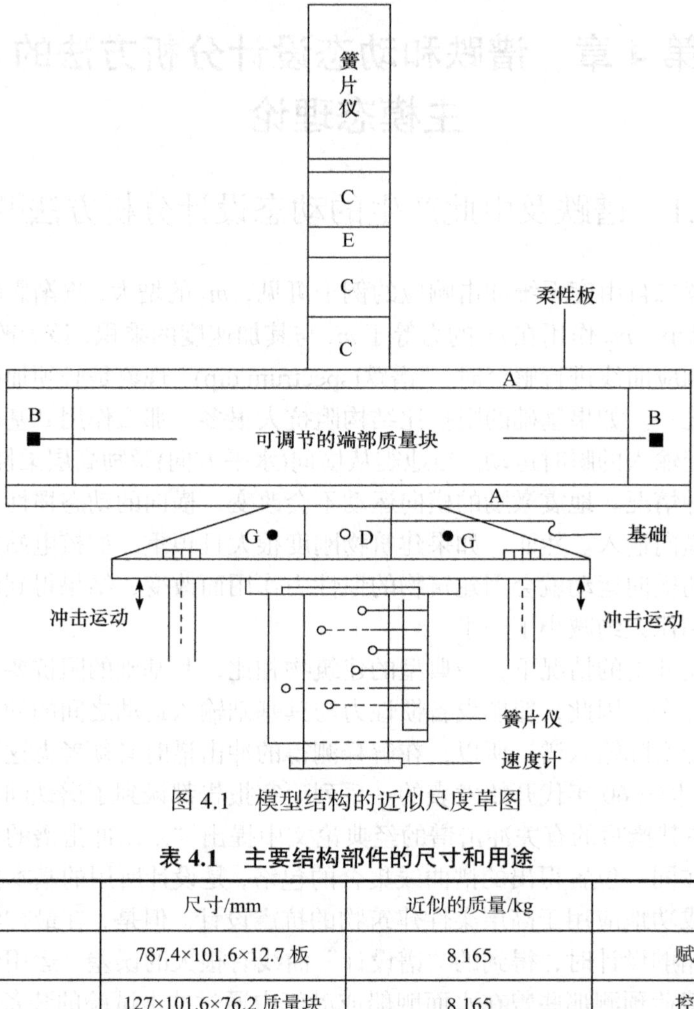

图 4.1　模型结构的近似尺度草图

表 4.1　主要结构部件的尺寸和用途

部件	尺寸/mm	近似的质量/kg	用途
A	787.4×101.6×12.7 板	8.165	赋予柔性
B	127×101.6×76.2 质量块	8.165	控制柔性
C	241.3×101.6×76.2 质量块	15.422	控制质量
D	800.1×101.6×76.2 质量块	51.256	基础
E	241.3×101.6×38.1 质量块	7.711	控制质量
F	××	17.237	安装垫
G	××	0.907	角撑板

从基础垂向输入运动，该系统仅激励出第一阶模态(模态 I)和第三阶模态

(模态 III)，而且大多数(约 92%)模态质量集中在模态 I，而其余的绝大部分与模态 III 有关，见表 4.2 和图 4.2。

表 4.2　模型结构的模态分析

配置和质量组合	模态 I			模态 III	
	试验的固有频率/Hz	计算的固有频率/Hz	模态质量/%	计算的固有频率/Hz	模态质量/%
配置 I					
质量 1	83	84	92.1	242	5.6
质量 2	77	78	92.0	235	5.9
质量 3	72	73	92.1	230	6.0
质量 4	66	69	92.3	227	5.9
质量 5	63	65	92.6	224	5.8
质量 6	60	62	92.8	223	5.6
配置 II					
质量 1	186*	151	92.9	421	5.7
质量 2	177*	143	92.6	409	6.1
质量 3	164*	134	92.6	401	6.2
质量 4	153*	125	92.8	395	6.1
质量 5	142*	119	92.9	391	6.1
质量 6	134*	113	93.2	389	5.9

振型方向

质量	模态		
	1	2	3
X_1	+	+	−
X_2	+	−	−
X_3	+	0	+

*在一阶固有频率的试验记录中，显然，配置 II 对其他正交方向的振动极为敏感并呈现出扭转模态。在得到这些值中遇到很大的困难，很难说有很高的精度。同时也感觉到，若在冲击运动过程中稍微转动一下冲击试验机的砧台，则那些模态就将被激发，因而会改变谱。还应指出，在模态参数的计算中，相比于配置 I，有限尺寸的分隔块 B 对于配置 II 会引起更大的误差。

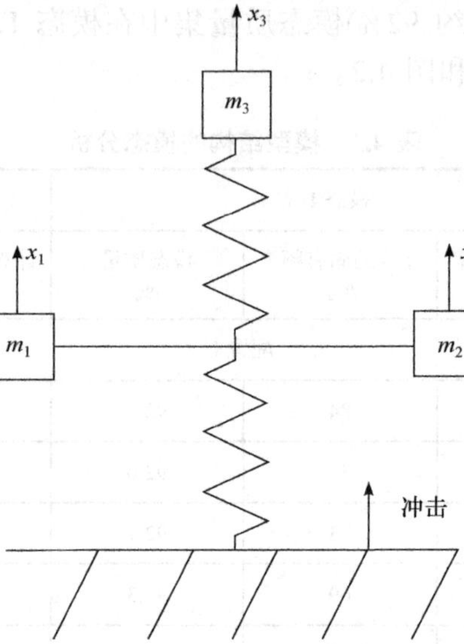

图 4.2　由垂向冲击输入激励的模态 I 和模态 III

图 4.3 示出了试验结果。配置 I 固定基础的固有频率具有大约为 0.762m/s (2.5ft[①]/s)的谱速度，在 f_{11} 和 f_{31} 之间，有一个峰值。在配置 II 中，固定基础的固

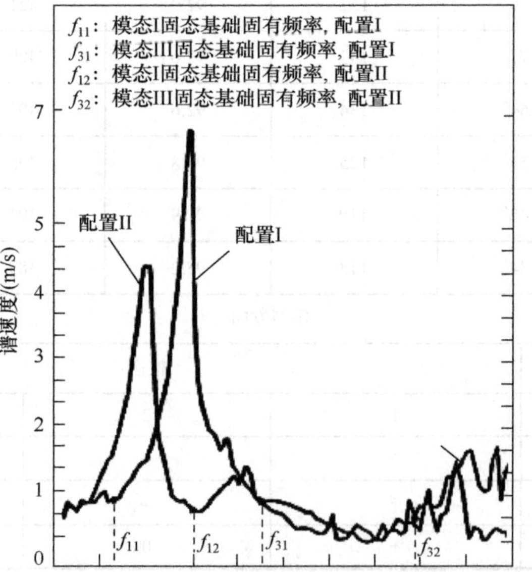

图 4.3　试验结果表明出现谱突降现象

① 1ft=0.3048m。

有频率增高至配置 I 谱峰值频率附近。然而，惯性力与结构之间的相互作用改变了基础的运动，使得该峰值发生漂移。如果使用配置 I 的谱曲线确定配置 II 的载荷，则会有显著的误差。

图 4.4 示出了所有配置和质量组合的试验结果。应当注意，速度冲击谱的最大包络超过 7.62m/s (25ft/s)。然而，在结构的固定基础的频率处，所测得的值落在最小包络上而不是最大包络处。因此，应采用最小包络对应的谱跌处的值作为设计值。显然，这一试验系列的设计谱(它未按 MIL-S-901D 水平加载)大约为 0.762m/s (2.5ft/s)。

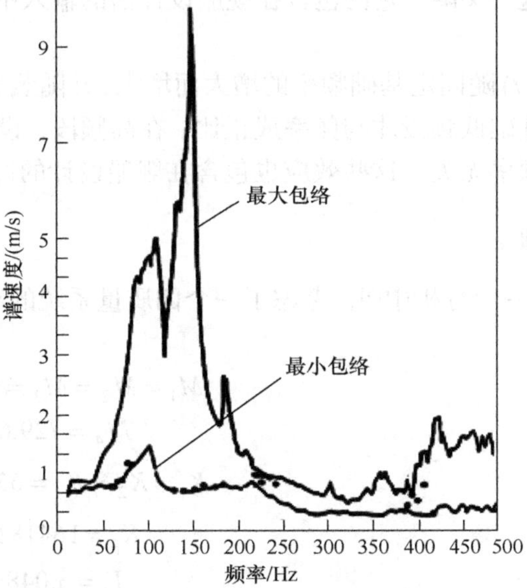

图 4.4　所有冲击谱的最大和最小包络(50.8mm(2in)高度的锤击)

关于谱跌现象，应得出另外三点结论：

(1) 谱跌发生在固定基础的固有频率处；

(2) 谱跌的幅度会随结构的质量增大而增大；

(3) 作用到基础的动态力会随频率增大而增大。

考虑一个单自由度系统，其作用到基础的惯性力(它与作用在质量 m 上的惯性力相同)可以写为

$$F(t) = -\frac{k}{\omega}\int_0^t \ddot{z}(\tau)\sin\omega(t-\tau)\mathrm{d}\tau$$

使用三角展开式和方程 $k=\omega^2 m$，有

$$F(t)=-m\omega\left(\sin\omega t\int_0^t \ddot{z}(\tau)\cos\omega\tau\mathrm{d}\tau-\cos\omega t\int_0^t \ddot{z}(\tau)\sin\omega\tau\mathrm{d}\tau\right)$$

由这一表达式能够观察出一些趋势。首先，当 $\ddot{z}(t)$ 固定时，作用力将近似地随频率 ω 变化。必须强调指出，ω 可以通过假设结构的基础固定而确定。实际上，基础是柔性的并且具有质量。于是，系统的真实基频不同于在冲击谱分析中要求的固定基础的频率。当基础的运动停止时，一个调谐至固定基础的频率的振子必然会停止振动，这会使得在固定基础的频率处的残余谱为零。

其次，作用力 $F(t)$ 随结构质量 m 的增加而增大，但是该力既作用在装备上，也作用在基础上，因此造成一个零值残余谱和冲击谱(峰值谱)中的一个突降。用试验方法可观察到这一突降，它已包含在舰船设计谱的输入中。设计输入随质量的增加而减小。

最后，动态力 $F(t)$ 随固定基础频率的增大而增大，并随装备质量减小而减小。该峰值作用力仅在基础低频段才与频率成正比。在高频段，设计的冲击作用力随质量而变化，但与频率无关。这些效应也包含在舰船设计的冲击输入中。

4.1.1 谱跌分析实例

在 Cunniff 等的一项分析中[8]，考虑了一个四质量系统的动响应，见图 4.5。该系统的参数如下：

$$M_1=M_2=M_3=1459.39\text{kg}$$

$$M_4=729.69\text{kg}$$

$$K_1=K_2=K_3=65034.8\text{N/m}$$

$$K_4=164181\text{N/m}$$

$$V_1=3.048\text{m/s}$$

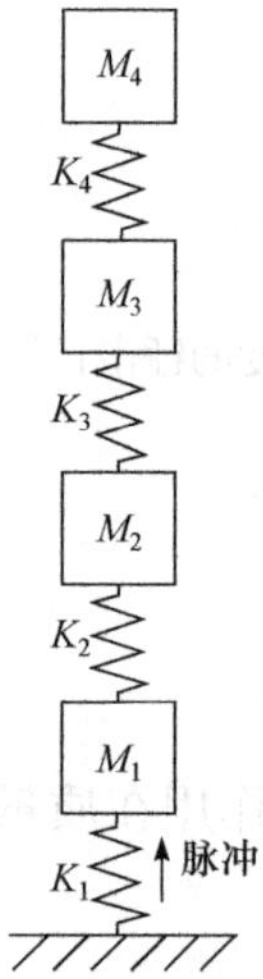

图 4.5　四质量的系统(输入作用在 M_1)

脉冲 M_1V_1 施加在质量 M_1 上。这一质量块可以看成支持一个三质量系统 M_2、M_3 和 M_4 的基础。该三质量子结构的三个固定基础(M_1 固定，即 $K_1=\infty$)的固有频率为 3.5rad/s、10.1rad/s 和 18.9rad/s，如图 4.6 所示。这些值不同于该四质量系统的固有频率 2.6rad/s、7.7rad/s、11.7rad/s 和 18.9rad/s。该三质量系统的最高频率的模态质量(0.248kg)与第一阶模态的值(3423.72kg)相比很小。因此，第三阶模态的动态相互作用的影响很小。

受到起始速度的激励后，该三质量结构与基础之间的动态相互作用影响着

M_1 的运动。这一相互作用影响着冲击谱并在固定基础的固有频率处造成谱跌。

在图 4.6 中示出了无阻尼响应的冲击谱。Cunniff 等指出，0～5%的阻尼对固定基础的频率处的谱值都没有重大影响。正如图 4.6 所示，谱跌发生在三个固定基础的固有频率处(质量 M_2、M_3 和 M_4 的三个固定基础的频率为 3.40Hz、10.11Hz 及 18.00Hz)。该谱的最大值发生在第二阶模态 10.3Hz 处，其值约为 9.144m/s。在计算的冲击谱中有两个峰值，它们包含在三个固定基础的频率内。这两个峰值都超过 30.48m/s。在第二阶模态中清晰地表明有一个突降，必须将这个值用于设计，从而得到三质量系统在三个振动模态中的正确的动力特性。这个分析实例也表明，不考虑谱跌效应的冲击谱的包络不能作为冲击输入。这种情况下的结果有大约 5 倍的误差。由 M_1 支撑的三质量系统的设计输入都不是该谱的峰值。

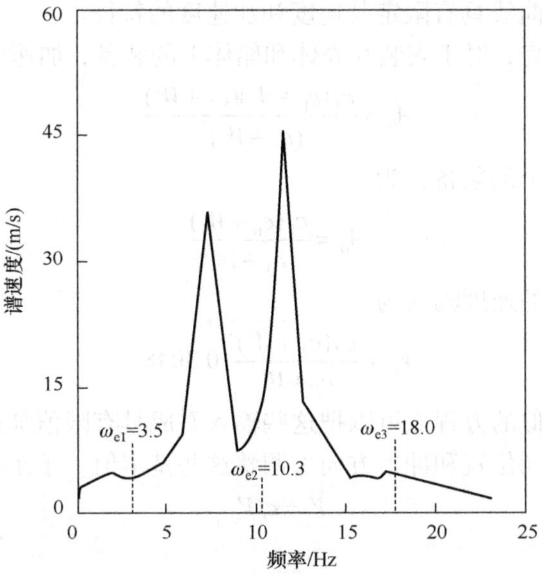

图 4.6　计算得出的图 4.5 所示四质量系统中 M_1 运动的无阻尼冲击谱

4.1.2　动态设计分析方法中的设计谱与响应谱

如前所述，响应谱受单自由度系统固有频率和基础运动 $z(t)$ 的支配。然而，对于给定的单自由度系统，仅在固定基础的频率 ω 处的谱值是有意义的。另外，假定是固定的基础运动 $z(t)$，将受到基础柔度、系统的动态作用力及谱跌现象的影响。因此，由给定的输入运动计算得出的响应谱不能用于动态系统的设计。必须使用那些包含基础动态相互作用效应的曲线，这些曲线必须是装备质量和装备固定基础的固有频率的函数。而且，如果进行冲击试验，测量在结构基座处的运动并建立响应谱，那么只有在固定基础的结构频率处的谱值才有意义，并且只有这些谱值才接近于设计的输入。

为了建立水面舰船和潜艇的设计冲击谱曲线，美国海军相关研究人员进行了大量冲击试验并分析了在装备结构基座处的结果。通过对这些试验结果的详尽分析，建立了动态设计分析方法的设计输入。

总之，本节的要点是由给定输入得出的响应谱不同于设计冲击谱，设计谱应包含谱跌现象的影响。图 4.3 和图 4.6 很好地说明了这一点。

4.1.3 动态设计分析方法中的输入速度和加速度

基于对一些水面舰船不同冲击试验得到结果的分析建立的设计谱值，需注意：①这些谱值随在舰船中的位置而改变，因为不同位置的基础阻抗不一样；②这些谱值依赖于装备的(有效模态)质量，模态质量的概念将在 4.2.4 节详细介绍；③这些设计谱曲线具有限定其速度和加速度的特征。

就水面舰船而言，对于安装在壳体和船体上的装备，加速度设计谱的方程为

$$A_0 = \frac{c_4(c_1+W)(c_2+W)}{(c_3+W)^2} \tag{4.1}$$

而对于安装在甲板上的装备，为

$$A_0 = \frac{c_5(c_6+W)}{c_3+W} \tag{4.2}$$

对于上述两种状况的速度输入为

$$V_0 = \frac{c_7(c_2+W)}{c_3+W}\cdot 0.3048 \tag{4.3}$$

对于潜艇有类似的方程。可以把这些输入看成具有限值加速度的速度输入。对于舰船的各个不同位置和冲击方向可调整这些基本值。于是有

$$V = c_V V_0$$

且

$$A = c_A A_0$$

针对各个冲击方向和在舰船中的位置，在动态设计分析方法输入中规定上述系数。

为便于举例说明，假定 c_2=13607.8kg，c_3=4535.92kg，c_5=0.05kg，c_6=18143.7kg，c_7=1.219m/s(并非实际应用值)。给出这些假定的值之后，利用上述方程得

$$A_0 = \frac{50(40+W)}{10+W}$$

且

$$V_0 = \frac{4(30+W)}{10+W}\cdot 0.3048$$

下面假定系数 c_V 和 c_A 都等于 1.0。对于这些假定的方程，零质量的加速度和速度为

$$A_0 = 200g, \quad W = 0$$

而

$$V_0 = 3.658\text{m/s}, \quad W = 0$$

在另一个极端情形下，如果 W 变得非常大，则有

$$A_0 = 50g, \quad W = \infty$$

而

$$V_0 = 1.219\text{m/s}, \quad W = \infty \tag{4.4}$$

对于零与无穷大之间的质量，其限值加速度和速度将在上述极限值之间变化。通过式(4.5)可将这些限值联系起来：

$$A = \frac{V\omega}{g} \tag{4.5}$$

其中，A 不会超过 A_0，且 V 不会超过 V_0。

临界频率可定义为

$$\omega_c = \frac{A_0 g}{V_0} \tag{4.6}$$

对于具有 $\omega > \omega_c$ 的系统，其设计谱是被限定的加速度。当 $\omega < \omega_c$ 时，其设计谱是限定的速度。得到的设计谱绘制在三坐标纸上，如图 4.7 所示。

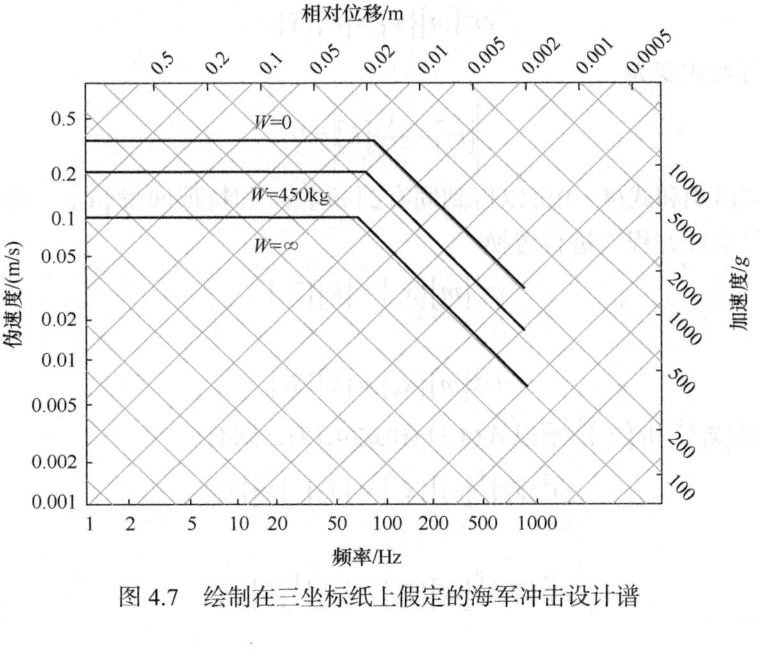

图 4.7　绘制在三坐标纸上假定的海军冲击设计谱

4.2 一维主模态理论

主模态理论是美国海军开发的动态设计分析方法的基础。其最初的程序是基于多自由度系统的一维或平面理论开发的。分析中，输入和响应都在同一个方向。随着具有三维动态分析能力的大型有限元程序的发展，已可使用多维或三维主模态理论分析受冲击的结构。在主模态理论中，每个节点有六个自由度，可在三个正交方向之一以冲击设计谱的形式对基础的输入进行分析；对于每个输入的响应，分别在动态设计分析程序中进行分析，以便评价作用在装备上的结构动载荷。

本节的目的是建立这种一维理论，并介绍这一理论在动态设计分析中的应用。在 4.3 节中将引入三维主模态理论。

4.2.1 主模态的正交性

以矩阵形式表述，能够将一个自由振动系统的运动方程写为

$$[m]\{\ddot{x}\}+[k]\{x\}=\{0\} \tag{4.7}$$

假定

$$\{x\}=\{\overline{x}\}\sin\omega t \tag{4.8}$$

并代入式(4.7)得

$$\omega^2[m]\{\overline{x}\}=[k]\{\overline{x}\} \tag{4.9}$$

其频率的行列式变为

$$\left|[m]-\frac{1}{\omega^2}[k]\right|=0 \tag{4.10}$$

求解式(4.9)和式(4.10)可以得到固有圆频率 ω_i 和特征向量 $\{\overline{x}_i\}$ 。每个振动模态必须满足这些方程。进行置换

$$\omega_a^2[m]\{\overline{x}_a\}=[k]\{\overline{x}_a\} \tag{4.11}$$

和

$$\omega_b^2[m]\{\overline{x}_b\}=[k]\{\overline{x}_b\} \tag{4.12}$$

如果分别用 $\{\overline{x}_b\}^{\mathrm{T}}$ 和 $\{\overline{x}_a\}^{\mathrm{T}}$ 乘以式(4.11)和式(4.12)，则有

$$\omega_a^2\{\overline{x}_b\}^{\mathrm{T}}[m]\{\overline{x}_a\}=\{\overline{x}_b\}^{\mathrm{T}}[k]\{\overline{x}_a\} \tag{4.13}$$

和

$$\omega_b^2\{\overline{x}_a\}^{\mathrm{T}}[m]\{\overline{x}_b\}=\{\overline{x}_a\}^{\mathrm{T}}[k]\{\overline{x}_b\} \tag{4.14}$$

能够证明

$$\left[[A][B][C]\right]^{\mathrm{T}}=[C]^{\mathrm{T}}[B]^{\mathrm{T}}[A]^{\mathrm{T}} \tag{4.15}$$

那么，取式(4.14)的转置并注意到$[m]$和$[k]$皆为对称矩阵，或

$$[m]^{\mathrm{T}}=[m] \tag{4.16}$$

和

$$[k]^{\mathrm{T}}=[k] \tag{4.17}$$

可得到式(4.18)，即

$$\omega_b^2\{\bar{x}_b\}^{\mathrm{T}}[m]\{\bar{x}_a\}=\{\bar{x}_b\}^{\mathrm{T}}[k]\{\bar{x}_a\} \tag{4.18}$$

式(4.13)减去式(4.18)，该表达式变为

$$\left(\omega_a^2-\omega_b^2\right)\{\bar{x}_b\}^{\mathrm{T}}[m]\{\bar{x}_a\}=0 \tag{4.19}$$

一般情况下

$$\omega_a \neq \omega_b \tag{4.20}$$

这意味着

$$\{\bar{x}_b\}^{\mathrm{T}}[m]\{\bar{x}_a\}=0 \tag{4.21}$$

这就是正交关系。作为式(4.21)的结果，由式(4.13)可知这一等式隐含着

$$\{\bar{x}_b\}^{\mathrm{T}}[k]\{\bar{x}_a\}=0 \tag{4.22}$$

倘若$[m]$为对角矩阵，则式(4.21)能够写成求和的形式。因此，有

$$\sum_i \bar{x}_{ia}\bar{x}_{ib}m_i=0 \tag{4.23}$$

有时，在一个动态系统中存在着相同的频率($\omega_a=\omega_b$)。对于这种情形，振型或特征向量不能完全由式(4.21)的解确定。通常采用 Gram-Schmidt 方法构造振型的正交集，可将n自由度系统的任何运动表达为该正交振型的一个组合。

4.2.2　对基础运动的响应及模态组合法

对于基础激励下的结构，其运动方程可写为

$$[m]\{\ddot{x}\}+[k]\{x\}=-[m]\{1\}\ddot{z} \tag{4.24}$$

其中，z描述基础的运动；x为相对位移。利用这样的事实，即位移响应是所有模态的加权和，即

$$\{x\}=\sum_a\{\bar{x}_a\}q_a \tag{4.25}$$

且

$$\{\ddot{x}\} = \sum_a \{\bar{x}_a\} \ddot{q}_a \tag{4.26}$$

将式(4.25)和式(4.26)代入式(4.24)，即

$$[m]\sum_a \{\bar{x}_a\}\ddot{q}_a + [k]\sum_a \{\bar{x}_a\} q_a = -[m]\{1\}\ddot{z} \tag{4.27}$$

用一个特定的模态特征向量$\{\bar{x}_b\}^{\mathrm{T}}$前乘式(4.27)并使用振型的正交性，该运动方程变为

$$\{\bar{x}_b\}^{\mathrm{T}}[m]\{\bar{x}_b\}\ddot{q}_b + \{\bar{x}_b\}^{\mathrm{T}}[k]\{\bar{x}_b\}q_b = -\{\bar{x}_b\}^{\mathrm{T}}[m]\{1\}\ddot{z}(t) \tag{4.28}$$

但是，由式(4.13)或式(4.14)有

$$\omega_b^2\{\bar{x}_b\}^{\mathrm{T}}[m]\{\bar{x}_b\} = \{\bar{x}_b\}^{\mathrm{T}}[k]\{\bar{x}_b\} \tag{4.29}$$

于是有

$$\ddot{q}_b + \omega_b^2 q_b = -\frac{\{\bar{x}_b\}^{\mathrm{T}}[m]\{1\}}{\{\bar{x}_b\}^{\mathrm{T}}[m]\{\bar{x}_b\}^{\mathrm{T}}}\ddot{z} \tag{4.30}$$

与$\ddot{z}$相乘的矩阵项实际上是一个常数，称为模态参与因子P_b，即

$$P_b = \frac{\{\bar{x}_b\}^{\mathrm{T}}[m]\{1\}}{\{\bar{x}_b\}^{\mathrm{T}}[m]\{\bar{x}_b\}} \tag{4.31}$$

如果$[m]$为对角矩阵，则

$$P_b = \frac{\sum_i m_i \bar{x}_{bi}}{\sum_i m_i \bar{x}_{bi}^2} \tag{4.32}$$

P_b的单位是长度的单位的倒数。通过将P_b代入，式(4.30)可写为

$$\ddot{q}_b + \omega_b^2 q_b = -P_b\ddot{z}(t) \tag{4.33}$$

对于零初始条件，其模态位移的解为

$$q_b = -\frac{P_b}{\omega_b}\int_0^t \ddot{z}(\tau)\sin\omega_b(t-\tau)\,\mathrm{d}\tau \tag{4.34}$$

各质点的位移作为时间的函数为

$$\{x\} = -\sum_b \{\bar{x}_b\}\frac{P_b}{\omega_b}\int_0^t \ddot{z}(\tau)\sin\omega_b(t-\tau)\,\mathrm{d}\tau \tag{4.35}$$

用有限元程序能够计算各质点的时间历程解，可直接积分式(4.24)，或用式(4.35)给出的模态分析方法。作为时间函数的系统动态力能够由式(4.36)确定，即

$$\{F\} = [k]\{x\} \tag{4.36}$$

正如前文所述，可用卷积定义速度谱，即

$$V_b = \left[\int_0^t \ddot{z}(\tau) \sin \omega_b (t-\tau) \mathrm{d}\tau \right]_{\max} \tag{4.37}$$

于是，其最大的模态位移 q_{bm} 为

$$q_{bm} = \frac{P_b V_b}{\omega_b} \tag{4.38}$$

因此，模态 b 中的最大可能位移为

$$\{x_b\} = \{\overline{x}_b\} q_{bm} \tag{4.39}$$

通过刚度矩阵能够得到模态 b 中的动态力，或者

$$\{F_b\} = [k]\{\overline{x}_b\} q_{bm} \tag{4.40}$$

通过求得每个振动模态在全部时间内的最大响应，再采用模态的组合法求总响应。在时域内，考虑了相位和符号的各模态贡献的代数和为导出各质点的物理位移。然而，最大模态挠度和作用力需要使用不同的方法计算。通常可用如下三个组合方法。

(1) 绝对值求和(ABS)：$\{x\}_{\mathrm{ABS}} = \sum_b \left| \{x_b\} \right|$。 (4.41)

(2) 平方和的均方根(SRSS)：$\{x\}_{\mathrm{SRSS}} = \sqrt{\sum_b \{x_b^2\}}$。 (4.42)

(3) 最大模态响应加上其余模态之和的平方根(NRL)：

$$\{x\}_{\mathrm{NRL}} = \{x_a\} + \sqrt{\left(\sum_b \{x_b^2\} \right) - \{x_a^2\}} \tag{4.43}$$

其中，x_a 为任一模态的最大模态响应。按类似方式能够组合模态力、模态应力等。对于舰船的动态设计分析计算，需使用 NRL(Naval Regulation Law)和。在这一方法中，是将最大模态响应(模态 a)加上其余模态之和的平方根。

4.2.3　作用在质点上的力

使用主模态理论，能够直接由基础的运动计算作用在诸质点上的动态力。大多数有限元程序都使用式(4.36)，于是有

$$\{F\} = -[m]\{\ddot{y}\} = -[m]\left[\{\ddot{x}\} + \{1\}\ddot{z}\right] \tag{4.44}$$

其中，y 是绝对位移，但是

$$\ddot{q}_b = -P_b \ddot{z} - \omega_b^2 q_b \tag{4.45}$$

并且

$$\{\ddot{x}\} = \sum_b \{\overline{x}_b\} \ddot{q}_b \tag{4.46}$$

于是

$$\{\ddot{x}\}=\sum_{b}\{\overline{x}_b\}\left(-P_b\ddot{z}-\omega_b^2 q_b\right) \tag{4.47}$$

在初始位移为零的条件下利用 Duhamel 积分可得

$$\{\dot{x}(t)\}=-\sum_{b}\{\overline{x}_b\}P_b V_0\cos\omega t \tag{4.48a}$$

即

$$\sum_{b}\{\overline{x}_b\}P_b=\{1\} \tag{4.48b}$$

于是

$$\{\ddot{x}\}=-\{1\}\ddot{z}-\sum_{b}\{\overline{x}_b\}\omega_b^2 q_b \tag{4.49}$$

代入式(4.44)，其动态力变为

$$\{F\}=[m]\sum_{b}\{\overline{x}_b\}\omega_b^2 q_b \tag{4.50}$$

将式(4.34)代入式(4.50)，则

$$\{F\}=-[m]\sum_{b}\{\overline{x}_b\}\omega_b P_b\int_0^t \ddot{z}(\tau)\sin\omega_b(t-\tau)\mathrm{d}\tau \tag{4.51}$$

因此，就能够直接从动态系统的模态特征、基础运动及质量矩阵计算作用在每个质点上的力。如果质量矩阵是对角矩阵，则对每个模态 a 和每个质量 m_i 写为

$$F_{ia}=-m_i\overline{x}_{ia}\omega_a P_a\int_0^t \ddot{z}(\tau)\sin\omega_a(t-\tau)\mathrm{d}\tau \tag{4.52}$$

这一结果的最一般的形式是式(4.51)。

4.2.4 模态质量及振型的归一化

1. 模态质量的概念

作用在基础上的动态力会引起谱跌现象。通过下面的说明，能够确定每个模态中作用在基础上的动态力，并建立模态质量。模态质量的和等于动态系统的总质量。

由式(4.52)能够确定每个模态 a 中作用在每个质量 m_i 上的力为

$$F_{ia}=-m_i\overline{x}_{ia}\omega_a P_a\int_0^t \ddot{z}(\tau)\sin\omega_a(t-\tau)\mathrm{d}\tau \tag{4.53}$$

于是，通过将一个模态中的所有力求和能够确定作用在基础上的总动态力为

$$F_a=-\sum_{i}F_{ia} \tag{4.54}$$

或者

$$F_a=\left(\sum_{i}m_i\overline{x}_{ia}P_a\right)\omega_a\int_0^t \ddot{z}(\tau)\sin\omega_a(t-\tau)\mathrm{d}\tau \tag{4.55}$$

如果将式(4.55)与单自由度系统相比较，在单自由度系统中有

$$F = m\omega_a \int_0^t \ddot{z}(\tau)\sin\omega_a(t-\tau)\mathrm{d}\tau \tag{4.56}$$

可以看出式(4.55)圆括号内的诸项具有质量的单位。令

$$M_a = \sum_i m_i \overline{x}_{ia} P_a \tag{4.57}$$

或者

$$M_a = \frac{\left(\sum m_i \overline{x}_{ia}\right)^2}{\sum m_i \overline{x}_{ia}^2} \tag{4.58}$$

就能够将总动态力改写为

$$F_a = M_a \omega_a \int_0^t \ddot{z}(\tau)\sin\omega_a(t-\tau)\mathrm{d}\tau \tag{4.59}$$

由式(4.48)可得

$$\sum_a \overline{x}_{ia} P_a = 1 \tag{4.60}$$

因此有

$$\sum_a M_a = \sum_i \sum_a m_i \overline{x}_{ia} P_a = \sum_i m_i \tag{4.61}$$

于是，模态质量的和等于结构质量之和。

因此，能够将具有 N 个质量的多质量系统看成 N 个具有模态频率和模态质量的单质量系统。对于其基础的反作用等同于原来的 N 质量系统。

从物理意义上讲，能够把这一概念在图 4.8 中描述，即把 N 个质量的系统表达为具有模态质量 M_a (式(4.58))和频率 ω_a，ω_b，…，ω_N 的 N 个单自由度系统。作用在图 4.8(a)的 N 质量系统的基础上的惯性力与作用在图 4.8(b)N 个单自由度系统上的惯性力相同。

模态质量的概念是 O'Hara 等[4]的主要贡献之一，指出基础受到每个模态中惯

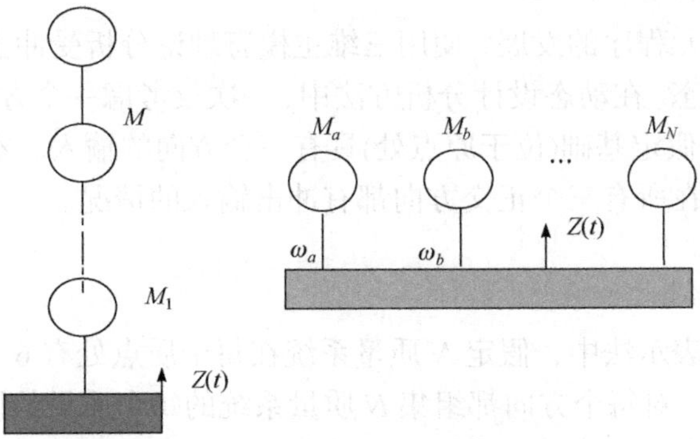

(a) N质量系统　　(b) N个单质量系统

图 4.8　模态质量的概念

性的影响是一个重要的发展。因为只有在各模态频率处的基础输入决定着传递给系统的能量，在各模态频率处传递给基础的惯性力的反作用力改变了输入的运动，因而改变了输入的冲击谱。

2. 振型归一化

目前有多种特征向量归一化的方法。不同的归一化方法将影响模态参与因子的幅值。而且，不同模态参与因子之间的相对幅值也随归一化方法而改变。因为作用力是振型和参与因子两者的乘积，所以作用力的幅值将不会受振型归一化的影响。然而，模态质量不会改变，它对结构具有物理上的意义。

有两种将振型归一化的方法：

(1) 通过使每个振型向量的最大值等于 1；

(2) 通过使其二次积等于 1。

如果其二次积为 k_a^2，则有

$$\{\overline{x}_a\}^{\mathrm{T}}[m]\{\overline{x}_a\}=k_a^2 \tag{4.62}$$

用 k_a 约简各模态向量，使得

$$\left\{\frac{\overline{x}_a}{k_a}\right\}^{\mathrm{T}}[m]\left\{\frac{\overline{x}_a}{k_a}\right\}=1 \tag{4.63}$$

通常在有限元程序内部使用后一种归一化方法。参与因子在幅值上变化并依赖于使用的归一化方法。如果列出各参与因子，那么相当于给出了用于将特征向量归一化的方法。

4.3 三维主模态理论

随着大型有限元程序的发展，使用三维主模态理论分析受冲击载荷的舰船装备结构响应已是常态。在动态设计分析方法中，一次仅考虑一个方向的冲击输入。于是，在图 4.9 中假定基础(位于原点处)具有一个方向的输入。本节给出的方法能很容易地推广到在所有三个正交方向都有冲击输入的情况。

4.3.1 术语及定义

在本节的符号表示法中，假定 N 质量系统在每个质点处有 6 个自由度，即 3 个位移和 3 个转角。对每个方向都组集 N 质量系统的每个质量的挠度、振型及其他参数。这种方法有助于建立三维情形的模态质量和模态参与因子。在本推导中所做的基本假设有：

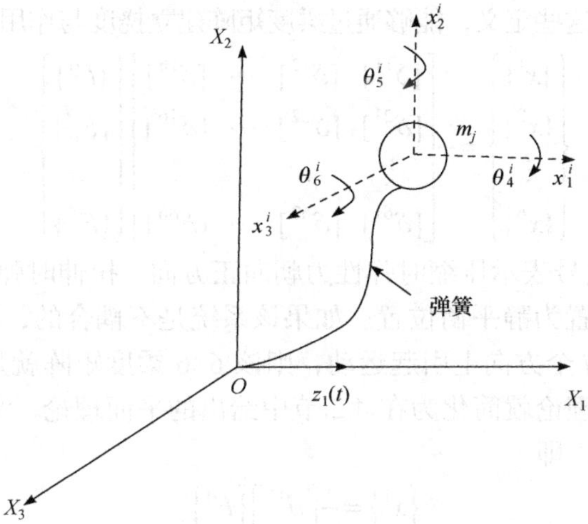

图 4.9　三维主模态理论的坐标系

(1) m_i 的惯性主轴分别与总体坐标轴 X_1、X_2 和 X_3 平行；

(2) 基础的运动 $z_1(t)$ 是在 x_1 方向上。

在图 4.9 中示出了其坐标系。X_i 表示总体坐标轴，而 x_i 表示局部坐标轴。

将质量 m_j 在第 i 个方向的挠度表示为

$$x_i^j = \text{质量 } j \text{ 在第 } i \text{ 个方向的挠度}$$

其中，$1 \leqslant j \leqslant N$；$1 \leqslant i \leqslant 6$。

然后，能够将所有 6 个自由度的挠度和作用力写成如下矩阵形式：

$$\{x^1\} = \begin{Bmatrix} x_1^1 \\ x_1^2 \\ \vdots \\ x_1^N \end{Bmatrix}, \quad \{x^2\} = \begin{Bmatrix} x_2^1 \\ x_2^2 \\ \vdots \\ x_2^N \end{Bmatrix}, \quad \cdots \tag{4.64}$$

以及

$$\{x^6\} = \begin{Bmatrix} \theta_6^1 \\ \theta_6^2 \\ \vdots \\ \theta_6^N \end{Bmatrix}, \quad \{F^1\} = \begin{Bmatrix} F_1^1 \\ F_1^2 \\ \vdots \\ F_1^N \end{Bmatrix}, \quad \cdots \tag{4.65}$$

结果是有 6 个位移列向量和 6 个力列向量。每一总列向量长为 $6N$；每一子列向量如 x_i^j 长为 N。

令 $[\delta^{ij}]$ 为第 j 个方向受到力作用时在第 i 个方向产生的挠度的 $N \times N$ 柔度矩阵；$\{F^j\}$ 为通过基础运动作用在 N 个质量上的第 j 个方向的所有弹性力组成的

$N\times1$列矩阵。使用这些定义，能够通过柔度矩阵建立挠度与作用力之间的关系，即

$$\begin{Bmatrix} \{x^1\} \\ \{x^2\} \\ \vdots \\ \{x^6\} \end{Bmatrix} = -\begin{bmatrix} [\delta^{11}] & [\delta^{12}] & \cdots & [\delta^{16}] \\ [\delta^{21}] & [\delta^{22}] & \cdots & [\delta^{26}] \\ \vdots & \vdots & & \vdots \\ [\delta^{61}] & [\delta^{62}] & \cdots & [\delta^{66}] \end{bmatrix} \begin{Bmatrix} \{F^1\} \\ \{F^2\} \\ \vdots \\ \{F^6\} \end{Bmatrix} \tag{4.66}$$

式(4.66)中的负号表示压缩时弹性力朝向正方向，拉伸时弹性力朝向负方向，冲击响应的初始位置为静平衡位置。如果该系统是不耦合的，使得在第i个方向上的作用力仅在第i个方向上引起运动，则该 6×6 柔度矩阵就是对角矩阵。在这种情况下，此三维理论就简化为在 4.2 节中给出的平面理论。平面理论的方程从如下静态关系开始，即

$$\left\{x^1\right\} = -\left[\delta^{11}\right]\left\{F^1\right\} \tag{4.67}$$

其中，$[\delta^{11}]$为$N\times N$的柔度矩阵。对于三维情形，有 6 个$N\times N$的矩阵关联着作用在一个质点上的 3 个力$\{F^1\}$、$\{F^2\}$和$\{F^3\}$及 3 个力矩$\{F^4\}$、$\{F^5\}$和$\{F^6\}$。

4.3.2 运动方程

将牛顿定律表达为

$$\begin{Bmatrix} \{F^1\} \\ \{F^2\} \\ \vdots \\ \{F^6\} \end{Bmatrix} = \begin{bmatrix} [m] & & & & & \\ & [m] & & & & \\ & & [m] & & & \\ & & & [I^4] & & \\ & & & & [I^5] & \\ & & & & & [I^6] \end{bmatrix} \begin{Bmatrix} \{\ddot{x}_1\} \\ \{\ddot{x}_2\} \\ \vdots \\ \{\ddot{x}_6\} \end{Bmatrix} \tag{4.68}$$

其中

$$[m] = \begin{bmatrix} m_1 & & & \\ & m_2 & & \\ & & \ddots & \\ & & & m_N \end{bmatrix} \tag{4.69}$$

和

$$[I^r] = \begin{bmatrix} I_1^r & & & \\ & I_2^r & & \\ & & \ddots & \\ & & & I_N^r \end{bmatrix} \tag{4.70}$$

其中，r 等于 4、5 或 6。

通常，每个质量$[m]$或$[I^r]$都是一个对角矩阵。然而，如果其局部坐标系并非定义在每个质量的重心，那么会形成一些对角线之外的项。另外，质量矩阵和柔度矩阵$[\delta^{ij}]$是满阵，而刚度矩阵(柔度矩阵的逆矩阵)在经过数值优化后通常是稀疏矩阵。

假定质量矩阵都是对角矩阵，并将式(4.68)代入式(4.66)，则能够将运动方程写为

$$\begin{bmatrix} [\delta^{11}] & [\delta^{12}] & \cdots & [\delta^{16}] \\ [\delta^{21}] & [\delta^{22}] & \cdots & [\delta^{26}] \\ \vdots & \vdots & & \vdots \\ [\delta^{61}] & [\delta^{62}] & \cdots & [\delta^{66}] \end{bmatrix} \begin{bmatrix} [m] & & & & & [0] \\ & [m] & & & & \\ \vdots & & [m] & & & \vdots \\ & & & [I^4] & & \\ & & & & [I^5] & \\ [0] & & \cdots & & & [I^6] \end{bmatrix} \begin{Bmatrix} \{\ddot{x}^1\} \\ \{\ddot{x}^2\} \\ \vdots \\ \{\ddot{x}^6\} \end{Bmatrix} + \begin{Bmatrix} \{x^1\} \\ \{x^2\} \\ \vdots \\ \{x^6\} \end{Bmatrix} = \{0\} \tag{4.71}$$

4.3.3 振动控制方程

1. 自由振动

令

$$\{x^r\} = \{\overline{x}^r\}\sin\omega t \tag{4.72}$$

其中，$r = 1, 2, \cdots, 6$；$\{x^r\}$为所有质量在第r个方向上的N个位移向量；$\{\overline{x}^r\}$为在第r个方向上的N个振型。

则

$$\begin{Bmatrix} \{\overline{x}^1\} \\ \{\overline{x}^2\} \\ \vdots \\ \{\overline{x}^6\} \end{Bmatrix} = \omega^2 \begin{bmatrix} [\delta^{11}] & [\delta^{12}] & \cdots & [\delta^{16}] \\ [\delta^{21}] & [\delta^{22}] & \cdots & [\delta^{26}] \\ \vdots & \vdots & & \vdots \\ [\delta^{61}] & [\delta^{62}] & \cdots & [\delta^{66}] \end{bmatrix} \begin{bmatrix} [m] & & & & & [0] \\ & [m] & & & & \\ \vdots & & [m] & & & \vdots \\ & & & [I^4] & & \\ & & & & [I^5] & \\ [0] & & \cdots & & & [I^6] \end{bmatrix} \begin{Bmatrix} \{\overline{x}^1\} \\ \{\overline{x}^2\} \\ \vdots \\ \{\overline{x}^6\} \end{Bmatrix} \tag{4.73}$$

求解式(4.73)能够得到该系统的固有频率。对于N个质量，有$6N$个固有频率和$6N$组振型或特征向量。

使用在 4.2 节中所述的方法，能够证明，对于任意两个模态a和b，各振型向量是正交的，即

$$\begin{Bmatrix}\{\overline{x}_a^1\}\\\{\overline{x}_a^2\}\\\vdots\\\{\overline{x}_a^6\}\end{Bmatrix}^{\mathrm{T}}\begin{bmatrix}[m] & & & \cdots & & [0]\\ & [m] & & & & \\ \vdots & & [m] & & & \vdots\\ & & & [I^4] & & \\ & & & & [I^5] & \\ [0] & & & \cdots & & [I^6]\end{bmatrix}\begin{Bmatrix}\{\overline{x}_b^1\}\\\{\overline{x}_b^2\}\\\vdots\\\{\overline{x}_b^6\}\end{Bmatrix}=0 \tag{4.74}$$

2. 强迫振动

基础的运动沿 x_1 方向给系统施加作用力。对于这一情形有

$$\begin{Bmatrix}\{F^1\}\\\{F^2\}\\\{F^3\}\\\{F^4\}\\\{F^5\}\\\{F^6\}\end{Bmatrix}=\begin{bmatrix}[m] & & & \cdots & & [0]\\ & [m] & & & & \\ \vdots & & [m] & & & \vdots\\ & & & [I^4] & & \\ & & & & [I^5] & \\ [0] & & & \cdots & & [I^6]\end{bmatrix}\left(\begin{Bmatrix}\{\ddot{x}^1\}\\\{\ddot{x}^2\}\\\{\ddot{x}^3\}\\\{\ddot{x}^4\}\\\{\ddot{x}^5\}\\\{\ddot{x}^6\}\end{Bmatrix}+\begin{Bmatrix}\{\ddot{z}^1\}\\\{0\}\\\{0\}\\\{0\}\\\{0\}\\\{0\}\end{Bmatrix}\right)=\{0\} \tag{4.75}$$

其中

$$\{z^1\}=\begin{Bmatrix}1\\1\\\vdots\\1\end{Bmatrix}z_1(t) \tag{4.76}$$

作用到所有 N 个质量的输入运动是一个 $N\times1$ 的矩阵。于是，运动方程为

$$\begin{gathered}\begin{bmatrix}[\delta^{11}] & [\delta^{12}] & \cdots & [\delta^{16}]\\ [\delta^{21}] & [\delta^{22}] & \cdots & [\delta^{26}]\\ \vdots & \vdots & & \vdots\\ [\delta^{61}] & [\delta^{62}] & \cdots & [\delta^{66}]\end{bmatrix}\begin{bmatrix}[m] & & & \cdots & & [0]\\ & [m] & & & & \\ \vdots & & [m] & & & \vdots\\ & & & [I^4] & & \\ & & & & [I^5] & \\ [0] & & & \cdots & & [I^6]\end{bmatrix}\begin{Bmatrix}\{\ddot{x}^1\}\\\{\ddot{x}^2\}\\\vdots\\\{\ddot{x}^6\}\end{Bmatrix}+\begin{Bmatrix}\{x^1\}\\\{x^2\}\\\vdots\\\{x^6\}\end{Bmatrix}=\\ -\begin{bmatrix}[\delta^{11}] & [\delta^{12}] & \cdots & [\delta^{16}]\\ [\delta^{21}] & [\delta^{22}] & \cdots & [\delta^{26}]\\ \vdots & \vdots & & \vdots\\ [\delta^{61}] & [\delta^{62}] & \cdots & [\delta^{66}]\end{bmatrix}\begin{bmatrix}[m] & & & \cdots & & [0]\\ & [m] & & & & \\ \vdots & & [m] & & & \vdots\\ & & & [I^4] & & \\ & & & & [I^5] & \\ [0] & & & \cdots & & [I^6]\end{bmatrix}\begin{Bmatrix}\{\ddot{z}^1\}\\\{0\}\\\{0\}\\\{0\}\\\{0\}\\\{0\}\end{Bmatrix}\end{gathered} \tag{4.77}$$

为了求解式(4.77)定义的运动方程，将使用振型(特征向量)作为位移的基底。位移 $q_a(t)$ 是模态 a 的模态时间历程位移。令

$$\begin{Bmatrix} \{x^1\} \\ \vdots \\ \{x^6\} \end{Bmatrix} = \sum_{a=1}^{6N} \begin{Bmatrix} \{\overline{x}^1\} \\ \vdots \\ \{\overline{x}^6\} \end{Bmatrix} q_a(t) \tag{4.78}$$

通过将式(4.78)代入式(4.77)并左乘 $\{x\}^{\mathrm{T}}[M]$，利用式(4.74)可得

$$\ddot{q}_a + \omega_a^2 q_a = -\frac{\begin{Bmatrix} \{\overline{x}_a^1\} \\ \{\overline{x}_a^2\} \\ \vdots \\ \{\overline{x}_a^6\} \end{Bmatrix}^{\mathrm{T}} \begin{bmatrix} [m] & & & \cdots & & [0] \\ & [m] & & & & \\ \vdots & & [m] & & & \vdots \\ & & & [I^4] & & \\ & & & & [I^5] & \\ [0] & & & \cdots & & [I^6] \end{bmatrix} \begin{Bmatrix} \{\ddot{z}^1\} \\ \{0\} \\ \{0\} \\ \{0\} \\ \{0\} \\ \{0\} \end{Bmatrix}}{\begin{Bmatrix} \{\overline{x}_a^1\} \\ \{\overline{x}_a^2\} \\ \vdots \\ \{\overline{x}_a^6\} \end{Bmatrix}^{\mathrm{T}} \begin{bmatrix} [m] & & & \cdots & & [0] \\ & [m] & & & & \\ \vdots & & [m] & & & \vdots \\ & & & [I^4] & & \\ & & & & [I^5] & \\ [0] & & & \cdots & & [I^6] \end{bmatrix} \begin{Bmatrix} \{\overline{x}_a^1\} \\ \{\overline{x}_a^2\} \\ \vdots \\ \{\overline{x}_a^6\} \end{Bmatrix}} \tag{4.79}$$

于是，第 a 个模态在第 r 个方向的模态参与因子为

$$P_a^r = -\frac{\begin{Bmatrix} \overline{x}_a^{r_1} \\ \overline{x}_a^{r_2} \\ \vdots \\ \overline{x}_a^{r_N} \end{Bmatrix}^{\mathrm{T}} \begin{bmatrix} m_1 & & & 0 \\ & m_2 & & \\ & & \ddots & \\ 0 & & & m_N \end{bmatrix} \begin{Bmatrix} 1 \\ 1 \\ \vdots \\ 1 \end{Bmatrix}}{\begin{Bmatrix} \{\overline{x}_a^1\} \\ \{\overline{x}_a^2\} \\ \vdots \\ \{\overline{x}_a^6\} \end{Bmatrix}^{\mathrm{T}} \begin{bmatrix} [m] & & & \cdots & & [0] \\ & [m] & & & & \\ \vdots & & [m] & & & \vdots \\ & & & [I^4] & & \\ & & & & [I^5] & \\ [0] & & & \cdots & & [I^6] \end{bmatrix} \begin{Bmatrix} \{\overline{x}_a^1\} \\ \{\overline{x}_a^2\} \\ \vdots \\ \{\overline{x}_a^6\} \end{Bmatrix}} \tag{4.80}$$

若 $[m]$ 为对角矩阵，则能够将它用求和形式写出，即

$$P_a^r = \frac{\sum_{i=1}^{N} \overline{x}_{ia}^r m_i^r}{\sum_{s=1}^{6}\sum_{i=1}^{N}\left(\overline{x}_{ia}^s\right)^2 m_i^s} \tag{4.81}$$

当s=1、2或3时，m为集中质量；当s=4、5或6时，m为式(4.82)给出的质量惯性矩。

$$m_i^s = I_i^s \tag{4.82}$$

方向r表示基础冲击运动的方向。参与因子的方向必须与基础输入的方向相同。于是，有

$$q_a = -\frac{P_a^r}{\omega_a}\int_0^t \ddot{z}_r(\tau)\sin\omega_a(t-\tau)\mathrm{d}\tau \tag{4.83}$$

所有质量在s方向的响应为

$$\left\{x^s\right\} = \sum_a \begin{Bmatrix} \overline{x}_{1a}^s \\ \vdots \\ \overline{x}_{Na}^s \end{Bmatrix} q_a(t) \tag{4.84}$$

即使仅在一个方向上有基础运动，在所有6个方向上也都会有响应。通过柔度矩阵的耦合决定着这一响应。一旦已知各位移，就能求出各作用力，能够证明式(4.85)。

$$\begin{aligned} 0 &= \sum_{a=1}^{6N} \overline{x}_{ia}^r P_a^s \\ 1 &= \sum_{a=1}^{6N} \overline{x}_{ia}^r P_a^r \end{aligned} \tag{4.85}$$

4.3.4 平移惯性力

令Q_{ia}^r为作用在第i个质量上的第a个模态在第r个方向上的惯性力。令

$$\left\{Q^r\right\} = \sum_{a=1}^{6N} \begin{Bmatrix} Q_{1a}^r \\ Q_{2a}^r \\ \vdots \\ Q_{Na}^r \end{Bmatrix} \tag{4.86}$$

其中，r=1、2或3。

向量$\{Q^r\}$为N维向量，如式(4.86)给出。于是，N维中每一维的总的惯性力为

$$\begin{Bmatrix} \{Q^1\} \\ \{Q^2\} \\ \{Q^3\} \end{Bmatrix} = -\begin{bmatrix} [m] & & \\ & [m] & \\ & & [m] \end{bmatrix}\left[\begin{Bmatrix} \{\ddot{x}^1\} \\ \{\ddot{x}^2\} \\ \{\ddot{x}^3\} \end{Bmatrix} + \begin{Bmatrix} \{\ddot{z}^1\} \\ \{0\} \\ \{0\} \end{Bmatrix}\right] \tag{4.87}$$

但是，有

$$\begin{Bmatrix} \{\ddot{x}^1\} \\ \{\ddot{x}^2\} \\ \{\ddot{x}^3\} \end{Bmatrix} = \sum_{a=1}^{6N} \begin{Bmatrix} \{\overline{x}_a^1\} \\ \{\overline{x}_a^2\} \\ \{\overline{x}_a^3\} \end{Bmatrix} \ddot{q}_a \tag{4.88}$$

并且，有

$$\ddot{q}_a + \omega_a^2 q_a = -P_a^r \ddot{z}_r(t) \tag{4.89}$$

或者

$$\ddot{q}_a = -P_a^r \ddot{z}_r(t) - \omega_a^2 q_a \tag{4.90}$$

于是，代入 $\ddot{q}_a$，能够确定其相对加速度为

$$\begin{Bmatrix} \{\ddot{x}^1\} \\ \{\ddot{x}^2\} \\ \{\ddot{x}^3\} \end{Bmatrix} = -\begin{Bmatrix} \{\ddot{z}^1\} \\ \{0\} \\ \{0\} \end{Bmatrix} + \sum_{a=1}^{6N} \begin{Bmatrix} \{\overline{x}_a^1\} \\ \{\overline{x}_a^2\} \\ \{\overline{x}_a^3\} \end{Bmatrix} \omega_a P_a^r \int_0^t \ddot{z}_r(\tau) \sin \omega_a (t-\tau) \mathrm{d}\tau \tag{4.91}$$

通过将式(4.91)代入式(4.87)，消去输入加速度 $\{\ddot{z}^1\}$，有

$$\begin{Bmatrix} \{Q^1\} \\ \{Q^2\} \\ \{Q^3\} \end{Bmatrix} = -\begin{bmatrix} [m] & & \\ & [m] & \\ & & [m] \end{bmatrix} \sum_{a=1}^{6N} \begin{Bmatrix} \{\overline{x}_a^1\} \\ \{\overline{x}_a^2\} \\ \{\overline{x}_a^3\} \end{Bmatrix} \omega_a P_a^r \int_0^t \ddot{z}_r(\tau) \sin \omega_a (t-\tau) \mathrm{d}\tau \tag{4.92}$$

如果矩阵 $[m]$ 是对角矩阵，则能够将式(4.92)写为

$$Q_{ia}^r = -m_i \overline{x}_{ia}^r \omega_a P_a^s \int_0^t \ddot{z}_s(\tau) \sin \omega_a (t-\tau) \mathrm{d}\tau \tag{4.93}$$

记

$$V_a^s = \left| \int_0^t \ddot{z}_s(\tau) \sin \omega_a (t-\tau) \mathrm{d}\tau \right|_{\text{对}t\text{求最大值}} \tag{4.94}$$

那么，对于动态冲击分析，有

$$Q_{ia}^r = -m_i \overline{x}_{ia}^r \omega_a P_a^s V_a^s \tag{4.95}$$

或者

$$Q_{ia}^r = -m_i \overline{x}_{ia}^r P_a^s A_a^s \tag{4.96}$$

其中

$$A_a^s = \omega_a V_a^s \tag{4.97}$$

并且

$$P_a^s = \frac{\sum_{i=1}^{N} \overline{x}_{ia}^s m_i}{\sum_{r=1}^{6}\sum_{i=1}^{N}\left(\overline{x}_{ia}^r\right)^2 m_i^r} \tag{4.98}$$

其中，$s=1,2,3$；$r=1,2,3$ 时 $m_i^r = m_i$；$r=4,5,6$ 时 $m_i^r = I_i^r$。

因为在动态设计分析中仅考虑在 1、2 和 3 方向上的平移输入，因此对于该动态系统的每个模态有 3 个参与因子。若存在 3 个基础的转动输入，则能够建立 6 个参与因子。然而，必须包括从转动原点引出的长度向量。

4.3.5　模态质量和惯性矩

1. 模态质量

将每个模态 a 中作用到基础的总作用力写为

$$F_a^r = \sum_i m_i \overline{x}_{ia}^r \omega_a P_a^s \int_0^t \ddot{z}_s(\tau)\sin\omega_a(t-\tau)\mathrm{d}\tau \tag{4.99}$$

若式(4.92)中的质量矩阵为对角矩阵，则令

$$M_a^{rs} = \sum_i m_i \overline{x}_{ia}^r P_a^s \tag{4.100}$$

或者

$$M_a^{rs} = \frac{\sum_{i=1}^{N} m_i \overline{x}_{ia}^r \sum_{i=1}^{N} m_i \overline{x}_{ia}^s}{\sum_{t=1}^{6}\sum_{i=1}^{N} m_i^t \left(\overline{x}_{ia}^t\right)^2} \tag{4.101}$$

其中，r 是响应的方向；s 是输入的方向。能够证明：

$$\sum_{a=1}^{6N} M_a^{rr} = \sum_{i=1}^{N} m_i = \text{总质量} \tag{4.102}$$

并且，对于 $r \neq s$，有

$$\sum_{a=1}^{6N} M_a^{rs} = 0 \tag{4.103}$$

另外，有

$$M_a^{rs} = M_a^{sr} \tag{4.104}$$

2. 惯性矩

Q_{ia}^r 为作用在第 i 个质量上的第 a 个模态在第 r 个方向(r =4, 5, 6)的惯性矩，且

$$\{Q^r\}=\sum_{a=1}^{6N}\begin{Bmatrix}Q_{1a}^r\\Q_{2a}^r\\\vdots\\Q_{Na}^r\end{Bmatrix}\tag{4.105}$$

其中，$r=4,5,6$。于是，该惯性矩为

$$\begin{Bmatrix}\{Q^4\}\\\{Q^5\}\\\{Q^6\}\end{Bmatrix}=-\begin{bmatrix}[I^4]&&\\&[I^5]&\\&&[I^6]\end{bmatrix}\begin{Bmatrix}\{\ddot{x}^4\}\\\{\ddot{x}^5\}\\\{\ddot{x}^6\}\end{Bmatrix}\tag{4.106}$$

但是

$$\begin{Bmatrix}\{\ddot{x}^4\}\\\{\ddot{x}^5\}\\\{\ddot{x}^6\}\end{Bmatrix}=\sum_{a=1}^{6N}\begin{Bmatrix}\{\overline{x}_a^4\}\\\{\overline{x}_a^5\}\\\{\overline{x}_a^6\}\end{Bmatrix}\ddot{q}_a\tag{4.107}$$

并且

$$\ddot{q}_a=-P_a^1\ddot{z}_1-\omega_a^2q_a\tag{4.108}$$

于是，通过代入

$$\begin{Bmatrix}\{Q^4\}\\\{Q^5\}\\\{Q^6\}\end{Bmatrix}=-\begin{bmatrix}[I^4]&&\\&[I^5]&\\&&[I^6]\end{bmatrix}\sum_{a=1}^{6N}\begin{Bmatrix}\{\overline{x}_a^4\}\\\{\overline{x}_a^5\}\\\{\overline{x}_a^6\}\end{Bmatrix}\omega_aP_a^1\int_0^t\ddot{z}_1(\tau)\sin\omega_a(t-\tau)\mathrm{d}\tau\tag{4.109}$$

或者，对于对角惯性矩阵，当 $r=4$、5 或 6 时，有

$$Q_{ia}^r=-I_i^r\overline{x}_{ia}^r\omega_aP_a^s\int_0^t\ddot{z}_s(\tau)\sin\omega_a(t-\tau)\mathrm{d}\tau\tag{4.110}$$

使用模态谱速度，有

$$Q_{ia}^r=I_i^r\overline{x}_{ia}^r\omega_aP_a^sV_a^s\tag{4.111}$$

本节理论推导得出的要点：①在一个方向的输入能够引起所有方向的响应；②模态参与因子与输入的方向相同；③能将谱输入表达为 Duhamel 积分；④模态质量沿输入方向的和等于结构的质量；⑤对于第 s 个方向的输入，在第 r 个方向存在着有效模态质量 M_a^{rs}；⑥当 $r\neq s$ 时，那些交叉项之和 $\sum_a M_a^{rs}$ 为零。

4.3.6　三维主模态理论的实例

图 4.10 为具有初始速度 V_y 的三维结构的示意图。为了将问题简化，仅考虑 xy

平面内的响应。输入为沿 y 方向的初始速度 V_y，其响应在 x 和 y 方向，z 方向的响应可从其他两个方向解耦。在 xy 平面内的耦合需要三维分析。

1. 假定条件

假定条件如下：

(1) 在计算柔度矩阵时忽略直接的伸长，即 $\delta=\dfrac{PL}{AE}$ 忽略不计。

(2) $I_x=I_y=I$，且 E 在结构中为常数。

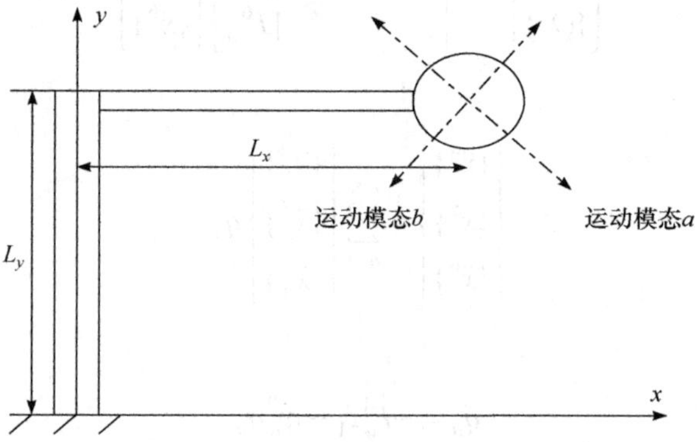

图 4.10　具有初始速度 V_y 的三维结构

(3) $L_x=2.54\text{m}$，$L_y=5.08\text{m}$，$I=4.16231\times10^{-6}\,\text{m}^4$，$E=$ 68947.6MPa，$m=$ 2.268kg。

(4) 对于所有模态，在 y 方向的设计谱输入为 $V_y=0.3048\text{m/s}$。

2. 柔度矩阵

图 4.11 给出了在 y 方向作用单位力的示意图，有

$$F_y=1\text{N}$$

$$\delta_y=\theta_1 L_x+\frac{L_x^3}{3EI} \tag{4.112}$$

将 M 引起的长度为 L_y 的梁上端点转角的表达式代入可以得到

$$\delta_y=\frac{L_x^2L_y}{EI}+\frac{L_x^3}{3EI} \tag{4.113}$$

$$\delta_x=-\frac{L_xL_y^2}{2EI} \tag{4.114}$$

图 4.12 给出了在 x 方向作用单位力的示意图，有

$$F_x = 1\text{N}$$
$$\delta_y = -\theta_1 L_x \tag{4.115}$$

将 F_x 引起的长度为 L_y 的梁上端点转角的表达式代入可得

$$\delta_y = -\frac{L_x L_y^2}{2EI} \tag{4.116}$$

$$\delta_x = \frac{L_y^3}{3EI} \tag{4.117}$$

因此，该结构在 xy 平面的柔度矩阵为

$$\begin{Bmatrix} \delta_x \\ \delta_y \end{Bmatrix} = \begin{bmatrix} \dfrac{L_y^3}{3EI} & -\dfrac{L_x L_y^2}{2EI} \\ -\dfrac{L_x L_y^2}{2EI} & \dfrac{3L_x^2 L_y + L_x^3}{3EI} \end{bmatrix} \begin{Bmatrix} F_x \\ F_y \end{Bmatrix} \tag{4.118}$$

代入具体的值，得到的柔度矩阵为

$$[A] = \begin{bmatrix} 1.523 & -1.142 \\ -1.142 & 1.332 \end{bmatrix} \times 10^{-4} \tag{4.119}$$

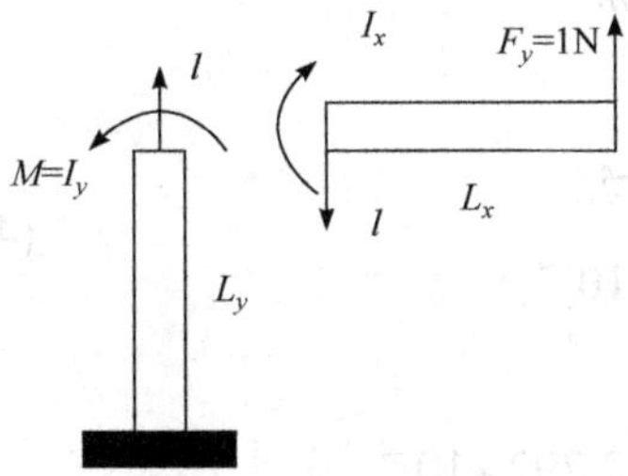

图 4.11　在 y 方向作用单位力的自由体图

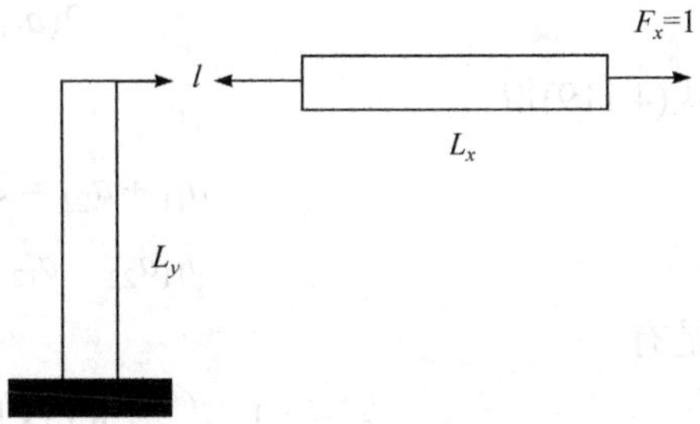

图 4.12　在 x 方向作用单位力的自由体图

3. 运动方程

因

$$[m]\{\ddot{x}\} + [k]\{x\} = -[m]\{1\}\ddot{z} \tag{4.120}$$

故

$$[A][m]\{\ddot{x}\} + \{x\} = -[A][m]\{1\}\ddot{z} \tag{4.121}$$

对于自由振动，有

$$[A][m]\{\ddot{x}\} + \{x\} = \{0\} \tag{4.122}$$

因为

$$\{x\} = \{\bar{x}\}\sin\omega t$$
$$\{\ddot{x}\} = -\omega^2\{\bar{x}\}\sin\omega t \tag{4.123}$$

$$\omega^2[A][m]\{\bar{x}\} = \{\bar{x}\} \tag{4.124}$$

有

$$\omega^2\begin{bmatrix} a_{11}m & a_{12}m \\ a_{21}m & a_{22}m \end{bmatrix}\begin{Bmatrix} \bar{x} \\ \bar{y} \end{Bmatrix} = \begin{Bmatrix} \bar{x} \\ \bar{y} \end{Bmatrix} \tag{4.125}$$

或者

$$\begin{aligned} (1-\omega^2 a_{11}m)\bar{x} - \omega^2 a_{12}m\bar{y} = 0 \\ -\omega^2 a_{21}m\bar{x} + (1-\omega^2 a_{22}m)\bar{y} = 0 \end{aligned} \tag{4.126}$$

4. 固有频率

对式(4.126)求固有频率，有

$$\omega^4\left(a_{11}a_{22} - a_{12}^2\right)m^2 - \omega^2(a_{11} + a_{22})m + 1 = 0 \tag{4.127}$$

$$\omega^2 = \frac{m(a_{11} + a_{22}) \pm m\sqrt{(a_{11} + a_{22})^2 - 4(a_{11}a_{22} - a_{12}^2)}}{2(a_{11}a_{22} - a_{12}^2)m^2} \tag{4.128}$$

由式(4.119)得

$$\begin{aligned} a_{11} + a_{22} = 2.855\times10^{-4} \\ a_{11}a_{22} - a_{12}^2 = 7.246\times10^{-9} \end{aligned} \tag{4.129}$$

于是有

$$\omega^2 = \frac{1}{2.268}\left(\frac{2.855\times10^{-4}}{2\times7.246\times10^{-9}} \pm \frac{2.292\times10^{-4}}{2\times7.246\times10^{-9}}\right) \tag{4.130}$$

$$\omega^2 = \frac{1}{2.268}(19700.5 \pm 15815.6) \tag{4.131}$$

两个模态频率为

$$\begin{aligned} \omega_a = 41.4\text{rad/s}, \quad \omega_b = 125.2\text{rad/s} \\ f_a = 6.6\text{Hz}, \quad f_b = 19.9\text{Hz} \end{aligned} \tag{4.132}$$

5. 振型或特征向量

求振型，可得

$$
\begin{aligned}
\frac{\overline{x}}{\overline{y}} &= \frac{1-\omega^2 a_{22} m}{\omega^2 a_{21} m} \\
&= \frac{1-\omega^2 \times 1.332\times 10^{-4}\times 2.268}{\omega^2(-1.142\times 10^{-4})\times 2.268}
\end{aligned}
\tag{4.133}
$$

$$
\begin{aligned}
\frac{\overline{x}_a}{\overline{y}_a} &= -1.087 \\
\frac{\overline{x}_b}{\overline{y}_b} &= 0.92
\end{aligned}
\tag{4.134}
$$

$$
\begin{aligned}
\overline{x}_a &= 1.0 \\
\overline{y}_a &= -0.92 \\
\overline{x}_b &= 0.92 \\
\overline{y}_b &= 1.0
\end{aligned}
\tag{4.135}
$$

6. 正交性

由于

$$
\begin{Bmatrix} \overline{x}_b \\ \overline{y}_b \end{Bmatrix}^{\mathrm{T}} \begin{bmatrix} m & 0 \\ 0 & m \end{bmatrix} \begin{Bmatrix} \overline{x}_a \\ \overline{y}_a \end{Bmatrix} = 0 \tag{4.136}
$$

因 m 为常数，故有

$$
m\left[\overline{x}_a \overline{x}_b + \overline{y}_a \overline{y}_b\right] = 0 \tag{4.137}
$$

于是两个特征向量相互垂直。这一结果意味着 m 的位移在图 4.10 所示的 xy 坐标系中物理上是正交的。

显然，质量 m 的第三个特征向量沿 z 方向垂直于 xy 平面，构成其三维正交集。

7. 参与因子

对于两个模态的问题，必须确定如下 4 个参与因子 P_a^y、P_b^y、P_a^x、P_b^x。其对于对角矩阵 $[m]$ 的一般方程为

$$
P_a^s = \frac{\sum_i \overline{x}_{ia}^s m_i}{\sum_r \sum_i \left(\overline{x}_{ia}^r\right)^2 m_i^r} \tag{4.138}
$$

对于这一情形，有

$$
P_a^y = \frac{y_a m}{y_a^2 m + x_a^2 m} \tag{4.139}
$$

因此，有

$$
\begin{aligned}
P_a^y &= \frac{-0.92}{1^2+0.92^2} = -0.498 \\
P_b^y &= \frac{1}{0.92^2+1^2} = 0.542
\end{aligned}
\tag{4.140a}
$$

$$
\begin{aligned}
P_a^x &= \frac{1}{0.92^2+1^2} = 0.542 \\
P_b^x &= \frac{0.92}{0.92^2+1^2} = 0.498
\end{aligned}
\tag{4.140b}
$$

因为仅对 y 方向规定动态载荷，所以不需要 P_a^x 和 P_b^x 。

8. 模态力

对于三维情形，有

$$
Q_{ia}^r = -m_i \overline{x}_{ia}^r \omega_a P_a^s V_a^s \tag{4.141}
$$

于是，针对这一实例计算如下动态载荷。

对于模态 a，有

$$
\begin{aligned}
Q_a^y &= m\overline{y}_a \omega_a P_a^y V_a^y \\
&= 2.268 \times (-0.92) \times 41.4 \times (-0.498) \times 0.3048 \\
&= 13.1(\mathrm{N})
\end{aligned}
\tag{4.142}
$$

$$
\begin{aligned}
Q_a^x &= m\overline{x}_a \omega_a P_a^x V_a^x \\
&= 2.268 \times 1 \times 41.4 \times (-0.498) \times 0.3048 \\
&= -14.3(\mathrm{N})
\end{aligned}
\tag{4.143}
$$

对于模态 b，有

$$
\begin{aligned}
Q_b^y &= m\overline{y}_b \omega_b P_b^y V_b^y \\
&= 2.268 \times 1 \times 125.2 \times 0.542 \times 0.3048 \\
&= 46.9(\mathrm{N})
\end{aligned}
\tag{4.144}
$$

$$
\begin{aligned}
Q_b^x &= m\overline{x}_b \omega_b P_b^x V_b^x \\
&= 2.268 \times 0.92 \times 125.2 \times 0.542 \times 0.3048 \\
&= 43.2(\mathrm{N})
\end{aligned}
\tag{4.145}
$$

9. 模态质量

尽管对于这一问题的输入不需要其模态质量，但能够计算其值。对于三维运动，有

$$
m_a^{rs} = \sum m_i \overline{x}_{ia} P_a^s \tag{4.146}
$$

对于这一情形，在 y 方向上有

$$\begin{aligned} m_a^{yy} &= m\overline{y}_a P_a^y = 0.458m \\ m_b^{yy} &= m\overline{y}_b P_b^y = 0.542m \\ m_a^{yy} &+ m_b^{yy} = m \end{aligned} \tag{4.147}$$

在 x 方向上有

$$\begin{aligned} m_a^{xx} &= m\overline{x}_a P_a^x = 0.542m \\ m_b^{xx} &= m\overline{x}_b P_b^x = 0.458m \\ m_a^{xx} &+ m_b^{xx} = m \end{aligned} \tag{4.148}$$

其交叉项为

$$\begin{aligned} m_a^{xy} &= m\overline{x}_a P_a^y \\ &= m \times 1 \times (-0.498) = -0.498m \end{aligned} \tag{4.149}$$

$$\begin{aligned} m_b^{xy} &= m\overline{x}_b P_b^y \\ &= m \times 0.92 \times 0.542 = 0.499m \end{aligned} \tag{4.150}$$

于是，有

$$m_a^{xy} + m_b^{xy} = 0 \tag{4.151}$$

$$\begin{aligned} m_a^{yx} &= m\overline{y}_a P_a^x \\ &= m \times (-0.92) \times 0.542 = -0.499m \end{aligned} \tag{4.152}$$

$$\begin{aligned} m_b^{yx} &= m\overline{y}_b P_b^x \\ &= m \times 1 \times 0.498 = 0.498m \end{aligned} \tag{4.153}$$

进而有

$$m_a^{yx} + m_b^{yx} = 0 \tag{4.154}$$

从以上计算可见，在一个方向上(既包括输入，也包括响应)的模态质量之和就是结构的质量，其交叉项之和为零。

4.4　动态设计分析方法最新进展

4.4.1　概述

动态设计分析方法是由 Belsheim 和 O’Hara 提出的。该设计计算方法以两个报告[2,3]发表。1995 年 9 月，又以同样的编号进行了修订和出版[22]。动态设计分析方法核心程序主要体现在 4.2 节和 4.3 节，当然，修订后的程序也有一些重大的修改，主要如下：①密集模态现象；②多向响应分析；③动力学缩减技术；④有效应力和应力分类；⑤模态选择标准；⑥许用应力；⑦其他一些行政修订和技术更改。

本节涉及①～⑥项内容。利用有限元法对设备结构进行动态设计分析，可分为四个步骤：提出问题、数学建模、计算、评估。

准备动态设计分析方法的正式报告是一项很大的任务，所以“编写报告”也可列为一个步骤。用动态设计分析方法考核设备的第一个报告必须详细地描述数学模型。递交给军方的报告要包含基本假设、结构模型、质量分布、固定基础的位置、多基础(如果有)和弹性安装(如果存在)等主题。动态设计分析方法评估的最后报告应详细描述力和应力的评估结果，确定结构的危险区域。

在建立数学模型前，必须研究和理解系统结构，确定主要构件的质量。建模时必须包含足够的细节以精确计算结构的柔度，尽可能选用一种不需要非常多有限单元的建模方法。结构的危险区域必须做详尽计算，例如，滚针轴承的轴和轴承尺寸虽然较小，但必须包括在危险区域的清单中，这些危险区域或部件上的详细计算必须在评估阶段进行。通常，为了确定设备结构的临界构件，要进行一个“g”的静力分析，检查失效情况，不是所有的构件都可以用有限元法进行完全的分析，但是可以通过力、加速度或试验的方法确定它们的冲击可靠性。

在动态设计分析方法的分析报告中必须确定设备的冲击等级。A 级系统或设备是对舰船安全和连续作战能力必需的，这些条目通常在舰船合同规格中确定；B 级设备对舰船安全和连续作战能力不是必需的，但可能会对 A 级设备或人员构成威胁，必须对 B 级设备进行分析，以确保不会发生松脱或其他危险。

分析设备结构时必须确定安装位置。动态设计分析方法冲击输入是一个和安装位置有关的函数，分成三类：船体安装、甲板安装、外板安装。

动态设计分析方法的输入与设计要求关系紧密。对定位敏感的设备必须用弹性冲击设计值。一个点的冲击应力要用 von Mises 准则合并，从而得到有效动态应力，这个应力加上工作应力得到总应力，再同许用应力(4.4.6 节讨论)进行比较。对弹性输入和定位敏感设备，总应力应小于材料屈服强度。如果允许局部屈服，那么许用应力可以增大到塑性材料屈服强度和极限强度之间的某个值，利用有效参数 f 确定。

对定位不敏感的结构和构件，可以用弹塑性冲击输入，此时只能考虑塑性材料。这个输入比弹性输入小得多，并且和频率有关。对速度限值的输入，冲击输入值要小一半。对于加速度限值的输入则没有变化。所得到的 von Mises 有效冲击应力加上工作应力必须小于 2 倍屈服强度这个许用值。这样对有些系统，应力就有 4 倍的变化。

每次动态设计分析采用三个不同的输入，即横向、纵向和垂向，每种情况下只将一个冲击方向的冲击应力与工作应力相加再与适当的许用值进行比较。

在进行三个不同方向的分析时，通常利用同一个三维动力学数学模型。如果在冲击输入后结构有多向响应，那么只要分析一个方向的输入就可以。例如，垂向冲击输入引起的桅杆的响应超过了纵向或横向冲击引起的响应，所以总体评价时只需考核垂向输入就可以。当然，也要检查另两个输入方向的响应。

4.4.2 密集模态问题和多向响应问题

1. 密集模态问题

这里介绍确定系统密集模态(closely spaced mode，CSM)响应的两种方法。在这些方法中为了确定动力响应，单独地分析密集模态的合并影响。一旦完成这一步的分析，两个模态的 CSM 响应包含在响应的 NRL 和中，作为单个有效模态而不是两个模态。在动态设计分析中，当单个模态的响应用 NRL 和来合并时，没有考虑阻尼和相位关系的影响。在 CSM 响应分析中必须包含阻尼，建议值为 2%，还有两个模态间的相位差。

1) 基本原理

NAVSEA 0908-LP-000-3010 修订版[22]中提供了动态设计分析中 CSM 动力响应的分析方法。通常意义上，两个频率相差在 10%以内的模态定义为密集模态。当密集模态的有效质量很大又接近于同一数量级并且相位差 180°时，密集模态就成为一个难题。在这种情况下，阻尼对决定合并的响应就变得非常重要。因为模态响应初始时是反相的，它们在动力响应的前面部分就互相抵消，然而频率差引起响应的相位漂移使得响应幅值最终增大。对相近的频率，时间可以足够长，那么阻尼的作用可以使合并的幅值明显变小。当模态的有效质量相对较小时，通常就没有那么明显的幅值放大。然而，当两个模态的模态质量都较大时，就会发生拍击。阻尼可以减小 CSM 的响应，从而导致 NRL 合并的模态响应减小。

修订后的 NAVSEA 文献中的方法对两个密集模态进行如下分析，这个方法假设计算的动态设计分析模态加速度实际上发生在冲击开始的1/4周期。因此，在 $t=0$ 处的值必须增加使得在 $t=T/4$ 处得到正确的加速度。每对密集模态“j”和“k”的代数加速度幅值可以表示如下：

$$
\begin{aligned}
\{\ddot{x}_j(t)\} &= \left\{\ddot{x}_j\left(\frac{T}{4}\right)\right\}\mathrm{e}^{-\xi\omega_j t}\sin\omega_j\sqrt{1-\xi^2 t} \\
\{\ddot{x}_k(t)\} &= \left\{\ddot{x}_k\left(\frac{T}{4}\right)\right\}\mathrm{e}^{-\xi\omega_k t}\sin\omega_k\sqrt{1-\xi^2 t}
\end{aligned}
\tag{4.155}
$$

其中，$\{\ddot{x}_j(t)\}$ 是由模态“j”的特征值问题得到的代数加速度幅值；$\{\ddot{x}_j(T/4)\}$ 是用1/4周期修正后的模态“j”的加速度输入值；ω_j 是无阻尼的固定基础的固有频率，单位 rad/s；ξ 是阻尼比。

特别要注意的是船体或基础的柔性，在本节的计算分析中，基础是固定的，因此在这些频率处实际上不会发生振动。

在下面的例子中，阻尼比为 2%，这是焊接的结构或机械的典型值，在第一个1/4周期中为了考虑阻尼的影响，对由动态设计分析方法确定的模态值进行幅值修正是必要的。对一个阶跃速度输入，意味着阻尼在1/4周期内一直起作用直到加速度或位移达到最大值。进行1/4周期的修正增加$\{\ddot{x}_j(T/4)\}$，使得$\{\ddot{x}_j(t)\}$在1/4周期时具有正确的动态设计分析模态值。因为周期T是

$$T=\frac{2\pi}{\omega_j} \tag{4.156}$$

1/4周期就是

$$T_{1/4}=\frac{\pi}{2\omega_j} \tag{4.157}$$

再考虑2%的阻尼比，加速度可以修正为

$$\{\ddot{x}(t)_j\}=\left\{\ddot{x}_j\left(\frac{T}{4}\right)\right\}\mathrm{e}^{0.02\times\frac{\pi}{2}} \tag{4.158}$$

或

$$\{\ddot{x}(0)_j\}=1.032\left\{\ddot{x}_j\left(\frac{T}{4}\right)\right\} \tag{4.159}$$

其中，$\{\ddot{x}_j(T/4)\}$就是模态“j”在1/4周期的动态设计分析输入加速度。

因此，式(4.155)对模态“j”和“k”可以写为

$$\begin{aligned}\{\ddot{x}_j(t)\}&=1.032\left\{\ddot{x}_j\left(\frac{T}{4}\right)\right\}\mathrm{e}^{-0.02\omega_j t}\sin\omega_j t\\ \{\ddot{x}_k(t)\}&=1.032\left\{\ddot{x}_k\left(\frac{T}{4}\right)\right\}\mathrm{e}^{-0.02\omega_k t}\sin\omega_k t\end{aligned} \tag{4.160}$$

式(4.160)中，当$t=T/4$时模态“j”和“k”在P点的加速度幅值分别是$7g$和$-6g$，见表4.3，需要增加3.2%才能得到这些值。阻尼比为2%时有阻尼和无阻尼的频率几乎相同($\omega_{dj}=0.9998\omega_j$)，这里假定这些值是相同的。

表 4.3　动态设计分析方法求解 CSM 问题算例

模态序号	频率 ω /Hz	P 点加速度/g	P 点加速度/g (CSM)
1	27	5	5
2	43	7	4.8
3	45	−6	与模态 2 合并
4	87	−3	−3
5	91	−2	−2
NRL 合并值		15.6	11.0

这两阶模态在 P 点的拍击幅值之和的包络线 $E(t)$ 可以写为

$$E(t)=\mathrm{e}^{-at}\sqrt{\left(\ddot{x}_{pj}+\ddot{x}_{pk}\right)^2-4\ddot{x}_{pj}\ddot{x}_{pk}\sin^2(dt)} \tag{4.161}$$

其中

$$d=0.5\sqrt{1-\xi^2}\left|\omega_j-\omega_k\right|$$

定义

$$\omega_m=\frac{\omega_j+\omega_k}{2}$$

$$a=\xi\omega_m$$

$$t_m=\left.\frac{\arcsin\left[\dfrac{a\left(\ddot{x}_{pj}^2-\ddot{x}_{pk}^2\right)}{2\ddot{x}_{pj}\ddot{x}_{pk}\sqrt{a^2+d^2}}\right]-\arctan\left(\dfrac{a}{d}\right)}{2d}\right|_{t=0} \tag{4.162}$$

式(4.162)中的正切是在第一象限(0～90°)。另外，如果在 $t=0$ 时 S 小于 1，则对应于 $E(t)$ 的最大和最小幅值，即式(4.162)的解有多个，其中

$$\left.S=\frac{-a\left(\ddot{x}_{pj}^2+\ddot{x}_{pk}^2\right)}{2\ddot{x}_{pj}\ddot{x}_{pk}\sqrt{a^2+d^2}}\leqslant 1\right\}\Bigg|_{t=0} \tag{4.163}$$

若 S 大于 1，则 CSM 就不能用来减小 NRL 合并值；若 S 等于 1，则方程只有一个解 t_1，并且 $E_{\max}$ 是 $E(0)$ 或 $E(t_1)$ 中较大的一个；若 S 小于 1，则 $E(t)$ 必须在 $t=0$ 及 t_m 的前两个正值处计算，$E_{\max}$ 就是这三个值中最大的一个。

2) 数值实例

表 4.3 中的数据是由某结构的模态分析后得到的。该结构有 5 个模态，频率在 27Hz 和 91Hz 之间，模态 2 和 3 的频率的平均值是 44Hz。这两个模态的频率都在其平均值 44Hz 的 10%之内。

NRL 合并这 5 个模态得到值为 15.6g。表 4.3 的最后一列是用 CSM 分析的结果。这里介绍了两种分析方法：①用表格法确定合并模态 2 和模态 3 的图形；②基于拍击包络线方程的封闭形式的解。

模态 2 中的 P 点 X_{2p} 和模态 3 中的 P 点 X_{3p} 是

$$\begin{aligned}\ddot{x}_{2p}(t)&=1.032\times7\mathrm{e}^{-0.02\omega_2 t}\sin 86\pi t\\ \ddot{x}_{3p}(t)&=1.032\times(-6)\mathrm{e}^{-0.02\omega_3 t}\sin 90\pi t\end{aligned} \tag{4.164}$$

其中，频率 ω_2 和 ω_3 列于表 4.3 中。

利用表格法，式(4.164)中模态 2 和模态 3 的加速度时程曲线分别见图 4.13 和图 4.14。如图所示，CSM 法在1/4 周期时的初始幅值分别是+7g 和−6g。这两个模态

在有阻尼和无阻尼情况下的合并结果分别见图 4.15 和 4.16。当阻尼比为 2%时，采用 2ms 的时间间隔在表格法分析中得到的合并模态的加速度幅值是 4.8g。无阻尼时，E_{max} 增加为 12.7g。幅值的差别是由1/2 拍击周期上 2%的阻尼引起的。由图 4.13 和图 4.14 可以看出，拍击周期是 0.5s。这是一种确定 E_{max} 的简单的物理方法。

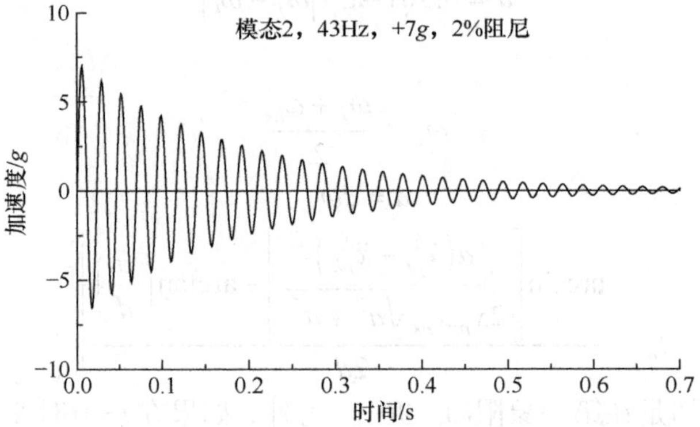

图 4.13　密集模态 2 有阻尼的加速度

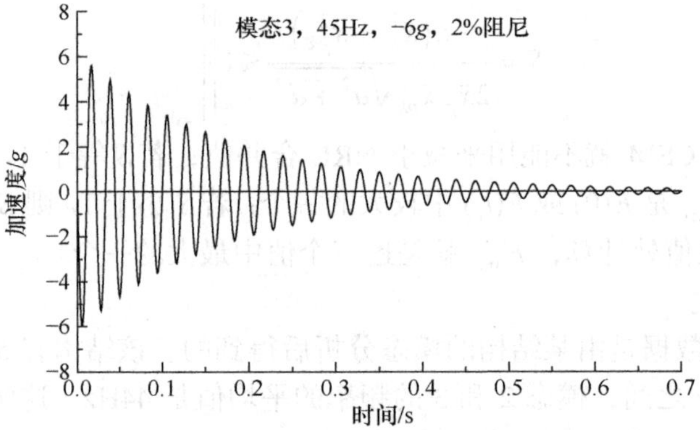

图 4.14　密集模态 3 有阻尼的加速度

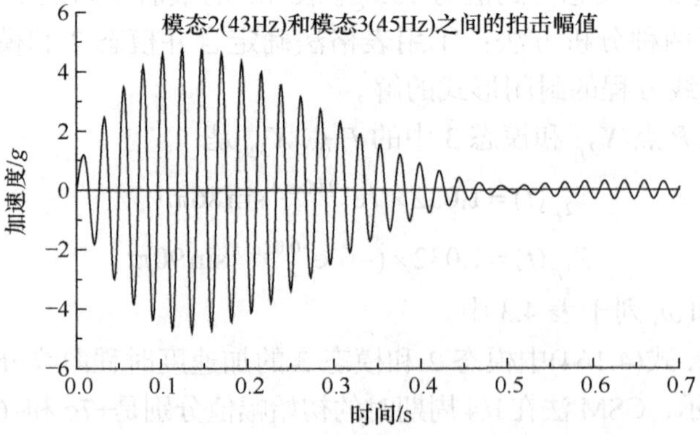

图 4.15　密集模态 2 加上模态 3 有阻尼的加速度

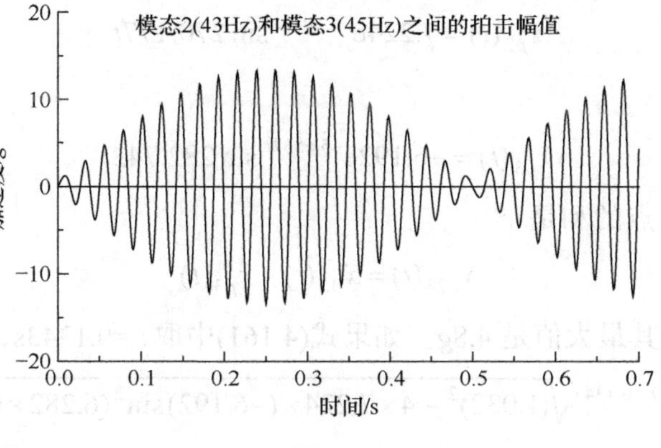

图 4.16　密集模态 2 加上模态 3 无阻尼的加速度

对于这个例子，利用前述的理论方程和如下数值计算 t_m 、 S 和 $E_{\max}$ 。设

$$\xi = 0.02\omega$$

$$\omega_m = 88\pi$$

$$\omega_{p3} - \omega_{p2} = 4\pi$$

$$\ddot{x}(0)_{2p} = 7\mathrm{e}^{\frac{0.02\pi}{2}} = 7.224$$

$$\ddot{x}(0)_{3p} = -6\mathrm{e}^{\frac{0.02\pi}{2}} = -6.192$$

$$a = 0.02 \times 88\pi = 5.526$$

$$d = 0.5\sqrt{1-0.02^2}\,|90\pi - 86\pi| = 6.282$$

由以上数值，式(4.163)变为

$$S = \frac{-5.526(7.224^2 + 6.192^2)}{2 \times 7.224 \times (-6.192)\sqrt{5.529^2 + 6.282^2}} = 0.6685 < 1 \tag{4.165}$$

因此，这个例子中就有多个时间解存在。由式(4.162)得

$$t_1 = \frac{\arcsin S - \arctan\dfrac{a}{d}}{2d} = \frac{\arcsin(0.6685) - \arctan\dfrac{5.529}{6.282}}{2 \times 6.282} = 0.00083 \tag{4.166}$$

第二象限内反正弦的符号是正的。两个正数的正切在第一象限内。所以有

$$t_2 = \frac{\pi - \arcsin(0.6685) - \arctan\dfrac{5.529}{6.282}}{2 \times 6.282} = 0.1343 \tag{4.167}$$

由式(4.160)得到

$$\ddot{x}_{p2}(t)=7.224\mathrm{e}^{-5.4025t}\sin 270.177t \tag{4.168}$$

和

$$\ddot{x}_{p3}(t)=-6.192\mathrm{e}^{-5.6537t}\sin 282.742t \tag{4.169}$$

这两个模态在 P 点的和是

$$\ddot{x}_{p23}(t)=\ddot{x}_{p2}(t)+\ddot{x}_{p3}(t) \tag{4.170}$$

结果见图 4.15，其最大值是 4.8g。如果式(4.161)中取 t =0.1343s，则可得

$$E(t_2)=\mathrm{e}^{-5.529\times 0.1343}\sqrt{(1.032)^2-4\times 7.224\times(-6.192)\sin^2(6.282\times 0.1343)}=4.8$$

正好是用表格法得到的值，见图 4.15。如果时间 t_1 (式(4.166))是指定的，那么 $E(t)$ 就是第一个局部最小值 1.03g。正如表 4.3 所示，4.8g 这个值对模态 2 和模态 3 都适用。也就是说，模态 2 和模态 3 的加速度+7g 和−6g 都被一个合并的值 4.8g 代替。因此，NRL 和从 15.6g 下降到 11.0g，如表 4.3 所示。如果无阻尼，这两个密集模态的拍击幅值为 12.8g。

2. 多向响应问题

利用三维数学模型分析结构的动响应时，一个方向的冲击会引起所有方向的响应，它依赖于结构的物理特性。大多数动力学模型现在都用大型有限元程序建模，因此会发生模态耦合。

例如，考虑一个由 3 根或 4 根柱子固定在甲板上的桅杆，通常，后面的两根柱子固定在有主横舱壁(连向龙骨)的甲板处。前面的 1 根或 2 根柱子则固定在有部分横舱壁的甲板处，其刚度相对较小。船体在受到水下冲击作用时会发生弯曲，并引起鞭状运动。因此，垂向冲击会引起桅杆的垂向运动和艏/艉向的鞭状运动。这个艏/艉向的动力响应通常会超过由横向或艏/艉向冲击引起的响应，所以应该评估这个艏/艉向的响应。文献[2]中指出更好的设计是加强前柱子的支承，使得鞭状运动减少。其他系统也会发生模态耦合，一旦发生，应该通过系统动力解耦的设计方法使冲击响应最小。

4.4.3 有效应力和应力分类

动态应力评估基于 von Mises 破坏准则。利用这一原理，计算每个振动模态的有效一维应力 σ_a，用 NRL 和合并模态应力并与许用应力标准比较。对三向受力的最普遍的情况，结构的临界点上的有效应力可以写为

$$\sigma_a=\sqrt{\sigma_x^2+\sigma_y^2+\sigma_z^2-\sigma_x\sigma_y-\sigma_y\sigma_z-\sigma_x\sigma_z+3\left(\tau_{xy}^2+\tau_{yz}^2+\tau_{xz}^2\right)} \tag{4.171}$$

对平面应力有

$$\sigma_z = \tau_{yz} = \tau_{xz} = 0 \tag{4.172}$$

式(4.171)就变为

$$\sigma_a = \sqrt{\sigma_x^2 - \sigma_x\sigma_y + \sigma_y^2 + 3\tau_{xy}^2} \tag{4.173}$$

通常只有一个剪应力和一个法向应力，即$\sigma_y = 0$，所以有

$$\sigma_a = \sqrt{\sigma_{法向}^2 + 3\tau_{剪切}^2} \tag{4.174}$$

如果只有剪应力存在，那么许用应力简化为

$$\sigma_a = \sqrt{3}\tau_a \tag{4.175}$$

或

$$\tau_a = 0.58\sigma_a \tag{4.176}$$

Tresca 最大剪应力原理经常用来代替 von Mises 原理。Tresca 原理比 von Mises 原理更保守一些，即比 von Mises 准则更严格一些，两者之间最大相差 15%。《ASME 锅炉和压力容器规范》的第 3 章(及其他章节)基于 Tresca 原理，在规范中基于 Tresca 准则的有效应力称为应力强度。

如果一个模态的某个点上的主应力的顺序是

$$\sigma_{1a} > \sigma_{2a} > \sigma_{3a} \tag{4.177}$$

那么最大剪应力是

$$\tau_{\max} = \frac{\sigma_{1a} - \sigma_{3a}}{2} \tag{4.178}$$

因此，该模态中的最大有效应力或应力强度σ_{Ta}就是

$$\sigma_{Ta} = 2\tau_{\max} = \sigma_{1a} - \sigma_{3a} \tag{4.179}$$

因此$\sigma_{Ta} = S_1$，是《ASME 锅炉和压力容器规范》中的应力强度[23]。

对于给定的模态，结构中单元的动态模态力和力矩都有确定的符号。因此，某点的应力必须先针对每个模态计算，再用 NRL 方法合并。如果要用力评估屈曲，那么 NRL 合并的力是可行的。然而，如果用 NRL 合并的力和力矩计算应力，那么得到的应力是不正确的。图 4.17 是一个数值例子，在这个例子中，A 点的法向应力是基于逐个模态计算的，得到 NRL 求和的应力是 249.26MPa。如果模态力和力矩用 NRL 方法加起来，再用这些和计算 A 点的法向应力，那么得到的结果是 355.34MPa。显然，两者明显不同，正确的结果是 249.26MPa。有限元程序通常基于模态确定应力，并且许多程序把 NRL 求和作为一种选择。因此，这个评估不该强加一个约束。

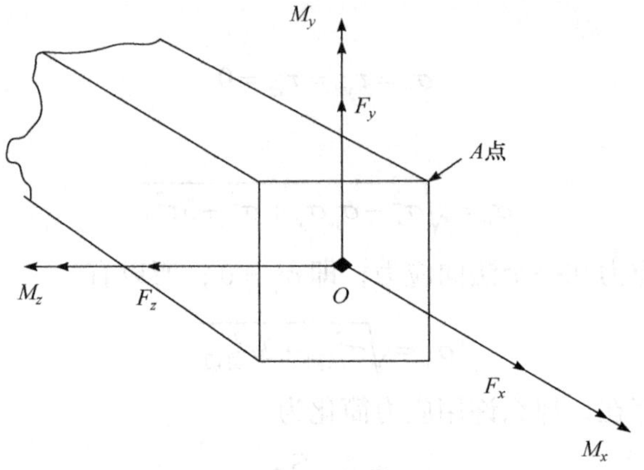

数值例子：*A* 点的应力

模态	F_x/N	F_y/N	F_z/N	M_x/(N · m)	M_y/(N · m)	M_z/(N · m)	S_A^*/MPa	S_A^{**}/MPa
1	266893	−177929	−133447	−1920.74	−2259.7	3389.54	68.95	—
2	−177929	133447	−88964.4	1355.82	2033.73	2259.7	(153.98)	—
3	222411	177929	−177929	1694.77	−2146.71	2824.62	65.50	—
4	26689.3	−22241.1	17792.9	−338.95	225.97	282.46	(5.74)	—
NRL 和	552967	401448	321504	4117.39	5225.44	7017.83	249.26	355.34

* 针对每个模态算出的应力。

** 使用力和力矩的 NRL 求和算出的 *A* 点的应力，结果不正确。基于模态应力得到的正确值为 249.26MPa。

尺寸：高 h=76.2mm，宽 b=50.8mm。

图 4.17　使用模态应力和 NRL 力矩和力计算的 *A* 点的 NRL 应力

正式文档要求计算动应力时应分成如下的总体类和局部类：

(1) 总体膜应力；

(2) 总体膜应力加(主)弯曲应力；

(3) 局部膜应力；

(4) 局部膜应力加弯曲应力；

(5) 邻近的局部应力。

这些应力类别和不同的许用应力进行比较，许用应力依赖于冲击等级、输入类型(弹性或弹塑性)和许用变形。

总体膜应力由沿着评估截面的厚度或深度的平均法向应力和/或剪应力计算。对于一维梁单元，其包括平均轴向应力、剪应力和扭转应力。平均轴向应力是评估的有效横截面上的法向应力。值得注意的是，对弹性设计甲板安装、弹塑性设计的 A 级设备和弹性设计的 B 级设备，在进行 von Mises 应力合并之前，必须把法向应力和/或切向膜应力(定义为承载截面的平均应力分量)从总应力中分离出来。

总体膜应力加弯曲应力由承载截面最外缘的应力计算得出。弯曲应力是随截面的厚度或深度变化的应力分量(法向和/或切向)，但应剔除由几何间断引起的应力峰值。这种变化随截面的厚度或深度可以是线性的，也可以是非线性的。截面厚度可以是有限元模型中单个板单元的厚度，也可以是由等效板单元组成的复合截面的厚度。在评估横截面时，总体膜应力加弯曲应力包括局部膜应力。局部膜应力的考虑可能会导致可接受的总体弯曲应力具有较小的幅值。

局部膜应力可以从力学加载后得到的总体膜应力计算得出，包括相邻材料的约束或结构的自约束。在总体或局部的结构间断区域及结构构件相交的位置会产生这种应力，包括应力峰值。

由于集中载荷引起的局部应力的相邻区域可能不重叠，相邻的局部受力区域的中心不能小于两个局部受力区域的平均尺度的 2.5 倍。每个局部受力区域的长度基于局部应力的极限超过总应力的极限，并且沿着每对相邻的局部受力区域的中心的作用线衡量。

大型动力学模型的有限元计算会得到许多应力结果。把这些应力分解到前面列出的类别中不是一项小的工程。因为《ASME 锅炉和压力容器规范》中要求同样的应力分类方式，所以关于这个主题有许多技术资料。Hechmer 等出版了一本书[24]，给出了这类评估的一些指导性意见。

简化应力分类的一种方式是用有限元法计算某点的应力峰值，并和材料的屈服强度相比较，屈服强度是最低的许用应力。如果动应力加上工作应力低于这个值，则认为是可接受的。因此，分析员仅需要专心于高应力或热点区域。

必须与许用应力相比较的某个点上的总应力由动应力和工作应力组成。其中，动应力必须用 NRL 方法合并有效动力模态应力[26]，即

$$\sigma_{\text{shock}} = \left|\sigma_{a(\max)}\right| + \sqrt{\sum_a \sigma_a^2 - (\sigma_{a(\max)})^2} \tag{4.180}$$

其中，σ_a 为某点模态 a 的 von Mises 动应力；$\sigma_{a(\max)}$ 为某点所有模态的 von Mises 动应力的最大值；σ_{shock} 为某点的有效动应力。

假设 σ_{oper} 是该点的 von Mises 工作应力，那么总应力就是

$$\sigma_{\text{total}} = \left|\sigma_{\text{shock}}\right| + \left|\sigma_{\text{oper}}\right| \tag{4.181}$$

这个值必须和应力类别中的许用应力值相比较。

4.4.4　模态选择的标准

在动态设计分析中不必将所有模态合并。具有较小模态质量的不重要的模态，通常对动应力没什么贡献。一方面，在一个集中质量系统中，高阶模态往往

不精确。例如，要得到一个悬臂梁的前两阶模态，大概需要 6 个均匀间隔的节点或集中质量。另一方面，对结构评估，单个质量就可能足够精确地模拟大系统上的一个附属物。因此，必须分析动态设计分析中的动力结果、频率和振型，以确定重要的模态。基于 NAVSEA 0908-LP-000-3010(修订版 1)的标准，要求遵循如下步骤：

(1) 准备一张模态质量从大到小排列的直方图。

(2) 绘出模态质量和频率之间的曲线，以鉴别密集模态(如果有)。

(3) 确定是否有密集模态，如果两个模态与其平均值相差不到 10%，那么必须分析这些模态的合并响应(4.4.2 节)。

(4) 如果存在密集模态，那么要比较型函数和参与因子的积。这个积形成特定模态的真实变形$\{X_a\}$。通常这些变形是反相的，所以相互抵消。这就会使 NRL 合并的量值下降，正如 4.4.2 节中数值实例表明的那样。当然，分析员应该估计这些模态的特点，从物理意义上区分这些密集模态。

(5) 需要包括足够的模态数，使得模态质量的和达到系统总质量的 80%。

(6) 如果 250Hz(截止频率)以下的模态都计算完成，那么通常所有重要的动态力(应力)都包括进来。然而，分析员必须保证没有重要构件被忽略，如结构上一个具有高频响应的小仪表。同样，仍要满足 80%的质量要求。

(7) 对模态质量还有一个要求，即如果模态质量超过总质量的 1%或百分比 20/NDOF（NDOF 是自由度数），那么就要包括这个模态。这个标准仍然要求对重要的分量进行评估，尽管其模态质量可能小于上面提到的临界百分比。

(8) 对具有两个自由度的小的动力模型，两个模态都要包括。对于三自由度模型，至少要包括两个模态。

(9) 对于重要构件，如桁端的天线、仪表、控制台及其他对 A 级设备很关键的小型构件，也必须包括节点加速度超过研究位置的最大节点加速度的 10%的模态。

上述模态选择的标准可以总结如下：

(1) 通常频率范围是 $5\text{Hz} \leqslant f \leqslant 250\text{Hz}$；

(2) 模态质量之和不小于结构总质量的 80%；

(3) 利用模态质量将模态排成直方图；

(4) 绘出模态质量和频率的函数曲线；

(5) 评估密集模态(如果有)；

(6) 包含重要构件的模态；

(7) 包含所有模态质量大于总质量的 1%或百分比 20/NDOF 的模态；

(8) 节点加速度超过系统中任何节点的加速度最大值的 10%的模态；

(9) 其他一些认为必要的关键设备的模态。

4.4.5　许用应力

许用应力随冲击设计对象的不同而不同。将许用应力和 NRL 总膜应力、总膜应力加弯曲应力、总屈曲应力和总支承应力进行比较，总应力用来表示各种应力类别的工作应力和用 NRL 方法合并的动态应力的绝对值相加。

A 级设备的许用应力分为如下三类。

第 1 类：定位敏感且不允许有永久变形，那么许用应力是屈服强度 S_y 。

第 2 类：定位敏感但允许有微小变形。对于这类情况，许用应力就是 4.4.6 节中定义的 σ_f 。此时由 f 参数或有效参数决定许用应力。许用值在屈服强度和极限强度之间变化。

第 3 类：无定位要求且基础有微小永久变形的设备，总应力限于 2 倍的屈服强度 $2S_y$ 以内。弹塑性冲击下应力和应变必须详细规定许用值。

B 级设备可按变形分为如下两类：

第 1 类：不允许永久变形，则许用应力就是 S_y 。

第 2 类：无定位要求且基础有允许的永久变形的设备，应力限于 2 倍的屈服强度 $2S_y$ 以内。同样，弹塑性冲击下应力和应变必须详细规定许用值。

需要特别设计螺栓、钢丝绳、压力容器喷嘴、非金属材料和基础，表 4.4 和表 4.5 汇总了上述标准。

表 4.4　A 级许用应力标准

许用应力	冲击输入	应力类型	许用应力	
			总体	局部
第一类： 定位敏感，不允许永久变形	弹性	$\sigma_{膜}$	$1.0\sigma_{屈服}$	$1.0\sigma_{屈服}$
		$\sigma_{膜}+\sigma_{弯曲}$	$1.0\sigma_{屈服}$	$1.0\sigma_{屈服}$
		$\sigma_{支柱}$	屈曲	屈曲
		$\sigma_{轴砂}$	$1.6\sigma_{屈服}$	$1.6\sigma_{屈服}$
第二类： 定位敏感，允许微小永久变形	弹性	$\sigma_{膜}$	$1.0\sigma_{屈服}$	$1.5\sigma_{屈服}$
		$\sigma_{膜}+\sigma_{弯曲}$	$1.0\sigma_{屈服}$	$2.0\sigma_{屈服}$
		$\sigma_{支柱}$	屈曲	屈曲
		$\sigma_{轴砂}$	$1.6\sigma_{屈服}$	$1.6\sigma_{屈服}$

续表

许用应力	冲击输入	应力类型	许用应力	
			总体	局部
无定位要求，允许微小永久变形	弹塑性	$\sigma_{膜}$	$1.0\sigma_{屈服}$	$1.0\sigma_{屈服}$
		$\sigma_{膜}+\sigma_{弯曲}$	$1.0\sigma_{屈服}$	$1.0\sigma_{屈服}$
		$\sigma_{支柱}$	无限制	无限制
		$\sigma_{轴砂}$	无限制	无限制
不允许永久变形 ；螺栓	弹性	$\sigma_{膜}$	$1.0\sigma_{屈服}$	$1.0\sigma_{屈服}$
无定位要求，允许相当大的变形	弹塑性	$\sigma_{膜}$	$1.0\sigma_{屈服}$	$1.0\sigma_{屈服}$
		$\sigma_{膜}+\sigma_{弯曲}$	$2.0\sigma_{屈服}$	$2.0\sigma_{屈服}$
		$\sigma_{支柱}$	无限制	无限制
		$\sigma_{轴砂}$	无限制	无限制

表 4.5　B 级许用应力标准

许用应力	冲击输入	应力类型	许用应力	
			总体	局部
不允许永久变形	弹性	$\sigma_{膜}$	$1.0\sigma_{屈服}$	$1.5\sigma_{屈服}$
		$\sigma_{膜}+\sigma_{弯曲}$	$1.0\sigma_{屈服}$	$2.0\sigma_{屈服}$
		$\sigma_{支柱}$	屈曲	屈曲
		$\sigma_{轴砂}$	$1.6\sigma_{屈服}$	$1.6\sigma_{屈服}$
无定位要求，允许永久变形	弹塑性	$\sigma_{膜}$	$1.0\sigma_{屈服}$	无限制
		$\sigma_{膜}+\sigma_{弯曲}$	无限制	无限制
		$\sigma_{支柱}$	无限制	无限制
		$\sigma_{轴砂}$	无限制	无限制
不允许永久变形 ；螺栓	弹性	$\sigma_{膜}$	$1.0\sigma_{屈服}$	$1.0\sigma_{屈服}$

对于设备结构上的压紧螺栓或其他重要螺栓，必须用弹性动态设计分析方法输入确定动应力，并且螺栓的动应力与工作应力之和必须小于螺栓的屈服强度。必须对预加载有所规定，以避免螺栓和设备法兰及基础发生分离。通常基础是焊

接在甲板或船体上的，尽管对焊接没有什么标准，但应该使它们保持弹性。对于压紧螺栓和基础的焊接，一个更好的办法(尽管不是必需的)是将这些连接部位设计得比那些相关联的构件(角钢、管道等)更结实。采用这个方法后，若冲击水平超标，则那些均质延展性好的部件产生塑性变形而不会断裂。对于轴向载荷可能不容易满足这个目标，但对于弯曲载荷可以达到这个目标。

对于钢丝绳，其不允许永久变形，则其许用应力为名义破坏强度的 60%，此时要求弹性动态设计分析输入。对于允许永久变形的 A 级和 B 级设备，许用应力都是破坏强度的 75%。这些减小的许用应力考虑了磨损和腐蚀。

关于压力容器喷嘴的设计，必须使它能承受连接管的最大塑性弯矩。Heckmer 等[24]给出了受轴向和弯曲载荷合力作用下极限应力分析的细节。

热塑料等非金属材料的许用应力通常基于蠕变强度而不是短时间的屈服强度。例如，高密度聚乙烯管的设计许用应力为 50 年蠕变强度的 1/2。另外，有些材料在受到慢变载荷时具有延展性，但在冲击载荷下呈脆性。因此，冲击载荷下选择非金属材料必须多加注意。

除了基础和船体结构间用螺栓或焊接连接，基础结构的许用冲击应力要求为许用值的 75%～100%。这个标准的目的就是使基础质量最小。有时，差的设计会使基础质量接近支承的设备质量。因此，将基础设计得尽可能轻而不是仅仅满足许用应力的上限是绝对有必要的。

4.4.6　*f* 参数

f 参数用于确定动应力许用值已有几十年，在文献[3]中，*f* 参数用于那些定位敏感、仅允许有微小变形的设备，纯弯曲的 *f* 定义如下：

$$f = \frac{M_o}{M_y} - 1 \tag{4.182}$$

其中，M_o 为截面上引起塑性垮塌的极限力矩；M_y 为使梁在弯曲作用下外缘达到屈服强度的力矩。

那么某个点上的许用应力就是

$$S_{all} = \sigma_{eff} = S_y + f(S_u - S_y) \tag{4.183}$$

其中，S_y 为屈服强度；S_u 为拉伸极限强度。

因此，许用应力 S_{all} 在 S_y 和 S_u 之间变化。考虑一个应用 *f* 参数的例子，即宽为 b、高为 h 的矩形截面梁的纯弯曲问题，见图 4.18，那么截面上的屈服力矩就是

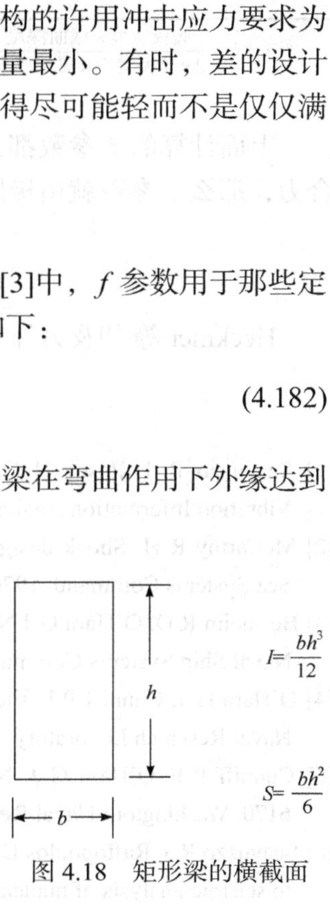

图 4.18　矩形梁的横截面

$$M_{\mathrm{y}} = \frac{bh^2 S_{\mathrm{y}}}{6} \tag{4.184}$$

极限力矩是

$$M_{\mathrm{o}} = \frac{bh^2 S_{\mathrm{y}}}{4} \tag{4.185}$$

对这个问题，从方程(4.182)中得到 $f = 0.5$。另外一些典型的 f 参数列在表 4.6 中。

表 4.6　典型的 f 参数

截面	f 参数
矩形	0.5
工字梁	$A_1/(16+2A_1)$
实心圆轴	0.7
空心圆轴	$0.913 - \frac{0.638R_1}{R}$，其中 $R_1/R \geqslant 0.6$

注：$A_1 = \frac{\text{腹板宽度} \times \text{截面深度}}{2 \times \text{翼板宽度} \times \text{翼板厚度}}$，$R$ 为外径，R_1 为内径。

上面计算的 f 参数都是假定纯弯曲。如果有拉伸、压缩、弯曲和/或剪切力的合力，那么 f 参数就由极限载荷和屈服载荷的比值减去 1 确定，即

$$f = \frac{\text{极限载荷}}{\text{屈服载荷}} - 1 \tag{4.186}$$

Heckmer 等[24]及另外一些文献[22]都探讨了组合力情况下极限载荷的分析。

参 考 文 献

[1] Scavuzzo R J, Pusey H C. Naval Shock Analysis and Design[M]. Washington: Shock and Vibration Information Analysis Center, 2000.

[2] McCarthy R H. Shock design criteria for surface ships[R]. NAVSEA 0908-LP-000-3010. Naval Sea Systems Command, 1976.

[3] Belsheim R O, O'Hara G J N. Shock design of shipboard equipment[R]. NAVSHIPS 250-423-30. Naval Ship Systems Command, 1961.

[4] O'Hara G J, Cunniff P F. Elements of normal mode theory[R]. NRL Report 60002. Washington: Naval Research Laboratory, 1963.

[5] Cunniff P F, O'Hara G J. Normal mode theory for three-dimensional motion[R]. NRL Report 6170. Washington: Naval Research Laboratory, 1965.

[6] Scavuzzo R J, Raftopoulos D D, Bailey J L. Application of three dimensional normal mode theory to seismic analysis of nuclear Power Plants[C]. Proceedings of Second SMiRT Conference, 1973:

1-14.
[7] O'Hara G J. Effect of shock spectra of dynamic interaction of structures[R]. NRL Report 5236. Washington: Naval Research Laboratory, 1958.
[8] Cunniff P F, Collins R P. Structural interaction effects on shock spectra[J]. The Journal of the Acoustical Society of America, 1968, 43(2): 239-244.
[9] Vigness I. Instrumentation, analysis, and problems concerning shock and vibration[C]. Structural Mechanics—Proceedings of the First Symposium on Naval Structural Mechanics, 1960: 506-532.
[10] Pressure Vessel Research Committee. WRC Bulletin 300[M]. New York: Welding Research Council, 1984.
[11] Pressure Vessel Research Committee. WRC Bulletin 316[M]. New York: Welding Research Council, 1986.
[12] Scavuzzo R J, Lam P C. Investigation of design criteria for dynamic loads on nuclear power piping[J]. Nuclear Power, 1987, 324: 1-20.
[13] Scavuzzo R J, Lam P C, Gau J S. Equivalent viscous damping from plastic bending of piping[C]. ASME Pressure Vessel and Piping Conference, 1989, 182: 37-46.
[14] Hams C M, Crede C E. Shock and Vibration Handbook[M]. New York: McGraw-Hill, 1976.
[15] Biot M A. A mechanical analyzer for the prediction of earthquake stresses[J]. Bulletin of the Seismological Society of America, 1941, 31(2): 151-171.
[16] O'Hara G J. A numerical procedure for shock and Fourier analysis[R]. NRL Report 5772. Washington: Naval Research Laboratory, 1962.
[17] O'Hara G J. Shock spectra and design shock spectra[R]. NRL Report 5386. Washington: Naval Research Laboratory, 1959.
[18] Guide R. Design response spectra for seismic design of nuclear power plants[J]. Regulatory Guide, 1973, 6: 1-4.
[19] Hildebrand F B. Methods of Applied Mathematics[M]. New York: Courier Corporation, 2012.
[20] Walsh J P, Blake R E. The equivalent static accelerations of shock motions[R]. Washington: Naval Research Laboratory, 1948.
[21] Courant R, Hilbert D. Methods of Mathematical Physics: Partial Differential Equations[M]. New York: John Wiley & Sons, 2008.
[22] McCarthy R H. Shock design criteria for surface ships[R]. NAVSEA 0908-LP-000-3010, Rev. 1. Naval Sea Systems Command, 1995.
[23] Boiler A. ASME Boiler and Pressure Vessel Code: An International Code[M]. New York: American Society of Mechanical Engineers, 1998.
[24] Hechmer J L, Hollinger G L. 3D stress criteria guidelines for application[R]. New York: Welding Research Council, 1998.

第5章　舰船设备隔振抗冲系统冲击建模方法

5.1　引　　言

由第4章的抗冲击理论可知，要得到正确可靠的分析结果，需要进行合理可信的抗冲击设计，仅基于单自由度假设是有缺陷的，必须考虑谱跌，即考虑基础阻抗对冲击响应的影响。美国海军的动态设计分析方法的实质是把基础阻抗对冲击响应的影响考虑在输入条件中，根据设备的重量和安装位置的阻抗调整冲击输入，再根据该输入条件计算最大变形和最大应力。

本章从不同的角度探索如何建立考虑谱跌影响的抗冲击模型。第一种方法是多刚体和子结构法相结合的建模方法[1-4]，该方法的基本思路是首先建立设备和抗冲器的多刚体模型，求出其模态参数等动力学特性；然后根据试验得出的基础阻抗特性建立基础的子结构；最后将多刚体模型和基础子结构综合为一个完整的模型。第二种方法是基于有限元法的子结构方法[5-8]，该方法将设备和抗冲器作为第一个子结构，将基座(最好包括船体)作为第二个子结构，通过矩阵缩聚，一方面可以得到所要的整体和局部的模态特性，另一方面减小模型的规模，将基座模型缩聚，但是保留和第一个子结构连接的界面主自由度，最后通过模态综合形成抗冲击模型。对采用双层隔振的动力设备，若将中间筏体看成弹性体，则总隔振系统的运动涉及刚体振动与弹性振动的耦合，使建模和模态综合变得更加复杂。为保持三维复杂刚弹耦合隔振系统与多层刚体隔振系统的统一性，引入了隔振器安装点弹性变形矩阵，并在推导过程中全部采用统一的矩阵表达形式。

子结构方法是针对复杂耦合隔振系统提出的一种特定理论建模方法，进一步推导可以方便地得到工程上需要的特定计算结果，如固有频率、指定点位置的响应等。

本书介绍的子结构建模方法[5]能较准确地描述一般性的复杂弹性耦合隔振系统，解决了这一类系统的振动建模问题，可以只通过简单地输入子结构的参数及子结构的连接方式就可以得到系统的振动方程，进而求得系统的响应；而有限元法建模只是一种通用的数值建模方法，不容易得到一般性的复杂弹性耦合隔振系统的简单描述。

正由于子结构建模方法是针对复杂弹性耦合隔振系统的一种特定的建模方

法，所以该方法对复杂弹性耦合隔振系统的参数讨论时将有较大的灵活性；特别是针对工程复杂耦合隔振系统，如含大型中间筏体结构，在选择隔振器布置及隔振器刚度的情况下，用本章方法建模比单纯用有限元法建模有较大的优势，这是由于有限元法每变动模型中的数据，都需重新生成总系统刚度矩阵，过程较为烦琐，并需要耗费大量时间，而本书方法在一次得到子结构的参数后，就可以方便地完成随后的参数讨论并只需较少的计算时间。

本章子结构建模方法计算结果的精度是依靠子结构提供的参数的精度及弹性子结构截取的模态数目保证的，有限元法计算的精度取决于有限元计算过程中选择有限元单元的类型和有限元单元网格划分的粗细。

有了抗冲击模型，就可以使用各种方法，如时域的或频域的，线性的或非线性的，或者是前面介绍的基于三维模态理论的动态设计分析方法进行抗冲击设计计算和控制[9,10]。

5.2　多刚体法建模

多刚体法是建立在牛顿力学理论上的一种建模方法。它认为所有的设备都是不变形的刚体，基础也是刚性的，这样建模对象就简化为刚体-弹簧系统。多刚体法用于多层隔振装置的建模方法具体如下。

为了使模型具有普遍意义和实际适用性，考虑最一般的多层多机组隔振系统，其力学模型如图 5.1 所示。

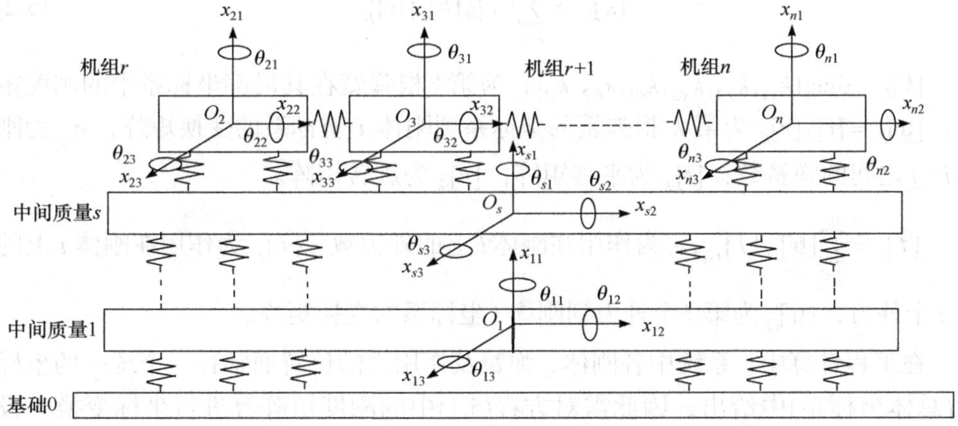

图 5.1　多层多机组隔振系统示意图(其中 θ_{ij}、x_{ij} 第一个下标表示刚体号，第二个下标表示运动方向)

多层多机组隔振系统的运动微分方程可以建立在其局部坐标系下，即系统中各刚体机组相对于基础的局部坐标系。图 5.1 中 $r=1,2,\cdots,n$ 为刚体编号，O_r 为局部坐标原点，$O_r x_{r1}$、$O_r x_{r2}$、$O_r x_{r3}$ 为互相垂直的三个坐标轴。通常取刚体机组的质心为坐标原点，坐标轴平行于刚体的惯性主轴。$O_0X_{01}X_{02}X_{03}$ 为总体坐标系，它固定在基础上，其原点可以设在基础的任意位置。总体坐标系用来确定各刚体机组质心的位置和各个隔振器安装点的位置，此外还用来确定各个关键测量点的位置。在局部坐标系中各刚体机组的广义坐标向量可以由刚体机组质心坐标 x_{r1}、x_{r2}、x_{r3} 及欧拉角 φ_{r1}、θ_{r2}、ϕ_{r3} 组成。当微幅振动时，欧拉角 φ_{r1}、θ_{r2}、ϕ_{r3} 转化为绕坐标轴的转角 θ_{r1}、θ_{r2}、θ_{r3}，因此在局部坐标系中各刚体机组的广义坐标向量可表示为

$$\{x\}=[x_1,x_2,x_3,\theta_1,\theta_2,\theta_3]^{\mathrm{T}}$$

下面推导由 N 个刚体构成的多自由度线性系统的运动方程，虽然位移作为一个运动量是一定的，但它的表现形式却与坐标系的选取有关。刚体 i 在其自身局部坐标系中的振动方程可以表示为

$$[m]_i\{\ddot{x}\}_i+[c]_{ii}\{\dot{x}\}_i-\sum_{j=1,j\neq i}^{N}[c]_{ij}\{\dot{x}\}_j+[k]_{ii}\{x\}_i-\sum_{j=1,j\neq i}^{N}[k]_{ij}\{x\}_j=\{f\}_i \tag{5.1}$$

其中

$$[m]_i=\mathrm{diag}(m_{x1},m_{x2},m_{x3},J_{\theta1},J_{\theta2},J_{\theta3})_i$$

$$[k]_{ij}=\sum_{k=1}^{n_{ij}}[\mathrm{tr}]_{ik}[k]_k[\mathrm{tr}]_{jk}^{\mathrm{T}} \tag{5.2}$$

$[k]_k=\mathrm{diag}(k_{x1},k_{x2},k_{x3},k_{\theta1},k_{\theta2},k_{\theta3})_k$ 为第 k 根弹簧在其局部坐标系中的刚度矩阵；$[\mathrm{tr}]_{ik}=[t]_{ik}[r]_{ik}$ 为第 k 根弹簧的坐标系到刚体 i 坐标系的变换矩阵；n_{ij} 为刚体 i、j 之间的弹簧数；$[t]_{ik}$ 为平移矩阵；$[r]_{ik}$ 为旋转矩阵。

$\{f\}_i=\sum\limits_{j=1}^{n_i}[\mathrm{tr}]_{ij}\{f\}_{ij}$，$n_i$ 为作用在刚体 i 上的外力数，$\{f\}_{ij}$ 为作用在刚体 i 上的第 j 个外力，$[\mathrm{tr}]_{ij}$ 为第 j 个外力到刚体 i 坐标系的变换矩阵。

在工程计算中，系统中各刚体、弹簧及作用力的位置通常在一个统一的坐标系(总体坐标系)中给出，因此需对方程(5.1)中的刚度矩阵等进行坐标变换。设 $[\mathrm{TR}]_i$、$[\mathrm{TR}]_j$ 为刚体 i、j 从其局部坐标系到总体坐标系的变换矩阵，$[\mathrm{TR}]_k$ 为弹簧 k 从局部坐标系到总体坐标系的变换矩阵，则有

$$
\begin{aligned}
[k]_{ij} &= \sum_{k=1}^{n_{ij}} [\mathrm{tr}]_{ik}[k]_k[\mathrm{tr}]_{jk}^{\mathrm{T}} \\
&= \sum_{k=1}^{n_{ij}} [\mathrm{TR}]_i^{-1}[\mathrm{TR}]_k[k]_k[\mathrm{TR}]_k^{\mathrm{T}}[\mathrm{TR}]_j^{-\mathrm{T}} \\
&= \sum_{k=1}^{n_{ij}} [\mathrm{TR}]_i^{-1}[K]_k[\mathrm{TR}]_j^{-\mathrm{T}} \\
&= [\mathrm{TR}]_i^{-1}[K]_{ij}[\mathrm{TR}]_j^{-\mathrm{T}}
\end{aligned}
\tag{5.3}
$$

其中，$[K]_k = [\mathrm{TR}]_k[k]_k[\mathrm{TR}]_k^{\mathrm{T}}$ 具有明确的物理意义，为弹簧 k 在总体坐标系中的刚度矩阵。

阻尼矩阵和作用力矢量的变换与刚度矩阵的变换相似，可得

$$
[c]_{ij} = [\mathrm{TR}]_i^{-1}[C]_{ij}[\mathrm{TR}]_j^{-\mathrm{T}} \tag{5.4}
$$

将式(5.3)、式(5.4)代入式(5.1)，可得

$$
\begin{aligned}
&[m]_i\{\ddot{x}\}_i + [\mathrm{TR}]_i^{-1}[C]_{ii}[\mathrm{TR}]_i^{-\mathrm{T}}\{\dot{x}\}_i - \sum_{j=1,j\neq i}^{N} [\mathrm{TR}]_i^{-1}[C]_{ij}[\mathrm{TR}]_j^{-\mathrm{T}}\{\dot{x}\}_j \\
&+[\mathrm{TR}]_i^{-1}[K]_{ii}[\mathrm{TR}]_i^{-\mathrm{T}}\{x\}_i - \sum_{j=1,j\neq i}^{N} [\mathrm{TR}]_i^{-1}[K]_{ij}[\mathrm{TR}]_j^{-\mathrm{T}}\{x\}_j = \{f\}_i
\end{aligned}
\tag{5.5}
$$

对 N 个刚体质量可得 N 个方程，将它们联立后则得到多层多机组隔振系统用局部坐标系描述的振动方程为

$$
[M]\{\ddot{x}\} + [C]\{\dot{x}\} + [K]\{x\} = \{F\} \tag{5.6}
$$

其中，$[M]$ 为分块对角阵，由 $[m]_r\ (r=1,2,\cdots,n)$ 组成。

$$
[K] = [\mathrm{TR}]^{-1}\begin{bmatrix}
[K]_{11} & -[K]_{12} & \cdots & -[K]_{1N} \\
-[K]_{21} & [K]_{22} & \cdots & [K]_{2N} \\
\vdots & \vdots & & \vdots \\
-[K]_{N1} & -[K]_{N2} & \cdots & [K]_{NN}
\end{bmatrix}_{6N\times 6N} [\mathrm{TR}]^{-\mathrm{T}} \tag{5.7}
$$

$$
\{F\} = \{\{f\}_1^{\mathrm{T}}\ \ \{f\}_2^{\mathrm{T}} \cdots\ \ \{f\}_N^{\mathrm{T}}\}^{\mathrm{T}} \tag{5.8}
$$

$[C]$ 的形式同 $[K]$，$[\mathrm{TR}] = \mathrm{diag}([\mathrm{TR}]_1\ \ [\mathrm{TR}]_2\ \ \cdots\ \ [\mathrm{TR}]_N)$。

更详细的描述见文献[5]。

5.3　三维复杂刚体-弹性体耦合系统建模

5.3.1　刚体-弹性体耦合隔振系统的描述

三维复杂弹性耦合隔振系统由三部分组成：被隔离的设备、弹性筏架和非刚性基础。对于三维复杂弹性耦合隔振系统的建模有三个步骤：

(1) 划分子系统。

(2) 获得子系统的模态参数(弹性体)或基本物理参数(刚体)；弹性体的模态参数需要通过有限元分析或试验模态分析求得，而刚体的基本物理参数包括质量和转动惯量。

(3) 选取总系统的广义坐标，通过子系统间的连接关系，进行坐标变换综合得到总系统动力学方程。在三维复杂弹性耦合隔振系统中子系统间的综合只需要通过子系统间隔振器的隔振力进行综合。

三维复杂弹性耦合隔振系统一般可以分为三类子系统，即被隔离的设备(A 类子系统)、弹性筏架(B 类子系统)和非刚性基础(C 类子系统)，如图 5.2 所示。对于 A 类子系统，假定其是刚体-弹簧系统，其参数是质量、转动惯量、隔离器的刚度和阻尼。对于 B 类子系统，假定其是弹性体，其参数是各模态参数(包括模态质量、振型等)。模态参数可以通过试验方法或有限元方法得到。对于 C 类子系统，也假定其是弹性体，其参数仍是各模态参数(包括模态质量、振型等)。

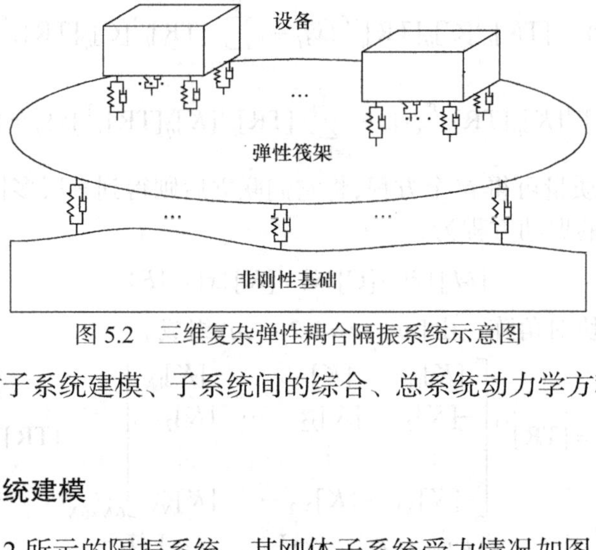

图 5.2　三维复杂弹性耦合隔振系统示意图

下面具体对子系统建模、子系统间的综合、总系统动力学方程的综合进行详细描述及推导。

5.3.2　刚体子系统建模

对于如图 5.2 所示的隔振系统，其刚体子系统受力情况如图 5.3 所示。

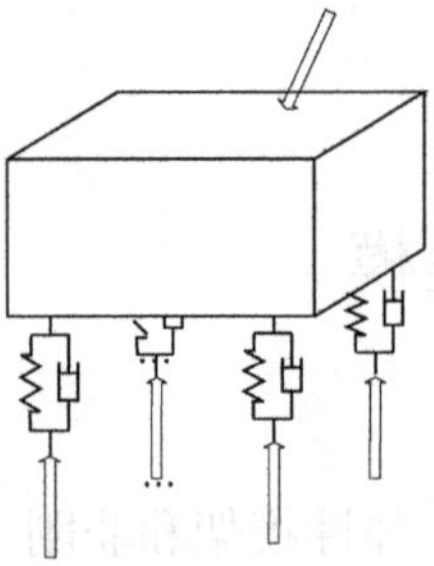
图 5.3　刚体子系统

以刚体质心为刚体局部坐标原点，刚体惯性主轴为坐标轴方向，取刚体系统广义坐标为 $\{X\}=\{x\quad y\quad z\quad \alpha\quad \beta\quad \gamma\}^{\mathrm{T}}$，则刚体子系统动力学方程可写为

$$[M]\{\ddot{X}\}+\sum_{i=1}^{n}[T_i][R_i][C_i][R_i]^{\mathrm{T}}[T_i]^{\mathrm{T}}(\{\dot{X}\}-\{\dot{X}_{ei}\})$$
$$+\sum_{i=1}^{n}[T_i][R_i][K_i][R_i]^{\mathrm{T}}[T_i]^{\mathrm{T}}(\{X\}-\{X_{ei}\})=[T][R][F] \tag{5.9}$$

其中

$$[M]=\begin{bmatrix} m &&&&& \\ & m &&&& \\ && m &&& \\ &&& I_x && \\ &&&& I_y & \\ &&&&& I_z \end{bmatrix} \tag{5.10}$$

$$[K_i]=\begin{bmatrix} k_{xi} &&&&& \\ & k_{yi} &&&& \\ && k_{zi} &&& \\ &&& k_{\alpha i} && \\ &&&& k_{\beta i} & \\ &&&&& k_{\gamma i} \end{bmatrix} \tag{5.11}$$

$$[C_i]=\begin{bmatrix} c_{xi} &&&&& \\ & c_{yi} &&&& \\ && c_{zi} &&& \\ &&& c_{\alpha i} && \\ &&&& c_{\beta i} & \\ &&&&& c_{\gamma i} \end{bmatrix} \tag{5.12}$$

n 表示隔振器数量；$[T_i]$、$[R_i]$ 分别是隔振器在刚体上连接点的平移矩阵和旋转矩阵；$[T]$、$[R]$ 是外力在刚体作用点处的平移矩阵和旋转矩阵；$\{X_{ei}\}$ 是隔振器在弹性体子系统上安装点的位置广义向量，即

$$\{X_{ei}\}=\{x_{ei} \quad y_{ei} \quad z_{ei} \quad 0 \quad 0 \quad 0\}^{\mathrm{T}} \tag{5.13}$$

x_{ei}、y_{ei}、z_{ei} 分别是隔振器安装点处的弹性变形，用模态坐标表示可写为

$$x_{ei}=\sum_{j=1}^{n_1} U_{xj}(x_{ei})p_j \tag{5.14}$$

$$y_{ei}=\sum_{j=1}^{n_1} U_{yj}(y_{ei})p_j \tag{5.15}$$

$$z_{ej}=\sum_{j=1}^{n_1} U_{zj}(z_{ei})p_j \tag{5.16}$$

其中，n_1 表示截取弹性体的前 n_1 阶模态；p_j 是弹性体第 j 阶模态坐标；$\{U_x\}$、

$\{U_y\}$、$\{U_z\}$分别为弹性体 x、y、z 方向的振型分量，它们由有限元理论计算或由试验测得。因此，$\{X_{ei}\}$可写为

$$\{X_{\mathrm{e}i}\}=\begin{bmatrix} U_{x1} & U_{x2} & \cdots & U_{xn1} \\ U_{y1} & U_{y2} & \cdots & U_{yn1} \\ U_{z1} & U_{z2} & \cdots & U_{zn1} \\ 0 & 0 & \cdots & 0 \\ 0 & 0 & \cdots & 0 \\ 0 & 0 & \cdots & 0 \end{bmatrix}\begin{Bmatrix} p_1 \\ p_2 \\ \vdots \\ p_{n1} \end{Bmatrix} \tag{5.17}$$

设

$$[W_i]=\begin{bmatrix} U_{x1} & U_{x2} & \cdots & U_{xn1} \\ U_{y1} & U_{y2} & \cdots & U_{yn1} \\ U_{z1} & U_{z2} & \cdots & U_{zn1} \\ 0 & 0 & \cdots & 0 \\ 0 & 0 & \cdots & 0 \\ 0 & 0 & \cdots & 0 \end{bmatrix},\quad \{q\}=\begin{Bmatrix} p_1 \\ p_2 \\ \vdots \\ p_{n1} \end{Bmatrix} \tag{5.18}$$

则式(5.17)可变为

$$\{X_{\mathrm{e}i}\}=[W_i]\{q\} \tag{5.19}$$

其中，$[W_i]$为弹性变形矩阵，对于隔振器安装点，即隔振器安装点弹性变形矩阵；$\{q\}$为弹性体的模态坐标向量。

5.3.3　弹性体子系统建模

在有限元法、理论模态分析或试验模态分析的基础上，如图 5.4 所示弹性体子系统动力学方程可写为

$$[M_{\mathrm{e}}]\{\ddot{q}\}+[C_{\mathrm{e}}]\{\dot{q}\}+[K_{\mathrm{e}}]\{q\}=[W_{\mathrm{e}}]^{\mathrm{T}}\{F\} \tag{5.20}$$

其中，$[M_{\mathrm{e}}]$、$[C_{\mathrm{e}}]$、$[K_{\mathrm{e}}]$、$[W_{\mathrm{e}}]$、$\{F\}$分别为弹性体的质量矩阵、阻尼矩阵、刚度矩阵、弹性变形矩阵、外力。当截取弹性体前 n 阶模态，并采用质量归一化的振型向量时，各矩阵都有非常简洁的形式。

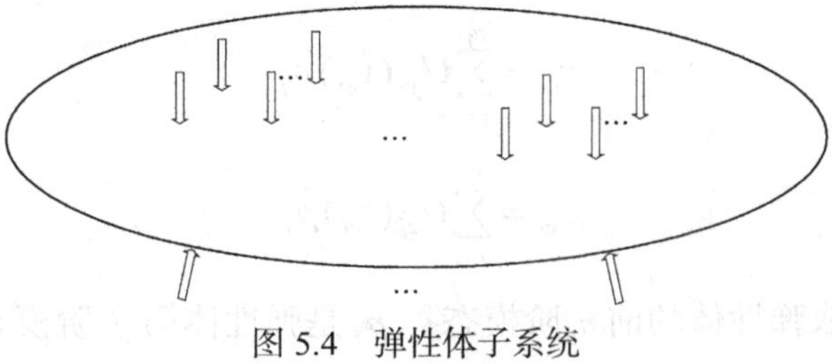

图 5.4　弹性体子系统

$$[M_e]=\begin{bmatrix}1 & & \\ & \ddots & \\ & & 1\end{bmatrix}_{n1\times n1} \tag{5.21}$$

$$[C_e]=\begin{bmatrix}2\xi_1\omega_1^2 & & \\ & \ddots & \\ & & 2\xi_{n1}\omega_{n1}^2\end{bmatrix}_{n1\times n1} \tag{5.22}$$

$$[K_e]=\begin{bmatrix}\omega_1^2 & & \\ & \ddots & \\ & & \omega_{n1}^2\end{bmatrix}_{n1\times n1} \tag{5.23}$$

$[W_e]$的表达式与式(5.19)中的$[W_i]$相同，是外力点处的弹性变形矩阵。

5.3.4　刚体子系统与弹性体子系统的综合

如图 5.5 所示，设有刚体子系统 A 和弹性体子系统 B，它们之间通过 N 个隔振器连接，第 i 个隔振器的刚度矩阵、阻尼矩阵、平移变换矩阵、旋转变换矩阵分别为$[K_i]$、$[C_i]$、$[T_i]$、$[R_i]$，同前面的推导，设子系统 A 的广义坐标为$\{X_a\}$，质量矩阵为$[M_a]$，外力向量为$\{F_a\}$；B 子系统截取前 nb 阶模态参与系统的综合，并设广义坐标为$\{q_b\}$，质量矩阵为$[M_b]$，刚度矩阵为$[K_b]$。有

$$\{X_a\}=\{x_a \quad y_a \quad z_a \quad \alpha_a \quad \beta_a \quad \gamma_a\}^{\mathrm{T}} \tag{5.24}$$

$$[M_a]=\begin{bmatrix}m_a & & & & & \\ & m_a & & & & \\ & & m_a & & & \\ & & & I_{ax} & & \\ & & & & I_{ay} & \\ & & & & & I_{az}\end{bmatrix} \tag{5.25}$$

其中，m_a 是子系统 A 的质量；I_{ax}、I_{ay}、I_{az} 分别是子系统 A 绕三个惯量主轴的转动惯量。

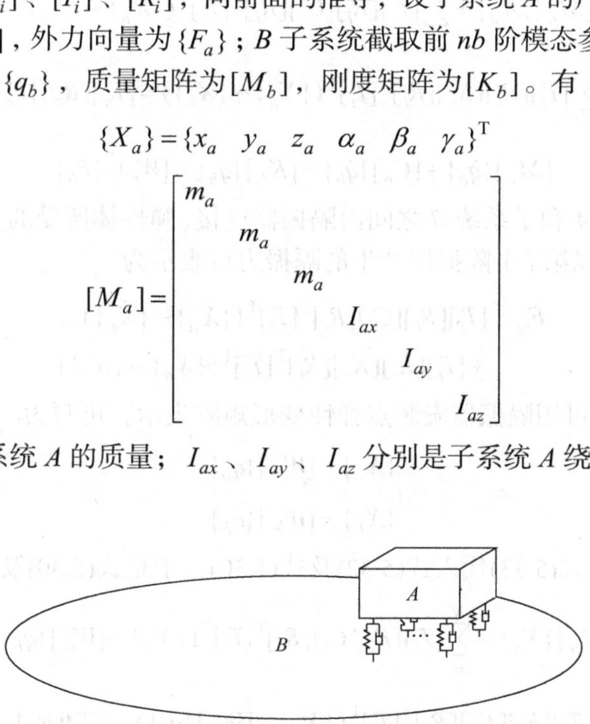

图 5.5　刚体子系统与弹性体子系统综合

$$\{q_b\} = \{p_{1b} \quad \cdots \quad p_{nb}\}^{\mathrm{T}} \tag{5.26}$$

$$[M_b] = \begin{bmatrix} 1 & & \\ & \ddots & \\ & & 1 \end{bmatrix}_{nb\times nb} \tag{5.27}$$

$$[C_b] = \begin{bmatrix} 2\xi_{1b}\omega_{1b}^2 & & \\ & \ddots & \\ & & 2\xi_{nb}\omega_{nb}^2 \end{bmatrix}_{nb\times nb} \tag{5.28}$$

其中，$\xi_{1b} \sim \xi_{nb}$ 分别是 B 子系统第 1 阶到第 n 阶的模态阻尼。

$$[K_b] = \begin{bmatrix} \omega_{1b}^2 & & \\ & \ddots & \\ & & \omega_{nb}^2 \end{bmatrix}_{nb\times nb} \tag{5.29}$$

由前面刚体建模理论和弹性体建模理论，刚体子系统和弹性体子系统的动力学方程可分别写为

$$\begin{aligned} &[M_a]\{\ddot{X}_a\} + \sum_{i=1}^{N}[T_i][R_i][C_i][R_i]^{\mathrm{T}}[T_i]^{\mathrm{T}}(\{\dot{X}_a\} - \{\dot{X}_b\}) \\ &+\sum_{i=1}^{N}[T_i][R_i][K_i][R_i]^{\mathrm{T}}[T_i]^{\mathrm{T}}(\{X_a\} - \{X_b\}) = [T_a][R_a]\{F_a\} \end{aligned} \tag{5.30}$$

$$[M_b]\{\ddot{q}_b\} + [C_b]\{\dot{q}_b\} + [K_b]\{q_b\} = [W_b]^{\mathrm{T}}\{F_b\} \tag{5.31}$$

由于子系统 A 和子系统 B 之间由隔振器连接，弹性体所受的力就是隔振器变形产生的力，所以第 i 个隔振器产生的隔振力可表示为

$$\begin{aligned} F_{bi} = &[T_i][R_i][C_i][R_i]^{\mathrm{T}}[T_i]^{\mathrm{T}}(\{\dot{X}_a\} - \{\dot{X}_b\}) \\ &+[T_i][R_i][K_i][R_i]^{\mathrm{T}}[T_i]^{\mathrm{T}}(\{X_a\} - \{X_b\}) \end{aligned} \tag{5.32}$$

又由于 $\{X_b\}$ 可用隔振器安装点弹性变形矩阵表示，可写为

$$\{X_b\} = [W_{bi}]\{q_b\} \tag{5.33}$$

$$\{\dot{X}_b\} = [W_{bi}]\{\dot{q}_b\} \tag{5.34}$$

将式(5.34)、式(5.33)代入式(5.32)及式(5.30)，于是式(5.30)及式(5.31)可变为

$$\begin{aligned} &[M_a]\{\ddot{X}_a\} + \sum_{i=1}^{N}[T_i][R_i][C_i][R_i]^{\mathrm{T}}[T_i]^{\mathrm{T}}(\{\dot{X}_a\} - [W_{bi}]\{\dot{q}_b\}) \\ &+\sum_{i=1}^{N}[T_i][R_i][K_i][R_i]^{\mathrm{T}}[T_i]^{\mathrm{T}}(\{X_a\} - [W_{bi}]\{q_b\}) = [T_a][R_a]\{F_a\} \end{aligned} \tag{5.35}$$

$$[M_b]\{\ddot{q}_b\}+[C_b]\{\dot{q}_b\}+[K_b]\{q_b\}=\sum_{i=1}^{N}[[W_{bi}]^{\mathrm{T}}[T_i][R_i][C_i][R_i]^{\mathrm{T}}[T_i]^{\mathrm{T}}(\{\dot{X}_a\}-[W_{bi}]\{\dot{q}_b\})$$
$$+[W_{bi}]^{\mathrm{T}}[T_i][R_i][K_i][R_i]^{\mathrm{T}}[T_i]^{\mathrm{T}}(\{X_a\}-[W_{bi}]\{q_b\})] \tag{5.36}$$

整理后得

$$\begin{aligned}&[M_a]\{\ddot{X}_a\}+\sum_{i=1}^{N}[T_i][R_i][C_i][R_i]^{\mathrm{T}}[T_i]^{\mathrm{T}}\{\dot{X}_a\}+\sum_{i=1}^{N}[T_i][R_i][K_i][R_i]^{\mathrm{T}}[T_i]^{\mathrm{T}}\{X_a\}\\&-\sum_{i=1}^{N}[T_i][R_i][C_i][R_i]^{\mathrm{T}}[T_i]^{\mathrm{T}}[W_{bi}]\{\dot{q}_b\}-\sum_{i=1}^{N}[T_i][R_i][K_i][R_i]^{\mathrm{T}}[T_i]^{\mathrm{T}}[W_{bi}]\{q_b\}\\&=[T_a][R_a]\{F_a\}\end{aligned} \tag{5.37}$$

$$\begin{aligned}&[M_b]\{\ddot{q}_b\}+\left([C_b]+\sum_{i=1}^{N}[W_{bi}]^{\mathrm{T}}[T_i][R_i][C_i][R_i]^{\mathrm{T}}[T_i]^{\mathrm{T}}[W_{bi}]\right)\{\dot{q}_b\}\\&+\left([K_e]+\sum_{i=1}^{N}[W_{bi}]^{\mathrm{T}}[T_i][R_i][K_i][R_i]^{\mathrm{T}}[T_i]^{\mathrm{T}}[W_{bi}]\right)\{q_b\}\\&-\sum_{i=1}^{N}[W_{bi}]^{\mathrm{T}}[T_i][R_i][C_i][R_i]^{\mathrm{T}}[T_i]^{\mathrm{T}}\{\dot{X}_a\}-\sum_{i=1}^{N}[W_{bi}]^{\mathrm{T}}[T_i][R_i][K_i][R_i]^{\mathrm{T}}[T_i]^{\mathrm{T}}\{X_a\}=\{0\}\end{aligned} \tag{5.38}$$

取广义坐标为 $\{X_{ab}\}=\{\{X_a\}^{\mathrm{T}}\quad\{q_b\}^{\mathrm{T}}\}^{\mathrm{T}}$，则综合式(5.37)和式(5.38)可得

$$\begin{aligned}&\begin{bmatrix}[M_a] & \\ & [M_b]\end{bmatrix}\begin{Bmatrix}\{\ddot{X}_a\}\\\{\ddot{q}_b\}\end{Bmatrix}\\&+\begin{bmatrix}\sum_{i=1}^{N}[T_i][R_i][C_i][R_i]^{\mathrm{T}}[T_i]^{\mathrm{T}} & -\sum_{i=1}^{N}[T_i][R_i][C_i][R_i]^{\mathrm{T}}[T_i]^{\mathrm{T}}[W_{bi}]\\ -\sum_{i=1}^{N}[W_{bi}]^{\mathrm{T}}[T_i][R_i][C_i][R_i]^{\mathrm{T}}[T_i]^{\mathrm{T}} & [C_b]+\sum_{i=1}^{N}[W_{bi}]^{\mathrm{T}}[T_i][R_i][C_i][R_i]^{\mathrm{T}}[T_i]^{\mathrm{T}}[W_{bi}]\end{bmatrix}\begin{Bmatrix}\{\dot{X}_a\}\\\{\dot{q}_b\}\end{Bmatrix}\\&+\begin{bmatrix}\sum_{i=1}^{N}[T_i][R_i][K_i][R_i]^{\mathrm{T}}[T_i]^{\mathrm{T}} & -\sum_{i=1}^{N}[T_i][R_i][K_i][R_i]^{\mathrm{T}}[T_i]^{\mathrm{T}}[W_{bi}]\\ -\sum_{i=1}^{N}[W_{bi}]^{\mathrm{T}}[T_i][R_i][K_i][R_i]^{\mathrm{T}}[T_i]^{\mathrm{T}} & [K_b]+\sum_{i=1}^{N}[W_{bi}]^{\mathrm{T}}[T_i][R_i][K_i][R_i]^{\mathrm{T}}[T_i]^{\mathrm{T}}[W_{bi}]\end{bmatrix}\begin{Bmatrix}\{X_a\}\\\{q_b\}\end{Bmatrix}\\&=\begin{Bmatrix}[T_a][R_a]\{F_a\}\\\{0\}\end{Bmatrix}\end{aligned} \tag{5.39}$$

设

$$[M_{ab}]=\begin{bmatrix}[M_a] & \\ & [M_b]\end{bmatrix} \tag{5.40}$$

$$[C_{ab}]=\begin{bmatrix}\sum_{i=1}^{N}[T_i][R_i][C_i][R_i]^{\mathrm T}[T_i]^{\mathrm T} & -\sum_{i=1}^{N}[T_i][R_i][C_i][R_i]^{\mathrm T}[T_i]^{\mathrm T}[W_{bi}] \\ -\sum_{i=1}^{N}[W_{bi}]^{\mathrm T}[T_i][R_i][C_i][R_i]^{\mathrm T}[T_i]^{\mathrm T} & [C_b]+\sum_{i=1}^{N}[W_{bi}]^{\mathrm T}[T_i][R_i][C_i][R_i]^{\mathrm T}[T_i]^{\mathrm T}[W_{bi}]\end{bmatrix} \tag{5.41}$$

$$[K_{ab}]=\begin{bmatrix}\sum_{i=1}^{N}[T_i][R_i][K_i][R_i]^{\mathrm T}[T_i]^{\mathrm T} & -\sum_{i=1}^{N}[T_i][R_i][K_i][R_i]^{\mathrm T}[T_i]^{\mathrm T}[W_{bi}] \\ -\sum_{i=1}^{N}[W_{bi}]^{\mathrm T}[T_i][R_i][K_i][R_i]^{\mathrm T}[T_i]^{\mathrm T} & [K_b]+\sum_{i=1}^{N}[W_{bi}]^{\mathrm T}[T_i][R_i][K_i][R_i]^{\mathrm T}[T_i]^{\mathrm T}[W_{bi}]\end{bmatrix} \tag{5.42}$$

$$\{F_{ab}\}=\begin{Bmatrix}[T_a][R_a]\{F_a\} \\ \{0\}\end{Bmatrix} \tag{5.43}$$

于是刚体子系统 A 和弹性体子系统 B 综合后的动力学方程可写为

$$[M_{ab}]\{\ddot X_{ab}\}+[C_{ab}]\{\dot X_{ab}\}+[K_{ab}]\{X_{ab}\}=\{F_{ab}\} \tag{5.44}$$

5.3.5　弹性体子系统与弹性体子系统的综合

如图 5.6 所示，设有弹性体子系统 B 和弹性体子系统 C，它们之间通过 N_1 个隔振器连接，第 i 个隔振器的刚度矩阵、阻尼矩阵、旋转变换矩阵分别为 $[K_i]$、$[C_i]$、$[R_i]$，隔振器在弹性体子系统 B、C 上隔振器安装点的弹性变形矩阵分别为 $[W_{bi}]$、$[W_{ci}]$；截取 B、C 子系统前 nb、nc 阶模态参与系统的综合，并设 B、C 子系统广义坐标为分别为 $\{q_b\}$、$\{q_c\}$，质量矩阵分别为 $[M_b]$、$[M_c]$，刚度矩阵分别为 $[K_b]$、$[K_c]$，力向量分别为 $\{F_b\}$、$\{F_c\}$，则

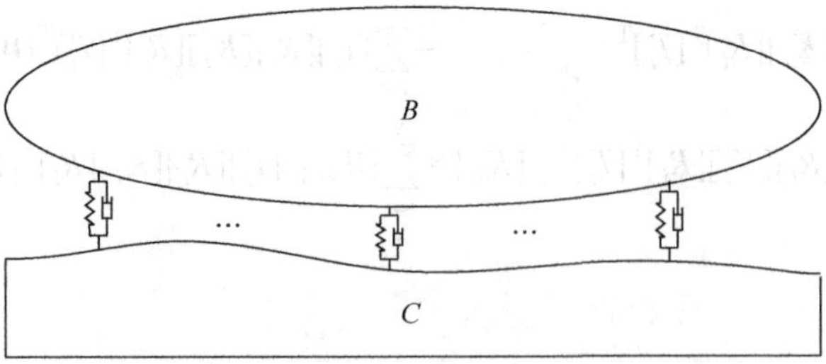

图 5.6　弹性体子系统与弹性体子系统综合

$$\{q_b\}=\{p_{1b} \quad \cdots \quad p_{nb}\}^{\mathrm{T}}, \quad \{q_c\}=\{p_{1c} \quad \cdots \quad p_{nc}\}^{\mathrm{T}} \tag{5.45}$$

$$[M_b]=\begin{bmatrix} 1 & & \\ & \ddots & \\ & & 1 \end{bmatrix}_{nb\times nb}, \quad [M_c]=\begin{bmatrix} 1 & & \\ & \ddots & \\ & & 1 \end{bmatrix}_{nc\times nc} \tag{5.46}$$

$$[C_b]=\begin{bmatrix} 2\xi_{1b}\omega_{1b}^2 & & \\ & \ddots & \\ & & 2\xi_{nb}\omega_{nb}^2 \end{bmatrix}_{nb\times nb}, \quad [C_c]=\begin{bmatrix} 2\xi_{1c}\omega_{1c}^2 & & \\ & \ddots & \\ & & 2\xi_{nc}\omega_{nc}^2 \end{bmatrix}_{nc\times nc} \tag{5.47}$$

$$[K_b]=\begin{bmatrix} \omega_{1b}^2 & & \\ & \ddots & \\ & & \omega_{nb}^2 \end{bmatrix}_{nb\times nb}, \quad [K_c]=\begin{bmatrix} \omega_{1c}^2 & & \\ & \ddots & \\ & & \omega_{nc}^2 \end{bmatrix}_{nc\times nc} \tag{5.48}$$

由弹性体建模理论，刚体子系统和弹性体子系统的动力学方程可分别写为

$$[M_b]\{\ddot{q}_b\}+[C_b]\{\dot{q}_b\}+[K_b]\{q_b\}=[W_b]^{\mathrm{T}}\{F_b\} \tag{5.49}$$

$$[M_c]\{\ddot{q}_c\}+[C_c]\{\dot{q}_c\}+[K_c]\{q_c\}=[W_c]^{\mathrm{T}}\{F_c\} \tag{5.50}$$

由于子系统 B 和子系统 C 之间由隔振器连接，弹性体所受的力就是隔振器变形产生的力，于是第 i 个隔振器产生的隔振力可表示为

$$\{F_{bi}\}=[R_i][C_i][R_i]^{\mathrm{T}}(\{\dot{X}_{ci}\}-\{\dot{X}_{bi}\})+[R_i][K_i][R_i]^{\mathrm{T}}(\{X_{ci}\}-\{X_{bi}\}) \tag{5.51}$$

$$\{F_{ci}\}=-\{F_{bi}\}=[R_i][C_i][R_i]^{\mathrm{T}}(\{\dot{X}_{bi}\}-\{\dot{X}_{ci}\})+[R_i][K_i][R_i]^{\mathrm{T}}(\{X_{bi}\}-\{X_{ci}\}) \tag{5.52}$$

$\{X_{bi}\}$、$\{X_{ci}\}$ 是隔振器 i 在子系统 B、C 上安装点处的位移，又由于 $\{X_{bi}\}$、$\{X_{ci}\}$ 可用隔振器安装点处的隔振器安装点弹性变形矩阵表示，即

$$\{X_{bi}\}=[W_{bi}]\{q_b\} \tag{5.53}$$

$$\{\dot{X}_{bi}\}=[W_{bi}]\{\dot{q}_b\} \tag{5.54}$$

$$\{X_{ci}\}=[W_{ci}]\{q_c\} \tag{5.55}$$

$$\{\dot{X}_{ci}\}=[W_{ci}]\{\dot{q}_c\} \tag{5.56}$$

将式(5.53)～式(5.56)代入式(5.51)和式(5.52)，于是式(5.49)和式(5.50)可写为

$$\begin{aligned} &[M_b]\{\ddot{q}_b\}+[C_b]\{\dot{q}_b\}+[K_b]\{q_b\} \\ &=\sum_{i=1}^{N_1}[[W_{bi}]^{\mathrm{T}}([R_i][C_i][R_i]^{\mathrm{T}}[W_{ci}]\{\dot{q}_c\}-[R_i][C_i][R_i]^{\mathrm{T}}[W_{bi}]\{\dot{q}_b\}) \\ &\quad +[W_{bi}]^{\mathrm{T}}([R_i][K_i][R_i]^{\mathrm{T}}[W_{ci}]\{q_c\}-[R_i][K_i][R_i]^{\mathrm{T}}[W_{bi}]\{q_b\})] \end{aligned} \tag{5.57}$$

$$
\begin{aligned}
&[M_c]\{\ddot{q}_c\}+[C_c]\{\dot{q}_c\}+[K_c]\{q_c\}\\
&=\sum_{i=1}^{N_1}[[W_{ci}]^{\mathrm{T}}([R_i][C_i][R_i]^{\mathrm{T}}[W_{bi}]\{\dot{q}_b\}-[R_i][C_i][R_i]^{\mathrm{T}}[W_{ci}]\{\dot{q}_c\})\\
&\quad+[W_{ci}]^{\mathrm{T}}([R_i][K_i][R_i]^{\mathrm{T}}[W_{bi}]\{q_b\}-[R_i][K_i][R_i]^{\mathrm{T}}[W_{ci}]\{q_c\})]
\end{aligned} \tag{5.58}
$$

整理后得

$$
\begin{aligned}
&[M_b]\{\ddot{q}_b\}+\left([C_b]+\sum_{i=1}^{N_1}[W_{bi}]^{\mathrm{T}}[R_i][C_i][R_i]^{\mathrm{T}}[W_{bi}]\right)\{\dot{q}_b\}\\
&+\left([K_b]+\sum_{i=1}^{N_1}[W_{bi}]^{\mathrm{T}}[R_i][K_i][R_i]^{\mathrm{T}}[W_{bi}]\right)\{q_b\}\\
&-\sum_{i=1}^{N_1}[W_{bi}]^{\mathrm{T}}[R_i][C_i][R_i]^{\mathrm{T}}[W_{ci}]\{\dot{q}_c\}-\sum_{i=1}^{N_1}[W_{bi}]^{\mathrm{T}}[R_i][K_i][R_i]^{\mathrm{T}}[W_{ci}]\{q_c\}=\{0\}
\end{aligned} \tag{5.59}
$$

$$
\begin{aligned}
&[M_c]\{\ddot{q}_c\}+\left([C_c]+\sum_{i=1}^{N_1}[W_{ci}]^{\mathrm{T}}[R_i][C_i][R_i]^{\mathrm{T}}[W_{ci}]\right)\{\dot{q}_c\}\\
&+\left([K_c]+\sum_{i=1}^{N_1}[W_{ci}]^{\mathrm{T}}[R_i][K_i][R_i]^{\mathrm{T}}[W_{ci}]\right)\{q_c\}\\
&-\sum_{i=1}^{N_1}[W_{ci}]^{\mathrm{T}}[R_i][C_i][R_i]^{\mathrm{T}}[W_{bi}]\{\dot{q}_b\}-\sum_{i=1}^{N_1}[W_{ci}]^{\mathrm{T}}[R_i][K_i][R_i]^{\mathrm{T}}[W_{bi}]\{q_b\}=\{0\}
\end{aligned} \tag{5.60}
$$

取广义坐标为 $\{X_{bc}\}=\{\{q_b\}^{\mathrm{T}}\quad\{q_c\}^{\mathrm{T}}\}^{\mathrm{T}}$，则式(5.59)和式(5.60)可写为

$$
\begin{aligned}
&\begin{bmatrix}[M_b] & \\ & [M_c]\end{bmatrix}\begin{Bmatrix}\{\ddot{q}_b\}\\ \{\ddot{q}_c\}\end{Bmatrix}\\
&+\begin{bmatrix}[C_b]+\sum\limits_{i=1}^{N_1}[W_{bi}]^{\mathrm{T}}[R_i][C_i][R_i]^{\mathrm{T}}[W_{bi}] & -\sum\limits_{i=1}^{N_1}[W_{bi}]^{\mathrm{T}}[R_i][C_i][R_i]^{\mathrm{T}}[W_{ci}]\\ -\sum\limits_{i=1}^{N_1}[W_{ci}]^{\mathrm{T}}[R_i][C_i][R_i]^{\mathrm{T}}[W_{bi}] & [C_c]+\sum\limits_{i=1}^{N_1}[W_{ci}]^{\mathrm{T}}[R_i][C_i][R_i]^{\mathrm{T}}[W_{ci}]\end{bmatrix}\begin{Bmatrix}\{\dot{q}_b\}\\ \{\dot{q}_c\}\end{Bmatrix}\\
&+\begin{bmatrix}[K_b]+\sum\limits_{i=1}^{N_1}[W_{bi}]^{\mathrm{T}}[R_i][K_i][R_i]^{\mathrm{T}}[W_{bi}] & -\sum\limits_{i=1}^{N_1}[W_{bi}]^{\mathrm{T}}[R_i][K_i][R_i]^{\mathrm{T}}[W_{ci}]\\ -\sum\limits_{i=1}^{N_1}[W_{ci}]^{\mathrm{T}}[R_i][K_i][R_i]^{\mathrm{T}}[W_{bi}] & [K_c]+\sum\limits_{i=1}^{N_1}[W_{ci}]^{\mathrm{T}}[R_i][K_i][R_i]^{\mathrm{T}}[W_{ci}]\end{bmatrix}\begin{Bmatrix}\{q_b\}\\ \{q_c\}\end{Bmatrix}\\
&=\begin{Bmatrix}\{0\}\\ \{0\}\end{Bmatrix}
\end{aligned} \tag{5.61}
$$

设

$$[M_{bc}]=\begin{bmatrix}[M_b] & \\ & [M_c]\end{bmatrix} \tag{5.62}$$

$$[C_{bc}]=\begin{bmatrix}[C_b]+\sum_{i=1}^{N_1}[W_{bi}]^{\mathrm{T}}[R_i][C_i][R_i]^{\mathrm{T}}[W_{bi}] & -\sum_{i=1}^{N_1}[W_{bi}]^{\mathrm{T}}[R_i][C_i][R_i]^{\mathrm{T}}[W_{ci}] \\ -\sum_{i=1}^{N_1}[W_{ci}]^{\mathrm{T}}[R_i][C_i][R_i]^{\mathrm{T}}[W_{bi}] & [C_c]+\sum_{i=1}^{N_1}[W_{ci}]^{\mathrm{T}}[R_i][C_i][R_i]^{\mathrm{T}}[W_{ci}]\end{bmatrix} \tag{5.63}$$

$$[K_{bc}]=\begin{bmatrix}[K_b]+\sum_{i=1}^{N_1}[W_{bi}]^{\mathrm{T}}[R_i][K_i][R_i]^{\mathrm{T}}[W_{bi}] & -\sum_{i=1}^{N_1}[W_{bi}]^{\mathrm{T}}[R_i][K_i][R_i]^{\mathrm{T}}[W_{ci}] \\ -\sum_{i=1}^{N_1}[W_{ci}]^{\mathrm{T}}[R_i][K_i][R_i]^{\mathrm{T}}[W_{bi}] & [K_c]+\sum_{i=1}^{N_1}[W_{ci}]^{\mathrm{T}}[R_i][K_i][R_i]^{\mathrm{T}}[W_{ci}]\end{bmatrix} \tag{5.64}$$

于是弹性体子系统 B 和弹性体子系统 C 综合后的动力学方程可写为

$$[M_{bc}]\{\ddot{X}_{bc}\}+[C_{bc}]\{\dot{X}_{bc}\}+[K_{bc}]\{X_{bc}\}=\{0\} \tag{5.65}$$

5.3.6　三维复杂弹性耦合隔振系统的动力学方程

对于如图 5.7 所示的复杂弹性耦合隔振系统，由刚体子系统 A、D，弹性筏体 B 及弹性基础 C 构成，子系统 A 与子系统 B 之间通过 N_1 个隔振器连接，子系统 D 与子系统 B 之间通过 N_2 个隔振器连接，子系统 B 与弹性基础通过 N_3 个隔振器

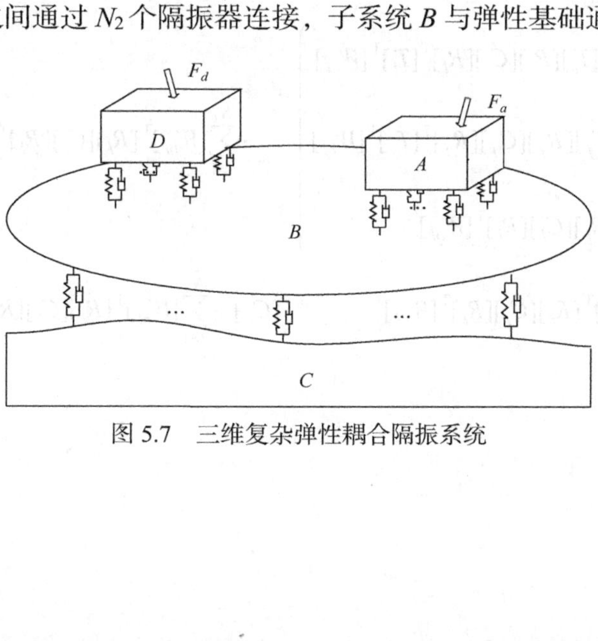

图 5.7　三维复杂弹性耦合隔振系统

连接，各子系统物理参数或模态参数为$[M_a]$、$[K_a]$、$[C_a]$，$[M_d]$、$[K_d]$、$[C_d]$，$[M_b]$、$[K_b]$、$[C_b]$，$[M_c]$、$[K_c]$、$[C_b]$，$[W_{bi}]$、$[W_{ci}]$，弹性筏体 B 截取前 nb 阶模态参与系统模态综合，弹性基础 C 截取前 nc 阶模态参与系统模态综合。子系统 D 的参数表达形式同子系统 A，子系统 A、子系统 B、子系统 C 的各参数具体表达形式同 5.3.4 节和 5.3.5 节的 A、B、C 子系统。

由 5.3.4 节和 5.3.5 节的推导，取 $\{X\}=\{\{X_a\}^{\mathrm{T}}\quad\{X_d\}^{\mathrm{T}}\quad\{q_b\}^{\mathrm{T}}\quad\{q_c\}^{\mathrm{T}}\}^{\mathrm{T}}$ 为总系统广义坐标，可以得到总系统的动力学方程为

$$
\begin{bmatrix}[M_a] & & & \\ & [M_d] & & \\ & & [M_b] & \\ & & & [M_c]\end{bmatrix}
\begin{Bmatrix}\{\ddot{X}_a\}\\ \{\ddot{X}_d\}\\ \{\ddot{q}_b\}\\ \{\ddot{q}_c\}\end{Bmatrix}
$$

$$
+\begin{bmatrix}
\sum\limits_{i=1}^{N_1}[T_i][R_i][C_i][R_i]^{\mathrm{T}}[T_i]^{\mathrm{T}} & [0] & -\sum\limits_{i=1}^{N_1}[T_i][R_i][C_i][R_i]^{\mathrm{T}}[T_i]^{\mathrm{T}}[W_{bi}] & [0] \\
[0] & \sum\limits_{j=1}^{N_2}[T_j][R_j][C_j][R_j]^{\mathrm{T}}[T_j]^{\mathrm{T}} & -\sum\limits_{j=1}^{N_2}[T_j][R_j][C_j][R_j]^{\mathrm{T}}[T_j]^{\mathrm{T}}[W_{bj}] & [0] \\
-\sum\limits_{i=1}^{N_1}[W_{bi}]^{\mathrm{T}}[T_i][R_i][C_i][R_i]^{\mathrm{T}}[T_i]^{\mathrm{T}} & -\sum\limits_{j=1}^{N_2}[W_{bj}]^{\mathrm{T}}[T_j][R_j][C_j][R_j]^{\mathrm{T}}[T_j]^{\mathrm{T}} & \left(\begin{aligned}&[C_b]+\sum\limits_{i=1}^{N_1}[W_{bi}]^{\mathrm{T}}[T_i][R_i][C_i][R_i]^{\mathrm{T}}[T_i]^{\mathrm{T}}[W_{bi}]\\ &+\sum\limits_{j=1}^{N_2}[W_{bj}]^{\mathrm{T}}[T_j][R_j][C_j][R_j]^{\mathrm{T}}[T_j]^{\mathrm{T}}[W_{bj}]\\ &+\sum\limits_{l=1}^{N_3}[W_{bl}]^{\mathrm{T}}[R_l][C_l][R_l]^{\mathrm{T}}[W_{bl}]\end{aligned}\right) & -\sum\limits_{l=1}^{N_3}[W_{bl}]^{\mathrm{T}}[R_l][C_l][R_l]^{\mathrm{T}}[W_{cl}] \\
[0] & [0] & -\sum\limits_{l=1}^{N_3}[W_{cl}]^{\mathrm{T}}[R_l][C_l][R_l]^{\mathrm{T}}[W_{bl}] & [C_c]+\sum\limits_{l=1}^{N_3}[W_{cl}]^{\mathrm{T}}[R_l][C_l][R_l]^{\mathrm{T}}[W_{cl}]
\end{bmatrix}
\begin{Bmatrix}\{\dot{X}_a\}\\ \{\dot{X}_d\}\\ \{\dot{q}_b\}\\ \{\dot{q}_c\}\end{Bmatrix}
$$

$$
\begin{bmatrix}
\sum\limits_{i=1}^{N_1}[T_i][R_i][K_i][R_i]^{\mathrm{T}}[T_i]^{\mathrm{T}} & [0] & -\sum\limits_{i=1}^{N_1}[T_i][R_i][K_i][R_i]^{\mathrm{T}}[T_i]^{\mathrm{T}}[W_{bi}] & [0] \\
[0] & \sum\limits_{j=1}^{N_2}[T_j][R_j][K_j][R_j]^{\mathrm{T}}[T_j]^{\mathrm{T}} & -\sum\limits_{j=1}^{N_2}[T_j][R_j][K_j][R_j]^{\mathrm{T}}[T_j]^{\mathrm{T}}[W_{bj}] & [0] \\
-\sum\limits_{i=1}^{N_1}[W_{bi}]^{\mathrm{T}}[T_i][R_i][K_i][R_i]^{\mathrm{T}}[T_i]^{\mathrm{T}} & -\sum\limits_{j=1}^{N_2}[W_{bj}]^{\mathrm{T}}[T_j][R_j][K_j][R_j]^{\mathrm{T}}[T_j]^{\mathrm{T}} & \left(\begin{matrix}[K_b]+\sum\limits_{i=1}^{N_1}[W_{bi}]^{\mathrm{T}}[T_i][R_i][K_i][R_i]^{\mathrm{T}}[T_i]^{\mathrm{T}}[W_{bi}] \\ +\sum\limits_{j=1}^{N_2}[W_{bj}]^{\mathrm{T}}[T_j][R_j][K_j][R_j]^{\mathrm{T}}[T_j]^{\mathrm{T}}[W_{bj}] \\ +\sum\limits_{l=1}^{N_3}[W_{bl}]^{\mathrm{T}}[R_l][K_l][R_l]^{\mathrm{T}}[W_{bl}]\end{matrix}\right) & -\sum\limits_{l=1}^{N_3}[W_{bl}]^{\mathrm{T}}[R_l][K_l][R_l]^{\mathrm{T}}[W_{cl}] \\
[0] & [0] & -\sum\limits_{l=1}^{N_3}[W_{cl}]^{\mathrm{T}}[R_l][K_l][R_l]^{\mathrm{T}}[W_{bl}] & [K_c]+\sum\limits_{l=1}^{N_3}[W_{cl}]^{\mathrm{T}}[R_l][K_l][R_l]^{\mathrm{T}}[W_{cl}]
\end{bmatrix}
\begin{Bmatrix}\{X_a\} \\ \{X_d\} \\ \{q_b\} \\ \{q_c\}\end{Bmatrix}
=
\begin{Bmatrix}\{F_a\} \\ \{F_d\} \\ \{0\} \\ \{0\}\end{Bmatrix}
\tag{5.66}
$$

令

$$
[M]=\begin{bmatrix}[M_a] & & & \\ & [M_d] & & \\ & & [M_b] & \\ & & & [M_c]\end{bmatrix} \tag{5.67}
$$

$$
[C]=\left[\begin{matrix}
\sum\limits_{i=1}^{N_1}[T_i][R_i][C_i][R_i]^{\mathrm{T}}[T_i]^{\mathrm{T}} & [0] \\
[0] & \sum\limits_{j=1}^{N_2}[T_j][R_j][C_j][R_j]^{\mathrm{T}}[T_j]^{\mathrm{T}} \\
-\sum\limits_{i=1}^{N_1}[W_{bi}]^{\mathrm{T}}[T_i][R_i][C_i][R_i]^{\mathrm{T}}[T_i]^{\mathrm{T}} & -\sum\limits_{j=1}^{N_2}[W_{bj}]^{\mathrm{T}}[T_j][R_j][C_j][R_j]^{\mathrm{T}}[T_j]^{\mathrm{T}} \\
[0] & [0]
\end{matrix}\right.
$$

$$
\left.\begin{matrix}
-\sum_{i=1}^{N_1}[T_i][R_i][C_i][R_i]^{\mathrm{T}}[T_i]^{\mathrm{T}}[W_{bi}] & [0] \\
-\sum_{j=1}^{N_2}[T_j][R_j][C_j][R_j]^{\mathrm{T}}[T_j]^{\mathrm{T}}[W_{bj}] & [0] \\
\left(\begin{aligned}
&[C_b]+\sum_{i=1}^{N_1}[W_{bi}]^{\mathrm{T}}[T_i][R_i][C_i][R_i]^{\mathrm{T}}[T_i]^{\mathrm{T}}[W_{bi}] \\
&\quad+\sum_{j=1}^{N_2}[W_{bj}]^{\mathrm{T}}[T_j][R_j][C_j][R_j]^{\mathrm{T}}[T_j]^{\mathrm{T}}[W_{bj}] \\
&\quad+\sum_{l=1}^{N_3}[W_{bl}]^{\mathrm{T}}[R_l][C_l][R_l]^{\mathrm{T}}[W_{bl}]
\end{aligned}\right) & -\sum_{l=1}^{N_3}[W_{bl}]^{\mathrm{T}}[R_l][C_l][R_l]^{\mathrm{T}}[W_{cl}] \\
-\sum_{l=1}^{N_3}[W_{cl}]^{\mathrm{T}}[R_l][C_l][R_l]^{\mathrm{T}}[W_{bl}] & [C_c]+\sum_{l=1}^{N_3}[W_{cl}]^{\mathrm{T}}[R_l][C_l][R_l]^{\mathrm{T}}[W_{cl}]
\end{matrix}\right]
\tag{5.68}
$$

$$
[K]=\left[\begin{matrix}
\sum_{i=1}^{N_1}[T_i][R_i][K_i][R_i]^{\mathrm{T}}[T_i]^{\mathrm{T}} & [0] \\
[0] & \sum_{j=1}^{N_2}[T_j][R_j][K_j][R_j]^{\mathrm{T}}[T_j]^{\mathrm{T}} \\
-\sum_{i=1}^{N_1}[W_{bi}]^{\mathrm{T}}[T_i][R_i][K_i][R_i]^{\mathrm{T}}[T_i]^{\mathrm{T}} & -\sum_{j=1}^{N_2}[W_{bj}]^{\mathrm{T}}[T_j][R_j][K_j][R_j]^{\mathrm{T}}[T_j]^{\mathrm{T}} \\
[0] & [0]
\end{matrix}\right.
$$

$$
\left.\begin{matrix}
-\sum_{i=1}^{N_1}[T_i][R_i][K_i][R_i]^{\mathrm{T}}[T_i]^{\mathrm{T}}[W_{bi}] & [0] \\
-\sum_{j=1}^{N_2}[T_j][R_j][K_j][R_j]^{\mathrm{T}}[T_j]^{\mathrm{T}}[W_{bj}] & [0] \\
\left(\begin{aligned}
&[K_b]+\sum_{i=1}^{N_1}[W_{bi}]^{\mathrm{T}}[T_i][R_i][K_i][R_i]^{\mathrm{T}}[T_i]^{\mathrm{T}}[W_{bi}] \\
&\quad+\sum_{j=1}^{N_2}[W_{bj}]^{\mathrm{T}}[T_j][R_j][K_j][R_j]^{\mathrm{T}}[T_j]^{\mathrm{T}}[W_{bj}] \\
&\quad+\sum_{l=1}^{N_3}[W_{bl}]^{\mathrm{T}}[R_l][K_l][R_l]^{\mathrm{T}}[W_{bl}]
\end{aligned}\right) & -\sum_{l=1}^{N_3}[W_{bl}]^{\mathrm{T}}[R_l][K_l][R_l]^{\mathrm{T}}[W_{cl}] \\
-\sum_{l=1}^{N_3}[W_{cl}]^{\mathrm{T}}[R_l][K_l][R_l]^{\mathrm{T}}[W_{bl}] & [K_c]+\sum_{l=1}^{N_3}[W_{cl}]^{\mathrm{T}}[R_l][K_l][R_l]^{\mathrm{T}}[W_{cl}]
\end{matrix}\right]
\tag{5.69}
$$

$$\{F\}=\begin{Bmatrix}\{F_a\}\\ \{F_d\}\\ \{0\}\\ \{0\}\end{Bmatrix} \tag{5.70}$$

$[M]$、$[C]$、$[K]$、$\{F\}$分别为系统的总质量矩阵、总阻尼矩阵、总刚度矩阵和系统外力向量。则三维复杂弹性耦合隔振系统动力学方程为

$$[M]\{\ddot{X}\}+[C]\{\dot{X}\}+[K]\{X\}=\{F\} \tag{5.71}$$

算例：对于如图 5.8 所示的三维复杂刚弹耦合隔振系统，其由两个机组、弹性筏体及弹性基础构成。其中，机组 1 和机组 2 各由 5 块 10mm×150mm×180mm 的刚性板叠加而成；弹性筏体采用两块 2mm×460mm×460mm 的刚性板，四端用 4 个 5cm 高、ϕ30mm 的圆柱体连接；弹性基础采用 2mm×460mm×460mm 刚性板，板下方四端用 4 个 5cm 高、ϕ30mm 的圆柱体通过上述 8mm 厚安装刚性板固接在刚性平台上。机组 1 与弹性筏体由 4 个隔振器连接，机组 2 与弹性筏体由 4 个隔振器连接，弹性筏体与基础由 8 个隔振器连接，各隔振器的刚度均设为 $k_x=2\times10^4$ N/m、$k_y=1\times10^4$ N/m、$k_z=2.51\times10^4$ N/m。

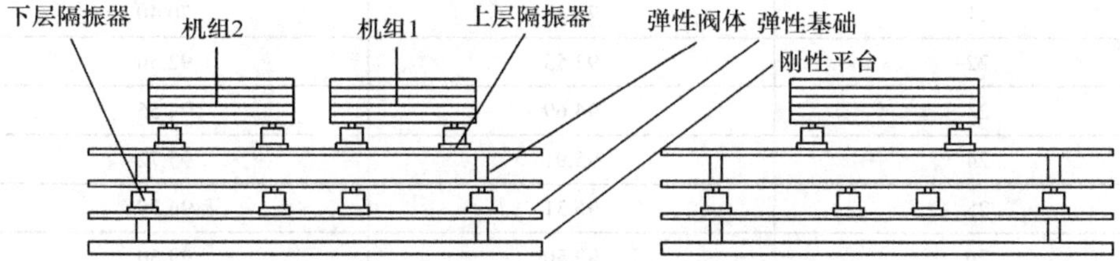

图 5.8　三维复杂刚弹耦合隔振系统模型

分别采用两种计算方法对上述模型进行固有频率的计算，第一种方法是用本章提出的子系统的方法进行建模，其中机组子系统采用刚体理论进行建模，弹性筏体和非刚性基础采用有限元法建模；另一种方法是整个系统全部采用 ANSYS 有限元法进行建模，两种方法计算的固有频率分别列于表 5.1 中。

表 5.1　固有频率计算结果的比较　(单位：Hz)

序号	本章理论方法	ANSYS
1	6.27	6.27
2	7.50	7.47
3	7.66	7.65
4	8.51	8.51
5	10.76	10.74

续表

序号	本章理论方法	ANSYS
6	10.78	10.81
7	12.68	12.68
8	13.46	13.43
9	13.93	13.93
10	15.84	15.87
11	16.99	16.99
12	18.34	18.39
13	24.68	24.69
14	24.92	24.98
15	26.18	26.24
16	30.52	30.36
17	32.73	32.66
18	36.37	36.36
19	52.72	52.72
20	62.82	62.72
21	70.48	70.40
22	92.55	92.50
23	94.69	94.55
24	95.91	95.72
25	96.31	96.29
26	99.50	99.50
27	111.87	111.61
28	113.65	113.45
29	128.92	128.36
30	130.93	131.00

5.4　从基座测试阻抗求基座物理模型

如果各个子结构的模态模型都可以用计算或试验得到，那么可以用上述方法方便地求得总模型。但是，对基座往往只能测试得到其阻抗特性而难以进一步求得其模态振型。因此，有必要讨论如何从基座测试阻抗求基座物理模型。求得物理模型后，两个物理模型的综合是很方便的。设测试得到的阻抗特性和分析得到的物理模型分别为

$$[Z(\omega)]_e = [Z_R(\omega)] + \mathrm{j}[Z_I(\omega)] \tag{5.72}$$

$$[Z(\omega)]_a = -[M]\omega^2 + \mathrm{j}\omega[C] + [K] \tag{5.73}$$

其对应的某个元素为

$$Z_{eij}(\omega) = Z_{Rij}(\omega) + \mathrm{j}Z_{Iij}(\omega) \tag{5.74}$$

$$Z_{aij}(\omega) = -M_{ij}\omega^2 + \mathrm{j}\omega C_{ij} + K_{ij} \tag{5.75}$$

如测试频率带宽为 $h_1 \sim h_2$，在其中取 n 个测点 ω_k（$k=1,2,\cdots,n$），在测点 k 上实部误差为

$$R_k = Z_{Rij}(\omega_k) - K_{ij} + M_{ij}\omega_k^2\text{，}\quad k=1,2,\cdots,n \tag{5.76}$$

虚部误差为

$$I_k = Z_{Iij}(\omega_k) - \omega_k C_{ij}\text{，}\quad k=1,2,\cdots,n \tag{5.77}$$

采用最小二乘法，对实部和虚部分别构造误差函数，有

$$E_R = \sum R_k^2 \tag{5.78}$$

$$E_I = \sum I_k^2 \tag{5.79}$$

对实部误差函数求极值有

$$\frac{\partial E_R}{\partial M_{ij}} = 0 \tag{5.80}$$

$$\frac{\partial E_R}{\partial K_{ij}} = 0 \tag{5.81}$$

可以求得质量系数和刚度系数。对虚部误差函数求极值得

$$\frac{\partial E_I}{\partial C_{ij}} = 0 \tag{5.82}$$

可以求得阻尼系数。用同样的方法可以求得其余所有的质量系数、刚度系数和阻尼系数。

参 考 文 献

[1] 严济宽. 机械振动隔离技术[M]. 上海: 上海科学技术出版社, 1988.

[2] Sciulli D, Inman D J. Isolation design for a flexible system[J]. Journal of Sound and Vibration, 1998, 216(2): 251-267.

[3] 刘永明. 多层隔振系统多向冲击响应研究[D]. 上海: 上海交通大学, 1996.

[4] 廖道训, 黄孝成, 陆永忠. 多层隔振系统的动力学方程[J]. 中国机械工程, 1999, 10(12): 1321-1324.
[5] 吴广明. 舰船复杂隔振系统建模及其功率流研究[D]. 上海: 上海交通大学, 2004.
[6] 刘延柱, 洪嘉振, 杨海兴. 多刚体系统动力学[M]. 北京: 高等教育出版社, 1989.
[7] 傅志方, 华宏星. 模态分析理论与应用[M]. 上海: 上海交通大学出版社, 2000.
[8] 殷学纲. 结构振动分析的子结构方法[M]. 北京: 中国铁道出版社, 1991.
[9] Huang X, Elliott S J, Brennan M J. Active isolation of a flexible structure from base vibration[J]. Journal of Sound and Vibration, 2003, 263(2): 357-376.
[10] Busch-Vishniac I J. A fundamental problem with mobility analysis of vibration isolation systems[J]. The Journal of the Acoustical Society of America, 1987, 81(6): 1801-1804.

第 6 章　舰船水下爆炸冲击计算方法

6.1　引　　言

水下爆炸过程大体可分为炸药爆轰、冲击波的形成和传播、气泡的振荡和上浮三个阶段。①炸药爆轰：爆源发生爆轰，并释放大量能量，形成高温高压的爆炸气体产物，即爆炸气泡。②冲击波的形成和传播：高温高压的爆炸气泡的膨胀受到周围水的阻碍，在水中形成向外传播的冲击波，在气泡中形成反向传播的稀疏波(即膨胀波)。自由爆炸场中流体压力载荷时间历程见图 6.1。稀疏波造成气体的过度膨胀，在稀疏波的尾部形成一个向爆心运动且强度渐增的第二冲击波，它在爆心反射并向外传播追赶前面的主冲击波。主冲击波(第二冲击波随后)在水中向外扩展，对水加压，使水加速运动。冲击波在传播过程中波幅不断减弱，波形不断展宽，最后衰变为声波。③气泡的振荡和上浮：高压气泡在爆炸开始后逐渐膨胀，膨胀速度远比冲击波速度慢，气泡内部压力逐渐降低，当气泡压力降至静水压力时，由于惯性作用，气泡继续膨胀，压力继续下降，直至膨胀速度降为零，达到气泡最大体积。在此之后，由于静水压力大于气泡内部压力，气泡开始收缩，压力重新上升，并向水中辐射峰值相对较低而持续时间较长的压力波，此压力即

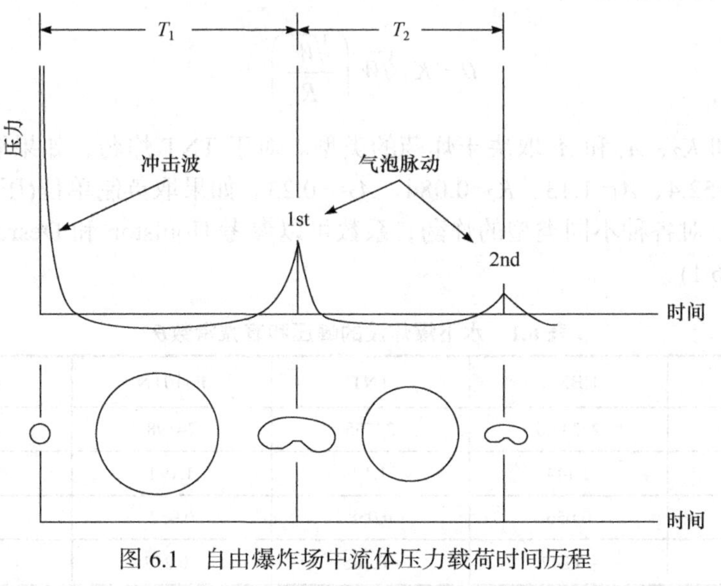

图 6.1　自由爆炸场中流体压力载荷时间历程

气泡脉动压力。由于水介质的惯性作用，气泡过度压缩，使得气泡内压高于水介质的压力，当气泡压缩到最小体积时，完成气泡膨胀与压缩的第一次循环过程。由于气泡压力与水介质的压力不均衡，此后会形成第二、第三次脉动，有时可达十数次。在气泡脉动过程中，由于受到的重力小于浮力，气泡整体受到向上的合力，并逐渐上浮，在体积小时具有较大的上浮速度，直至浮出水面，气泡破裂。本章介绍几种舰船水下爆炸冲击计算方法。

6.2　水下爆炸波压力载荷及传递特性

6.2.1　指数衰减波形式

Cole[1]在其《水下爆炸》一书中，将水下爆炸冲击波阶段的冲击压力近似为指数衰减压力波，即

$$p = p_0 e^{-t/\theta} \tag{6.1}$$

其中，p_0为峰压；t为时间；θ为时间常数。

水下爆炸冲击波的峰压与炸药重量 W 及爆心到目标的直线距离 R 有关，这种关系可表示为

$$p_0 = K_1\left(\frac{\sqrt[3]{W}}{R}\right)^{A_1}, \quad t < \theta \tag{6.2}$$

衰减常数θ的表达式为

$$\theta = K_2\sqrt[3]{W}\left(\frac{\sqrt[3]{W}}{R}\right)^{A_2} \tag{6.3}$$

其中，K_1和K_2、A_1和A_2取决于炸药的类型。对于 TNT 炸药，如果取国际单位制，则K_1=52.4、A_1=1.13、K_2=0.084、A_2=−0.23。如果取英制单位(压力为 psi，长度为 in)，对各种不同类型的炸药，系数可以参考 Houlston 和 Desrochers 的试验结果(表 6.1)。

表 6.1　水下爆炸波的峰压和衰减常数θ

参数	HBX-1	TNT	P×10TN	NUK×10
K_1	22347.6	22505	24598	4380000
A_1	1.144	1.18	1.194	1.18
K_2	0.056	0.058	0.052	2.274
A_2	−0.247	−0.185	−0.257	−0.22

爆炸气泡可以收缩膨胀数次，每次收缩时产生压力脉冲。爆炸起始和第一次收缩截止之间的时间 T 由式(6.4)得到，最大气泡半径 R_b 由式(6.4)得到。

$$T = A_3 \frac{\sqrt[3]{W}}{(D_d + 33)^{5/6}} \tag{6.4}$$

$$R_b = A_4 \frac{\sqrt[3]{W}}{(D_d + 33)^{1/3}} \tag{6.5}$$

在式(6.4)和式(6.5)中，如果仍采用英制单位，W 为 TNT 的药重(lb)，D_d 为炸药深度(ft)，R_b 为最大气泡半径(ft)，R 为由爆心至目标的直线距离(ft)，系数 A_3=4.36，A_4=14.1。

6.2.2　Geers-Hunter 模型

Cole 给出的指数衰减波形式只能估算冲击波初始阶段的压力，无法准确估算后续压力结果。Geers 等[2]将水下爆炸处理成包含冲击波阶段和气泡脉动阶段的一个气泡，将第一个阶段的结果作为初始条件提供给第二个阶段，并假设气泡保持球形，仅考虑了膨胀收缩和迁移，完整地给出了冲击波阶段和气泡脉动阶段的爆炸压力载荷传递的估算公式。

1. 冲击波阶段

在冲击波阶段，由气泡快速膨胀引发的距离气泡中心 R_j 处的冲击波压力表示为

$$p_t(t) = \frac{\rho_f}{4\pi R_j}\left(\frac{a_c}{R_j}\right)^A \ddot{V}[(a_c/R_j)^B t] \tag{6.6}$$

$\ddot{V}$ 为冲击波阶段的气泡体加速度，可以表示为

$$\ddot{V}(t) = \frac{4\pi a_c}{\rho_f} P_c[0.8251\exp(-1.338t/T_c) + 0.1749\exp(-0.1805t/T_c)] \tag{6.7}$$

其中，$T_c = a_c/v_c$，a_c 是炸药的半径，P_c、v_c、A、B 是炸药常数；ρ_f 为流体的密度；R_j 是压力测点到药包中心的距离。

根据初始条件 $\dot{V}(0) = 0$ ，$V(0) = (4/3)\pi a_c^3$ ，可以得到

$$\dot{V}(t) = \frac{4\pi a_c}{\rho_f} P_c[1.5857 - 0.6167\exp(-1.338t/T_c) - 0.9690\exp(0.1805t/T_c)]T_c \tag{6.8}$$

$$V(t)=\frac{4}{3}\pi a_c^3+\frac{4\pi a_c}{\rho_f}P_c[1.5857t/T_c-5.8293 \\ +0.4609\exp(-1.338t/T_c)+5.3684\exp(-0.1805t/T_c)]T_c^2 \tag{6.9}$$

气泡法向位移和速度可以表示为

$$a=\left(\frac{3}{4\pi}V\right)^{1/3},\quad \dot{a}=\frac{1}{4\pi}\dot{V}/a^2 \tag{6.10}$$

其中，$\dot{V}$ 计算到冲击波阶段 $t_1<7T_c$。

2. 气泡脉动阶段

气泡脉动阶段的压力波可以表示为

$$p_t(t)=\frac{\rho_f}{4\pi R_j}\ddot{V}(t)=\rho_f(a^2\ddot{a}+2a\dot{a}^2)/R_j \tag{6.11}$$

气泡脉动阶段，采用双渐近近似方法(6.3.2 节)可建立半径为 a 和迁移量为 u 的气泡模型，即

$$\dot{a}=-\frac{\Phi_{10}}{a}-\frac{1}{c_f}\left(\dot{\Phi}_{10}-\dot{a}^2-\frac{1}{3}\dot{u}^2-\frac{2}{3}\dot{u}\frac{\Phi_{11}}{a}\right) \tag{6.12}$$

$$\dot{u}=-2\frac{\Phi_{11}}{a}-\frac{1}{c_f}(\dot{\Phi}_{11}-2\dot{a}\dot{u}) \tag{6.13}$$

$$\dot{\Phi}_{10}=\frac{1}{1+\zeta}\left[\left(\frac{1}{2}+\frac{1}{2}\frac{\rho_g}{\rho_f}+\zeta\right)\left(\dot{a}^2+\frac{1}{3}\dot{u}^2\right)-\frac{\rho_g}{\rho_f}c_g\frac{\Phi_{10}}{a}+\frac{2}{3}(1+\zeta)\dot{u}\frac{\Phi_{11}}{a}-Z\right] \tag{6.14}$$

$$\dot{\Phi}_{11}=\frac{1}{1+\zeta}\left[\left(1+\frac{\rho_g}{\rho_f}+2\zeta\right)\dot{a}\dot{u}-\left(1-\frac{\rho_g}{\rho_f}\right)ga-\frac{\rho_g}{\rho_f}c_g\left(2\frac{\Phi_{11}}{a}+\frac{\Phi_{g1}}{a}\right)+\frac{3}{8}C_D|\dot{u}|^{E_D}\right] \tag{6.15}$$

$$\dot{\Phi}_{g1}=\frac{1}{1+\zeta}\left[\left(2+\frac{c_g}{c_f}+\zeta\right)\dot{a}\dot{u}-\frac{c_g}{c_f}\left(1-\frac{\rho_g}{\rho_f}\right)ga-c_g\left(2\frac{\Phi_{11}}{a}+\frac{\Phi_{g1}}{a}\right)-\frac{c_g}{c_f}\frac{3}{8}C_D|\dot{u}|^{E_D}\right] \tag{6.16}$$

其中，$\Phi_{1i}(i=0,1)$ 为气泡表面流体粒子的速度势；$\Phi_{gi}(i=1)$ 为气泡表面气体粒子的速度势；下标 0 表示在球坐标系下气泡的径向；下标 1 表示在球坐标系下气泡的切线方向；E_D 为指数，用来调节计算迁移量。

$$\begin{cases} \zeta = \dfrac{\rho_g c_g}{\rho_f c_f} \\ Z = \dfrac{1}{\rho_f}(P_g - p_I + \rho_f g u) + \dfrac{1}{3}\left[\left(\dfrac{\Phi_{11}}{a}\right)^2 - \dfrac{\rho_g}{\rho_f}\left(\dfrac{\Phi_{g1}}{a}\right)^2\right] \\ P_g = K_c\left(\dfrac{V_c}{V}\right)^{\gamma} \\ \rho_g = \rho_c\left(\dfrac{V_c}{V}\right) \\ c_g = c_c\left(\dfrac{V_c}{V}\right)^{\frac{1}{2}(\gamma-1)} \\ c_c = \sqrt{\dfrac{\gamma K_c}{\rho_c}} \\ R_j = \left\| x_s - x_j \right\| \end{cases} \tag{6.17}$$

其中，ρ_c为炸药的密度；c_f为流体的声速，当前气泡的体积$V = 4/3\pi a^3$；K_c为炸药绝热常数；V_c为炸药的体积；γ为气体的比热；g为重力加速度；$p_I = p_{atm}+\rho_f g d_I$(其中，$p_{atm}$为大气压力，$d_I$为炸药中心深度)；$C_D$为流体阻力参数，阻碍气泡的迁移。

需要七个初始条件，前两个为$a(t_I)=a_I$，$\dot{a}(t_I)=\dot{a}_I$，之后两个为$u(t_I)=0$，$\dot{u}(t_I)=0$，第五个为$\Phi_{11}(t_I)=0$，剩余的两个为

$$\Phi_{10}(t_I) = -a_I\dot{a}_I\left[1-\frac{1}{2}\left(1-\frac{\rho_{gI}}{\rho_f}\right)\frac{\dot{a}_I}{c_f}+\zeta_I\right]+\frac{a_I}{c_f}Z_I \tag{6.18}$$

$$\Phi_{g1}(t_I) = -\zeta^{-1}\left(1-\frac{\rho_{gI}}{\rho_f}\right)\frac{g}{c_f}a_I^2 \tag{6.19}$$

其中

$$Z_I = \rho_f^{-1}(P_{gI}-p_I) - \frac{1}{3}\left(1-\frac{\rho_{gI}}{\rho_f}\right)^2\frac{\rho_f}{\rho_{gI}}\left(\frac{g a_I}{c_{gI}}\right)^2 \tag{6.20}$$

总之，在冲击波阶段，当$t_I < 7T_c$时，水下爆炸载荷可以由式(6.6)给出，在气泡脉动阶段，当$t_I > 7T_c$时，水下爆炸载荷可以由式(6.11)给出，载荷与气泡表面胀缩速度有关，而胀缩速度又和气泡迁移速度有关，求解载荷时需要数值求解。许多商用软件，如 Abaqus，也采用 Geers-Hunter 模型。

6.2.3　来自海底反射等其他冲击波载荷

如图 6.2 所示，爆炸波能以许多途径到达船体。

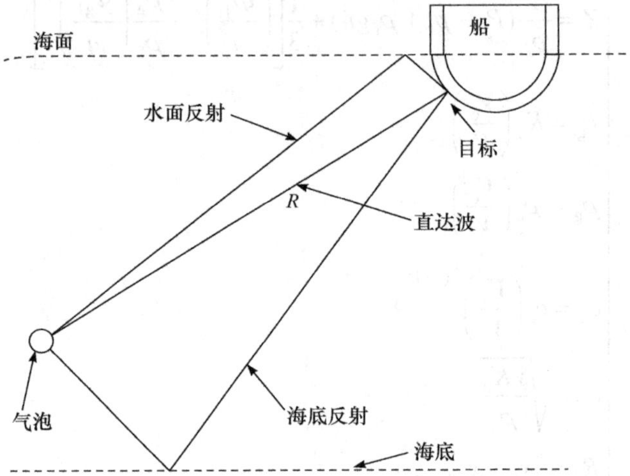

(a) 从爆心到船壳的三种主要冲击途径

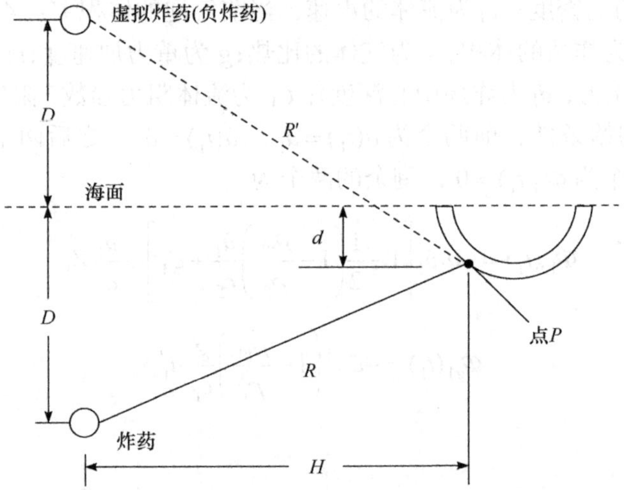

(b) 水面船壳P点处总压的计算

图 6.2　水下爆炸传播和压力计算

直接冲击波包括直线离开爆心、海面反射的冲击波、海底反射的冲击波。

有时，波会沿海底传播，并以不同时间从海底反射。如果海面覆以冰，则类似现象在海面上也会出现。波能在冰中传播，且船上能观察到。上面提到的三条途径是最重要的。水面反射或截断抵消了直达波的负荷。海底反射可能是对水面船的一个重要脉冲，这当然取决于海深。海底反射角可能对壳底面冲击更严重，并且没有水面截断效应，造成更严重的冲击波冲量。

水面反射的冲击波是一种张力压力波，它传播到船壳，在直达波到达时刻，相互叠加。张力波能存在，因为它在到达船壳的途径上附着在其他邻近的压缩波上，在此途径的某点处，总的压力仍是压缩的。各波都有式(6.1)的指数形式，且分别由式(6.2)和式(6.3)定义的峰压和衰减常数的方程表征。对反射的水面波来说，沿二支路的总距离见图 6.2(b)的“斜”距 R' 。

以海面为镜面在其上方距离为 D 的位置布置虚拟炸药，以此虚拟炸药可计算船壳上点的总压，见图 6.2(b)。冲击波到达的时间、压力波特性及总压可通过式(6.21)～式(6.26)计算。在炸药和点 P 间的斜距 R 是

$$R=\sqrt{(D-d)^2+H^2} \tag{6.21}$$

虚拟炸药和点 P 间的斜距 R' 是

$$R'=\sqrt{(D+d)^2+H^2} \tag{6.22}$$

声速除以距离 R 和 R' 就得到到达的时间为

$$t=\frac{R}{c} \tag{6.23}$$

$$t'=\frac{R'}{c} \tag{6.24}$$

在反射波到达后(t' 时刻)，壳体上总压是

$$p=\begin{cases} p_0 \mathrm{e}^{-t/\theta}-\rho c u_r, & 0<t<t' \quad (6.25) \\ p_0 \mathrm{e}^{-t/\theta}-p_0' \mathrm{e}^{-(t-t')/\theta'}-\rho c u_r, & t>t' \quad (6.26) \end{cases}$$

最后一项是声阻抗 ρc 乘以径向速度 u_r 。 p_0' 和 θ' 针对的是反射波的斜距 R' 。

6.3　远场水下爆炸流固耦合计算方法

6.3.1　Taylor 平板理论

Taylor[3]推导得到的流固耦合方程是早期用来确定水下爆炸波作用下船板动态响应的方法。在他的工作中，应用了射线理论，并且假定反射压力等于入射压力。考虑波以与法向成 α 角度冲击到质量为 M 的钢板上，如图 6.3 所示，假定板是空气背衬的。

令 p_{i} 为入射波，p_{r} 为反射波，p_{t} 为流固界面压力，α 为波前法向和板面法向的夹角，V_{i} 为入射波质点速度，V_{r} 为反射波质点速度，V_{s} 为板速，ρ 和 c 分别水

的密度和声速。

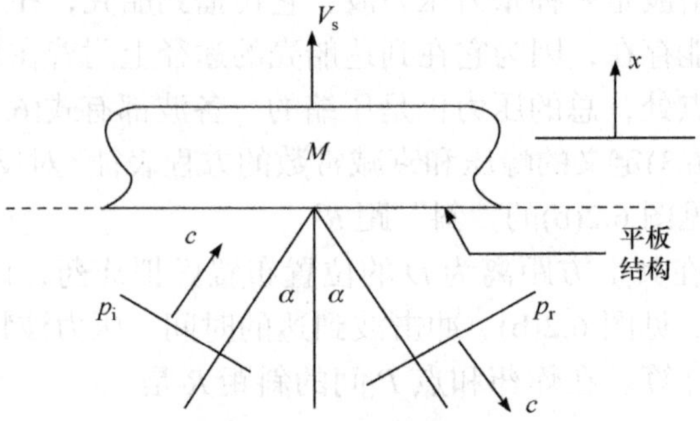

图 6.3　刚性板-流体相互作用

界面边界条件的连续性要求为

$$V_i \cos\alpha = V_r \cos\alpha + V_s \tag{6.27}$$

根据声学理论 $p = \rho c V$，可得

$$\frac{p_i \cos\alpha}{\rho c} = \frac{p_r \cos\alpha}{\rho c} + V_s \tag{6.28}$$

或

$$p_r = p_i - \frac{\rho c V_s}{\cos\alpha} \tag{6.29}$$

边界上的总压力为

$$p_t = p_i + p_r \tag{6.30}$$

将式(6.29)代入式(6.30)得

$$p_t = 2p_i - \frac{\rho c V_s}{\cos\alpha} \tag{6.31}$$

当水下爆炸波采用指数衰减波形式表示时，有

$$p_i = p_0 e^{-t/\theta} \tag{6.32}$$

对空气背衬板有

$$p_t = 2p_0 e^{-t/\theta} - \frac{\rho c V_s}{\cos\alpha} \tag{6.33}$$

采用这个方程，壳体-流体界面处的压力可以基于爆炸波特性 p_0 和 θ、流体特性 c 和 ρ 及结构动态响应 V_s 计算得到。

基于 Taylor 平板的流固耦合模型可成功模拟水下爆炸载荷下钢壳结构的早期运动响应。由于没有考虑流体惯性(水动力质量)的影响，长期计算结果将会偏离真实的船壳响应。另外，局部空泡、空泡闭合和气泡迁移也会影响壳体的局部动态响应。

若图 6.3 所示的板是水背衬的，如螺旋桨叶，则要修改式(6.29)以包括来自板后面的水的流体阻抗。当板开始迅速运动时，板背侧的水也产生了等于 $\rho c V_s$ 的压力。因此，式(6.31)可写为

$$p_t = 2p_i - \frac{2\rho c V_s}{\cos\alpha} \tag{6.34}$$

对于水背衬板，式(6.33)变为

$$p_t = 2p_0 e^{-t/\theta} - \frac{2\rho c V_s}{\cos\alpha} \tag{6.35}$$

图 6.3 中，平面爆炸波作用到质量为 M、截面积为 A 的空气背衬的自由板的运动方程为

$$M\frac{d^2x}{dt^2} = Ap_t = A\left(2p_i - \rho c\frac{dx}{dt}\right) \tag{6.36}$$

初始条件是

$$x(0) = \frac{dx(0)}{dt} = 0 \tag{6.37}$$

若

$$p_i = p_0 e^{-t/\theta} \tag{6.38}$$

则位移解为

$$x(t) = \frac{2p_0\theta^2}{m(1-\beta_0)}\left[\frac{1}{\beta_0}(1-e^{-\beta_0 t/\theta}) - (1-e^{-t/\theta})\right] \tag{6.39}$$

其中，$m = \frac{M}{A}$；$\beta_0 = \frac{\rho c\theta}{m}$。

当 $t \to \infty$ 时，有

$$x_{max} = \frac{2p_0\theta}{\rho c} \tag{6.40}$$

合成的平板速度为

$$\dot{x}(t) = \frac{2p_0\theta}{m(1-\beta_0)}(e^{-\beta_0 t/\theta} - e^{-t/\theta}),\quad t>0 \tag{6.41}$$

在出现局部空泡前，此方程均成立。由式(6.36)或式(6.41)求时间的导数都能得到平板的加速度，因此有

$$\ddot{x}(t)=\frac{1}{m}(2p_{\mathrm{i}}-\rho c\dot{x}) \tag{6.42}$$

或通过代入

$$\ddot{x}(t)=\frac{2p_0}{m(1-\beta_0)}(\mathrm{e}^{-t/\theta}-\beta_0\mathrm{e}^{-\beta_0 t/\theta}) \tag{6.43}$$

得最大速度 $\dot{x}_{\mathrm{m}}$ 为

$$\dot{x}_{\mathrm{m}}=2\frac{p_0\theta}{m}\delta^{\frac{\beta}{1-\beta}} \tag{6.44}$$

其中

$$\beta=\frac{\rho c\theta}{m} \tag{6.45}$$

峰速出现的时刻 t_{m} 为

$$t_{\mathrm{m}}=\theta\frac{\ln\beta}{\beta-1} \tag{6.46}$$

在时间 t_{m} 后，压力变负，引发局部空泡，因此空气背衬自由平板的实际速度不再减小。

在实际船壳体上，就船体构件尺度而言的平板弯曲刚度会引起板速下降。另外，背对炸药的壳板会阻止壳体的整体运动，减小壳体速度。因此，考虑空泡的简单自由平板模型仅适用于评估远超船体构件尺度的壳板的早期运动。

简化模型的这种特征并不意味着 Taylor 方程是不正确的。如果通过采取一些措施来模拟受其他负荷的船壳，那么能在早期得到一个合理的解。在过了速度响应的前半个周期后，测值和分析预估是有差异的。然而，Taylor 模型能很好地预报初峰速，并且在许多船结构中峰值冲击压力的预报也是合理的。

如果无空泡，那么板-流体界面(x=0)处的压力是

$$p(t)=\frac{p_0}{1-\beta_0}(2\mathrm{e}^{-t/\theta}-2\beta_0\mathrm{e}^{-\beta_0 t/\theta}) \tag{6.47}$$

远离板，压力是

$$p(x,t)=p_0\left[\mathrm{e}^{-\left(t+\frac{x}{c}\right)/\theta}+\frac{1+\beta_0}{1-\beta_0}\mathrm{e}^{-\left(t-\frac{x}{c}\right)/\theta}-\frac{2\beta_0}{1-\beta_0}\mathrm{e}^{-\beta_0\left(t-\frac{x}{c}\right)/\theta}\right],\quad t>\frac{x}{c} \tag{6.48}$$

6.3.2 双渐近近似方法

双渐近近似方法由 Geers 在 1972 年提出，1978 年得到应用[4-8]。在 20 世纪末

和 21 世纪初已经得到广泛认可，目前已经有商业软件 USA[9]。Zamyshlyaev 等[10]对理论进行了完善。在从理论到与边界元、有限元等结合的过程中，Park 等做出了大量贡献[11-18]，其中最突出的贡献是流固耦合系统的分解方法，该方法使得流固耦合问题的解能够稳定，而且比较准确。

1. 流固耦合面压力和速度之间的关系

压力波的传播方程在圆柱坐标系中表示为

$$\frac{1}{r}\frac{\partial}{\partial r}\left(r\frac{\partial \phi}{\partial r}\right)+\frac{1}{r^2}\frac{\partial^2 \phi}{\partial \theta^2}+\frac{\partial^2 \phi}{\partial z^2}=\frac{1}{c^2}\frac{\partial^2 \phi}{\partial t^2} \tag{6.49}$$

其中，ϕ 是速度势；c 是流体中的声速。引入无量纲变量，即

$$\hat{r}=r/a,\quad \hat{z}=z/a,\quad \tau=ct/a,\quad \varphi=\phi/(ac) \tag{6.50}$$

a 是特征尺寸，如圆柱壳或球壳的半径。因此，速度势是 $\hat{r}$、$\hat{z}$、θ、τ 的函数。将速度势在 $\hat{z}$、θ 方向用级数展开，有

$$\varphi(\hat{r},\theta,\hat{z},\tau)=\sum_{n=-\infty}^{\infty}\varphi_n(\hat{r},\hat{z},\tau)\mathrm{e}^{\mathrm{j}n\theta} \tag{6.51}$$

$$\varphi(\hat{r},\hat{z},\tau)=\sum_{m=-\infty}^{\infty}\varphi_{mn}(\hat{r},\tau)\mathrm{e}^{\mathrm{j}\mu\hat{z}},\quad \mu=\frac{m\pi a}{l} \tag{6.52}$$

l 是 z 向的特征长度，而 $\varphi_{mn}(\hat{r},\tau)$ 假设是 $\Phi_{mn}(\hat{r},s)$ 的 Laplace 逆变换，即

$$\varphi_{mn}(\hat{r},\tau)=\frac{1}{2\pi\mathrm{i}}\int_{s_0-\mathrm{j}\infty}^{s_0+\mathrm{j}\infty}\Phi(\hat{r},s)\mathrm{e}^{s\tau}\mathrm{d}\tau \tag{6.53}$$

将式(6.50)～式(6.53)代入式(6.49)可以得到

$$\frac{\mathrm{d}^2\Phi_{mn}}{\mathrm{d}\hat{r}}+\frac{1}{\hat{r}}\frac{\mathrm{d}\Phi_{mn}}{\mathrm{d}\hat{r}}-\left[\left(\frac{n}{\hat{r}}\right)^2+\mu^2+s^2\right]\Phi_{mn}=0 \tag{6.54}$$

式(6.54)为 Bessel 方程。在 $\hat{r}=1$ 处，有

$$\Phi_{Smn}(\hat{r},s)=F_{mn}(s)\mathrm{K}_n(\kappa\hat{r}),\quad \kappa=(\mu^2+s^2)^{1/2} \tag{6.55}$$

其中，$\mathrm{K}_n(\kappa\hat{r})$ 是阶次为 n 的第二类修正 Bessel 函数。由式(6.53)和式(6.55)可以得到

$$\varphi_{mn}(\hat{r},\tau)=\frac{1}{2\pi\mathrm{i}}\int_{s_0-\mathrm{j}\infty}^{s_0+\mathrm{j}\infty}F_{mn}(s)\mathrm{K}_n(\kappa\hat{r})\mathrm{e}^{s\tau}\,\mathrm{d}\tau \tag{6.56}$$

引入残余速度势函数有

$$\frac{1}{\hat{r}}\varphi_R(\hat{r},\theta,\hat{z},\tau)=\left(\frac{\partial}{\partial\hat{r}}+\frac{\partial}{\partial\tau}+\frac{1}{2\hat{r}}\right)\varphi_S(\hat{r},\theta,\hat{z},\tau) \tag{6.57}$$

利用 Bessel 函数的导数的特性，可以得到

$$\varPhi_{Rmn}(1,s)=-R_{mn}(s)\varPhi_{Smn}(1,s) \tag{6.58}$$

其中

$$R_{mn}(s)=-\left[\kappa\frac{\mathrm{K}_n'(\kappa)}{\mathrm{K}_n(\kappa)}+s+\frac{1}{2}\right] \tag{6.59}$$

当 $s\to\infty$ 时，式(6.59)的 Laplace 逆变换为

$$r_{mn}(\tau)=\frac{4n^2-1}{8}+\frac{\mu^2}{2}-\frac{4n^2-1}{8}r-\left[\frac{(4n^2-1)(4n^2-25)}{256}+\frac{\mu^4}{16}+\frac{4n^2-1}{32}\mu\right]r^2 \tag{6.60a}$$

当 $s\to 0$ 时，式(6.53)的逆变换为

$$\int r_{mn}(\tau)\mathrm{d}\tau=n+\mu\frac{\mathrm{K}_{n-1}(\mu)}{\mathrm{K}_n(\mu)}-\frac{1}{2} \tag{6.60b}$$

将式(6.57)展开，式(6.58)做 Laplace 逆变换，可以得到

$$\varphi_{Smn}'(1,\tau)+\dot{\varphi}_{Smn}(1,\tau)+\frac{1}{2}\varphi_{Smn}(1,\tau)=\varphi_{Rmn}(1,\tau) \tag{6.61a}$$

$$\varphi_{Rmn}(1,\tau)=-\int_0^\tau r_{mn}(\tau-\xi)\varphi_{Smn}(1,\xi)\mathrm{d}\xi \tag{6.61b}$$

注意到，在流固耦合面 $\hat{r}=1$ 上，对弹性结构来说，关心的是法向压力和法向速度，即

$$p_S(1,\theta,\hat{z},\tau)=\dot{\varphi}_S(1,\theta,\hat{z},\tau) \tag{6.62a}$$

$$v_S(1,\theta,\hat{z},\tau)=-\varphi_S'(1,\theta,\hat{z},\tau) \tag{6.62b}$$

因此，式(6.61)变为

$$-\dot{v}_{Smn}(1,\tau)+\dot{p}_{Smn}(1,\tau)+\frac{1}{2}p_{Smn}(1,\tau)=p_{Rmn}(1,\tau) \tag{6.63a}$$

$$p_{Rmn}(1,\tau)=-\int_0^\tau r_{mn}(\tau-\xi)p_{Smn}(1,\xi)\mathrm{d}\xi \tag{6.63b}$$

2. 低频和高频时流固耦合作用的近似关系

1) 低频时流固耦合作用的近似关系

在压力缓慢变化时，式(6.63b)可以改写为

$$p_{Rmn}(1,\tau)=-p_{Smn}(1,\xi)\int_0^\tau r_{mn}(\tau-\xi)\mathrm{d}\xi \tag{6.64}$$

注意到式(6.60b)，缓慢变化对应于 $s \to 0$ ，即

$$p_{Rmn}(1,\tau) = -p_{Smn}(1,\xi)\left[n + \mu\frac{\mathrm{K}_{n-1}(\mu)}{\mathrm{K}_n(\mu)} - \frac{1}{2}\right] \tag{6.65}$$

代入式(6.63a)有

$$-\dot{v}_{Smn}(1,\tau) + \dot{p}_{Smn}(1,\tau) + \left[n + \mu\frac{\mathrm{K}_{n-1}(\mu)}{\mathrm{K}_n(\mu)}\right]p_{Smn}(1,\tau) = 0 \tag{6.66}$$

式(6.66)即低频时流固耦合作用的近似关系。此外，由于当 n 大于 1 时，有

$$\frac{(n^2+\mu^2)^{1/2}}{n + \mu\dfrac{\mathrm{K}_{n-1}(\mu)}{\mathrm{K}_n(\mu)}} \approx 1 \tag{6.67}$$

因此有

$$-\dot{v}_{Smn}(1,\tau) + \dot{p}_{Smn}(1,\tau) + k_{mn}p_{Smn}(1,\tau) = 0 \tag{6.68}$$

其中，$k_{mn} = (n^2+\mu^2)^{1/2}$ 为模态指数。如果进一步忽略式(6.68)中间那一项，则

$$-\dot{v}_{Smn}(1,\tau) + k_{mn}p_{Smn}(1,\tau) \approx 0 \tag{6.69}$$

式(6.69)表示低频时各阶模态变化引起的压力变化和加速度之间的关系。而流固耦合面上的作用力由附连水质量$[M_{\mathrm{f}}]$的运动产生，即

$$\{F_S\} = [M_{\mathrm{f}}]\{\dot{v}_S\} \tag{6.70}$$

其中，附连水质量$[M_{\mathrm{f}}]$的非对角线上的元素正则化为 ρa^3 。

2) 高频时流固耦合作用的近似关系

当压力和速度急剧变化时，如果假设变化是一个光滑的过程，则有

$$\left|\dot{p}_{Smn}\right| \gg \left|p_{Smn}\right| \gg \left|p_{Rmn}\right| \tag{6.71}$$

由式(6.63a)得

$$-\dot{v}_{Smn}(1,\tau) + \dot{p}_{Smn}(1,\tau) \approx 0 \tag{6.72a}$$

或

$$p_{Smn}(1,\tau) \approx v_{Smn}(1,\tau) \tag{6.72b}$$

式(6.72b)表示压力近似和速度成正比。而流固耦合面上的作用力取决于流固耦合面上的速度，即

$$\{F_S\} = A_{\mathrm{v}}\{v_S\} \tag{6.73}$$

其中，A_{v} 为流固耦合面的面积。式(6.73)中，无量纲力向量对 $\rho c^2 a^2$ 正则化，流固耦合面的面积对 a^2 正则化，而速度向量对 c 正则化。

3. DAA1 方法

双渐近是指在低频慢变时的流固耦合作用的近似关系，可以由式(6.68)表示，而在高频快变时流固耦合作用的近似关系可以由式(6.72)表示。上面的推导使用的是无量纲变量，为导出标准的能够直接用于有限元和边界元的双渐近近似方法，下面使用有量纲变量。在流体中任一点距离 r 处，压力为 $p_S(r,\tau)$，流体质点的速度为 $v_S(r,\tau)=\dot{u}_S(r,\tau)$，$u_S(r,\tau)$ 是流体质点的位移，式(6.62)变为

$$p_S(r,\tau)=\rho\dot{\varphi}_S(r,\tau) \tag{6.74a}$$

$$v_S(r,\tau)=-\nabla\varphi_S(r,\tau) \tag{6.74b}$$

其中，ρ 是流体质量密度。三维波动方程为

$$c^2\nabla^2\varphi=\ddot{\varphi} \tag{6.75}$$

某流固耦合面 S 的外法线方向为 n，则式(6.75)的积分方程解为(对 S 上点 P 和 Q)

$$2\pi p_P(t)=\int_S\{\rho r_{PQ}^{-1}\ddot{u}_Q(t_R)-r_{PQ}^{-2}\cos\varphi_{rn}[p_Q(t_R)+c^{-1}r_{PR}\dot{p}_Q(t_R)]\}\mathrm{d}S_Q \tag{6.76}$$

在式(6.76)中，积分不含 P 点，$t_R=t-r_{PQ}/c$，$r_{PQ}=\left|r_P-r_Q\right|$，$\varphi_{rn}$ 是 r_{PQ} 与 n 的夹角。式(6.76)左边系数 2π 表示 P 点落在光滑平面 S 上。如果 P 不在 S 上，但在流体内，则系数为 4π，在流体外则为零。方便起见，将奇异点包含在积分内，并进行 Laplace 变换，即

$$\int_S\{\rho r_{PQ}^{-1}s^2\mathrm{e}^{-r_{PR}s/c}u_Q(s)\}\mathrm{d}S_Q=\int_S\{r_{PQ}^{-2}\cos\varphi_{rn}(1+r_{PR}s/c)\mathrm{e}^{-r_{PR}s/c}p_Q(s)\}\mathrm{d}S_Q \tag{6.77}$$

当 $s\to\infty$、$t\to 0$ 时，有

$$p_P(s)=\rho csu_P(s) \tag{6.78}$$

在时域中，有

$$p_P(t)=\rho cv_P(t) \tag{6.79}$$

这是一种空间上局部的渐近，也称为平面波近似(PWA)，即高频快变时流固耦合作用的近似关系，认为流固交界面上每一小面元都独立地垂直向流体内辐射平面波。式(6.79)是式(6.72)的有量纲表示式。

将式(6.77)中的指数展开，有

$$\mathrm{e}^{-r_{PQ}s/c}=1-\frac{r_{PQ}s}{c}+\frac{1}{2}\left(\frac{r_{PQ}s}{c}\right)^2+\cdots \tag{6.80}$$

当 $s\to 0$ 时收敛，代入式(6.77)，忽略 s 的一次项为

$$\int_S \{\rho r_{PQ}^{-1} s^2 u_Q(s)\} \mathrm{d}S_Q = \int_S \{r_{PQ}^{-2} \cos\varphi_{rn} p_Q(s)\} \mathrm{d}S_Q \tag{6.81}$$

定义空间算子为

$$\beta q_Q = \int r_{PQ}^{-1} q_Q \mathrm{d}S_Q, \quad \gamma q_Q = \int r_{PQ}^{-2} \cos\varphi_{rn} q_Q \mathrm{d}S_Q \tag{6.82}$$

式(6.81)可以写为

$$\beta^{-1}\gamma p_Q(s) = \rho s^2 u_P(s) \tag{6.83}$$

转换到时域为

$$\beta^{-1}\gamma p_Q(t) = \rho \ddot{u}_P(t) = \rho \dot{v}_P(t) \tag{6.84}$$

式(6.84)是式(6.69)的有量纲表示式。实际上，对波动方程进行 Laplace 变换，认为 $\nabla^2 \approx r_{\max}^{-2}$，令 $r_{\max} s/c \to 0$，即可以得到式(6.84)。但是此时等价于 $\nabla^2\varphi = 0$，即低频慢变时的流固耦合作用的流场是由无旋、无黏和不可压缩的流体组成的。

一种既能够逼近低频慢变时的流固耦合作用的近似关系，又能够逼近高频快变时流固耦合作用的近似关系为

$$(sP_1 + cP_0) p_Q(s) = \rho c s^2 u_P(s) \tag{6.85}$$

其中，P_1 和 P_0 是空间算子，不是 S 的函数。当 $s \to 0$ 时，有

$$P_0 p_Q(s) = \rho s^2 u_P(s) \tag{6.86}$$

与式(6.84)相比，得到 $P_0 = \gamma\beta^{-1}$。当 $s \to \infty$ 时，有

$$P_1 p_Q(s) = \rho c s u_P(s) \tag{6.87}$$

与式(6.78)相比，得到 $P_1 p_Q(s) = p_P(s)$。由此得到 DAA1 在频域中的表达式为

$$s p_P(s) + c\beta^{-1}\gamma p_Q(s) = \rho c s^2 u_P(s) \tag{6.88}$$

变换到时域为

$$\dot{p}_P(s) + c\beta^{-1}\gamma p_Q(t) = \rho c \ddot{u}_P(t) \tag{6.89}$$

下面进一步推导用于有限元和边界元的双渐近近似方法的矩阵表达式。

首先将湿表面上的压力和位移离散化，即

$$\{p_Q(t)\} = [N_Q]^{\mathrm{T}} \{p(t)\} \tag{6.90}$$

$$\{u_Q(t)\} = [N_Q]^{\mathrm{T}} \{u(t)\} \tag{6.91}$$

其中，$[N_Q]$ 是形函数；$\{p(t)\}$ 和 $\{u(t)\}$ 是节点压力或位移响应值的列向量。采用

加权残值法，在式(6.89)两边乘权数并将离散化后的压力和位移代入，即

$$\int_S w_P \beta [N_Q]^{\mathrm{T}} \mathrm{d}S_P \{\dot{p}(t)\} + c\int_S w_P \gamma [N_Q]^{\mathrm{T}} \mathrm{d}S_P \{p(t)\} = \rho c \int_S w_P \beta [N_Q]^{\mathrm{T}} \mathrm{d}S_P \{\ddot{u}_P(t)\} \tag{6.92}$$

写成简化的形式为

$$[B]\{\dot{p}(t)\} + c[C]\{p(t)\} = \rho c [B]\{\ddot{u}_P(t)\} \tag{6.93}$$

其中，$[B]$和$[C]$为$n \times n$矩阵，秩为n。

$$[B] = \iint_S w_p r_{PQ}^{-1} [N_Q]^{\mathrm{T}} \mathrm{d}S_P \mathrm{d}S_Q \tag{6.94}$$

$$[C] = \iint_S w_p r_{PQ}^{-2} \cos\varphi_{rn} [N_Q]^{\mathrm{T}} \mathrm{d}S_P \mathrm{d}S_Q \tag{6.95}$$

取权数等于形函数，则$[B]$和$[C]$矩阵的元素为

$$b_{ij} = \iint_S [N_i] r_{ij}^{-1} [N_j]^{\mathrm{T}} \mathrm{d}S_i \mathrm{d}S_j \tag{6.96}$$

$$c_{ij} = \iint_S [N_i] r_{ij}^{-2} \cos\varphi_{ij} [N_j]^{\mathrm{T}} \mathrm{d}S_i \mathrm{d}S_j \tag{6.97}$$

下面推导系数矩阵为对称形式的表达式。

对于无旋、无黏和不可压缩的流体，其动能是

$$T(t) = \frac{1}{2}\int \hat{p}_P(t) \dot{u}_P(t) \mathrm{d}S_P \tag{6.98}$$

其中，“^”表示时间积分。将式(6.90)和式(6.91)代入式(6.98)得

$$T(t) = \frac{1}{2}\{\dot{u}(t)\}^{\mathrm{T}} [A] \{\widehat{p}(t)\} \tag{6.99}$$

$$[A] = \int_S [N_Q][N_Q]^{\mathrm{T}} \mathrm{d}S_Q \tag{6.100}$$

忽略式(6.93)中左边第一项，即利用低频慢变时的流固耦合作用的近似关系，并注意到压力和位移不能同时作为自由向量，选择位移为自由向量，因此可以将$\{\widehat{p}(t)\} = \int \{\dot{p}(t)\} \mathrm{d}t = \{p(t)\} = \rho [C]^{-1} [B] \{\dot{u}_P(t)\}$代入式(6.100)，得

$$T(t) = \frac{1}{2}\rho \{\dot{u}(t)\}^{\mathrm{T}} [A][C]^{-1}[B] \{\dot{u}(t)\} \tag{6.101}$$

将矩阵中对动能有贡献的对称部分取出，即

$$T(t) = \frac{1}{2}\rho \{\dot{u}(t)\}^{\mathrm{T}} \left\langle [A][C]^{-1}[B] \right\rangle \{\dot{u}(t)\} \tag{6.102}$$

而在给定压力边界下的流体的势能是

$$\Pi = \int_S p_P(t)u_P(t)\mathrm{d}S_P = \{u(t)\}^{\mathrm{T}}[A]\{p(t)\} \tag{6.103}$$

由 Hamilton 原理得

$$\delta\int(T+\Pi)\mathrm{d}t = 0 \Rightarrow \rho\left\langle[A][C]^{-1}[B]\right\rangle\{\ddot{u}\} = [A]\{p(t)\} \tag{6.104}$$

$\rho\left\langle[A][C]^{-1}[B]\right\rangle = [M_{\mathrm{f}}]$为流体质量矩阵，或附连水质量矩阵，矩阵正定。在式(6.104)两边乘以$[A]\left\langle[A][C]^{-1}[B]\right\rangle^{-1}$得

$$[A]\left\langle[A][C]^{-1}[B]\right\rangle^{-1}[A]\{p(t)\} = \rho[A]\{\ddot{u}(t)\} \tag{6.105}$$

即

$$\left\langle[A][B]^{-1}[C]\right\rangle\{p(t)\} = \rho[A]\{\ddot{u}(t)\} \tag{6.106}$$

最后代回式(6.93)得

$$[A]\{\dot{p}(t)\} + c\left\langle[A][B]^{-1}[C]\right\rangle\{p(t)\} = \rho c[A]\{\ddot{u}(t)\} \tag{6.107}$$

或

$$[M_{\mathrm{f}}]\{\dot{p}(t)\} + \rho c[A]\{p(t)\} = \rho c[M_{\mathrm{f}}]\{\ddot{u}(t)\} \tag{6.108}$$

式(6.108)就是 DAA1 法。插值函数确定后，附连水质量矩阵就取决于矩阵$[A]$。利用形函数的特征，有

$$\sum_{i=1}^{n_{\mathrm{e}}} N_i = 1 \tag{6.109}$$

可以知道矩阵$[A]$是对角阵。又知$[A]$和$[M_{\mathrm{f}}]$都是对称阵，因此矩阵$[M_{\mathrm{f}}]$也可以考虑从下面的特征方程求出：

$$[M_{\mathrm{f}}]\{u\} = \lambda[A]\{u\} \tag{6.110}$$

从特征方程可以求出$N \times N$的模态矩阵$[\Psi]$，进行线性变换有

$$\{w\} = [\Psi]\{u\} \tag{6.111}$$

因此，在模态坐标中，有

$$m_n w_n = \lambda a_n w_n, \quad n = 1, 2, \cdots, N \tag{6.112}$$

相应地，取变换

$$\{p\} = [\Psi]\{q\} \tag{6.113}$$

式(6.111)就可以改写为

$$m_n\dot{q}_n(t)+\rho ca_n q_n(t)=\rho cm_n\ddot{w}_n(t) \tag{6.114}$$

模态矩阵$[\Psi]$称为流体边界模态，和对应的结构干模态形态一致，但是模态频率较结构干模态小。式(6.114)的解由下面的卷积给出：

$$q_n(t)=h_n(t)*w_n(t) \tag{6.115}$$

其中，脉冲响应函数$h_n(t)$为

$$h_n(t)=\rho c\exp\left(-\frac{\rho ct}{\lambda_n}\right) \tag{6.116}$$

4. DAA2 方法

DAA1 方法中压力的导数的最高阶次是 1，称为一阶渐近。而 DAA2 方法则为二阶渐近。

1) 高频快变时流固耦合作用 DAA2 方法

该方法由 Felippa 在 1980 年提出，在频域的表达式为

$$(s+c\kappa_P)p_P(s)=\rho cs^2u_P(s) \tag{6.117}$$

在时域的表达式为

$$\dot{p}_P(t)+c\kappa_P p_P(t)=\rho c\ddot{u}_P(t) \tag{6.118}$$

其中，下标P是流固耦合面的局部平均曲率。这是一种空间上局部的近似逼近，认为流固交界面上每一小面元都独立地垂直向流体内辐射曲面波，又称为曲面波近似。

2) 低频慢变时流固耦合作用 DAA2 方法

低频慢变时流固耦合作用 DAA2 方法同样是 DAA1 的扩展。将

$$\mathrm{e}^{-r_{PQ}s/c}=1-\frac{r_{PQ}s}{c}+\frac{1}{2}\left(\frac{r_{PQ}s}{c}\right)^2+\cdots \tag{6.119}$$

代入式(6.77)，保留s^0和s^1在左边，s^2和s^3在右边，有

$$\int_S r_{PQ}^{-2}\cos\varphi_{rn}p_Q(s)\mathrm{d}S_Q=\rho\int s^2(r_{PQ}^{-1}-c^{-1}s)u_Q(s)\mathrm{d}S_Q \tag{6.120}$$

利用空间算子

$$\beta q_Q=\int r_{PQ}^{-1}q_Q\mathrm{d}S_Q,\quad \gamma q_Q=\int r_{PQ}^{-2}\cos\varphi_{rn}q_Q\mathrm{d}S_Q \tag{6.121}$$

和平均算子

$$\alpha q_Q = \frac{1}{A}\int_S q_Q \mathrm{d}S \tag{6.122}$$

式(6.120)可以化为

$$\beta^{-1}\gamma p_Q(s) = \rho s^2[u_P(s) - c^{-1}sA\beta^{-1}\alpha u_Q(s)] \tag{6.123}$$

在时域的表达式为

$$\beta^{-1}\gamma p_Q(t) = \rho[\ddot{u}_P(t) - c^{-1}A\beta^{-1}\alpha\dddot{u}_Q(t)] \tag{6.124}$$

3) 流固耦合作用 DAA_2^m 方法

采用和 DAA1 同样的推导方法，将压力和位移离散化，经过一系列运算可以得到

$$[M_\mathrm{f}]\{\ddot{p}(t)\} + \rho c[A]\{\dot{p}(t)\} + \rho c[\Omega_\mathrm{f}][A]\{p(t)\} = \rho c[M_\mathrm{f}]\{\dddot{u}(t)\} + \rho c[\Omega_\mathrm{f}][M_\mathrm{f}]\{\ddot{u}(t)\} \tag{6.125}$$

式(6.125)就是著名的流固耦合作用的 DAA_2^m 方程，其中，$[\Omega_\mathrm{f}]$ 称为频率矩阵，满足下面的特征方程：

$$[\Omega_\mathrm{f}][A]\{w\} = \omega[A]\{w\} \tag{6.126}$$

$$[\Psi]^\mathrm{T}[\Omega_\mathrm{f}][\Psi] = [D_\omega] = \begin{bmatrix} \omega_1 & & \\ & \ddots & \\ & & \omega_n \end{bmatrix} \tag{6.127}$$

$[\Omega_\mathrm{f}][A]$ 和 $[\Omega_\mathrm{f}][M_\mathrm{f}]$ 与流体模态矩阵是正交的(正交矩阵的逆矩阵就是转置矩阵)。

$$\begin{aligned}[\Psi]^\mathrm{T}[\Omega_\mathrm{f}][A][\Psi] &= [\Psi]^\mathrm{T}[\Omega_\mathrm{f}][\Psi][\Psi]^{-1}[A][\Psi] \\ &= [\Psi]^\mathrm{T}[\Omega_\mathrm{f}][\Psi][\Psi]^\mathrm{T}[A][\Psi] = [D_\omega][D_a]\end{aligned} \tag{6.128}$$

$$\begin{aligned}[\Psi]^\mathrm{T}[\Omega_\mathrm{f}][M_\mathrm{f}][\Psi] &= [\Psi]^\mathrm{T}[\Omega_\mathrm{f}][\Psi][\Psi]^{-1}[M_\mathrm{f}][\Psi] \\ &= [\Psi]^\mathrm{T}[\Omega_\mathrm{f}][\Psi][\Psi]^\mathrm{T}[M_\mathrm{f}][\Psi] = [D_\omega][D_m]\end{aligned} \tag{6.129}$$

$$[D_a] = [\Psi]^\mathrm{T}[A][\Psi] = \begin{bmatrix} a_1 & & \\ & \ddots & \\ & & a_n \end{bmatrix} \tag{6.130}$$

式(6.125)取变换 $\{w\} = [\Psi]\{u\}$，$\{p\} = [\Psi]\{q\}$ 得

$$m_n\ddot{q}(t) + \rho c a_n\dot{q}(t) + \rho c\omega_n a_n q(t) = \rho c m_n\dddot{w}(t) + \rho c\omega_n a_n\ddot{w}(t) \tag{6.131}$$

其解由下面的卷积给出，即

$$q_n(t) = h_n(t) * \ddot{w}_n(t) \tag{6.132}$$

脉冲响应函数 $h_n(t)$ 为

$$h_n(t)=\rho c\exp\left(-\frac{\rho ct}{\lambda_n}\right)\left(\cos\beta_n t+\frac{\omega_n-\dfrac{\rho c}{2\lambda_n}}{\beta_n}\sin\beta_b t\right),\quad \omega_n\geqslant\frac{\rho c}{4\lambda_n} \tag{6.133}$$

$$h_n(t)=\rho c\exp\left(-\frac{\rho ct}{\lambda_n}\right)\left(\cosh\gamma_n t+\frac{\omega_n-\dfrac{\rho c}{2\lambda_n}}{\gamma_n}\sinh\gamma_b t\right),\quad \omega_n\leqslant\frac{\rho c}{4\lambda_n} \tag{6.134}$$

其中，$\beta_n=\alpha^{1/2}\left(\omega_n-\dfrac{1}{4}\alpha_n\right)^{1/2}$；$\gamma_n=\alpha^{1/2}\left(\dfrac{1}{4}\alpha_n-\omega_n\right)^{1/2}$；$\alpha_n=\rho c/\ddot{\lambda}_n$。

近似地，取 $\omega_n=\dfrac{\rho c}{\lambda_n}$，则有

$$[D_\omega]=\rho c[D_\lambda]^{-1}=\rho c\begin{bmatrix}\lambda_1^{-1} & & \\ & \ddots & \\ & & \lambda_n^{-1}\end{bmatrix} \tag{6.135}$$

由式(6.112)可得

$$[\Psi]^{\mathrm{T}}[M_{\mathrm{f}}][\Psi]=[D_\lambda][\Psi]^{\mathrm{T}}[A][\Psi] \tag{6.136}$$

注意到式(6.128)，有

$$[\Omega_{\mathrm{f}}]=[\Psi]^{-1}[D_\omega][D_a]([A][\Psi])^{-1}=[\Psi]^{-1}[D_\omega][D_a]([\Psi]^{-1}[D_a])^{-1}=[\Psi]^{-1}[D_\omega][\Psi]^{\mathrm{T}} \tag{6.137}$$

由式(6.135)～式(6.137)可以得到

$$[\Omega_{\mathrm{f}}]=\rho c[A][M_{\mathrm{f}}]^{-1} \tag{6.138}$$

因此，只要求得结构干模态，进而求得流体边界模态，就能够方便地利用 DAA_2^m 方法。

4) 流固耦合作用 DAA_2^c 方法

假设 DAA_2^c 的试探函数为(两边分别为 s、c 的齐次式)

$$s^2 p_P(s)+csP_1p_Q(s)+c^2P_0p_Q(s)=\rho cs^3u_P(s)+\rho cs^2U_2u_Q(s) \tag{6.139}$$

其中，P_1、P_0、U_2 是待定的空间算子。如 $s\to 0$，则有

$$(P_0+c^{-1}sP_1)p_Q(s)=\rho s^2(U_2+c^{-1}s)u_Q(s) \tag{6.140}$$

若 $s\to\infty$，则

$$(1+c^{-1}sP_1)p_Q(s)=\rho c(cU_2+s)u_Q(s) \tag{6.141}$$

式(6.140)应该和式(6.123)相配，式(6.141)应该和式(6.117)相配。从式(6.140)可以得到

$$p_Q(s)=\rho s^2(P_0+c^{-1}sP_1)^{-1}(U_2+c^{-1}s)u_Q(s) \tag{6.142}$$

利用下面的等式

$$(1-c^{-1}sP_0^{-1}P_1)P_0^{-1}(P_0+c^{-1}sP)=1 \tag{6.143}$$

保留 s 的零次方和一次方，并乘以 $\beta^{-1}\gamma$，即

$$\beta^{-1}\gamma p_Q(s)=\rho s^2\beta^{-1}\gamma[U_2+c^{-1}s(1-P_1P_0^{-1}U_2)]u_Q(s) \tag{6.144}$$

与式(6.123)比较，得到

$$\beta^{-1}\gamma P_0^{-1}U_2=1 \tag{6.145}$$

$$\beta^{-1}\gamma P_0^{-1}(P_1P_0^{-1}U_2-1)=A\beta^{-1}\alpha \tag{6.146}$$

由式(6.141)可以得到

$$s^{-1}(1-cs^{-1}U_2)^{-1}(1+c^{-1}sP_1)p_Q(s)=\rho cs^2u_P(s) \tag{6.147}$$

式(6.147)利用了下面的等式，即

$$s^{-1}(1-c^{-1}sU_2)(s+cU_2)=1 \tag{6.148}$$

保留 s 的负一次方和负二次方，并乘以 s 的二次方得

$$sp_P(s)+c(P_1-U_2)p_Q(s)=\rho cs^2u_P(s) \tag{6.149}$$

和式(6.117)比较，得到

$$P_1-U_2=\kappa_P \tag{6.150}$$

由式(6.145)、式(6.146)和式(6.150)可以得到

$$\begin{cases}P_0=\chi\beta^{-1}\gamma\\ P_1=\chi+\kappa_P\\ U_2=\chi\end{cases} \tag{6.151}$$

其中，$\chi=(\beta^{-1}\gamma-\kappa_P)(1-A\beta^{-1}\alpha\beta^{-1}\gamma)^{-1}$。

代回式(6.139)，有

$$s^2p_P(s)+cs\kappa_Pp_P(s)+cs\chi p_Q(s)+c^2\chi\beta^{-1}\gamma p_Q(s)=\rho cs^3u_P(s)+\rho c^2s^2\chi u_Q(s) \tag{6.152a}$$

在时域中，有

$$\ddot{p}_P(t)+c\kappa_P\dot{p}_P(t)+c\chi\dot{p}_Q(t)+c^2\chi\beta^{-1}\gamma p_Q(t)=\rho c\ddot{u}_P(t)+\rho c^2\chi\ddot{u}_Q(t) \tag{6.152b}$$

式(6.152)即 DAA_2^c，和 DAA_2^m 不同之处是考虑了流固耦合面曲率的影响。

5. 双渐近近似方法计算冲击响应的步骤

1) 结构方程

结构方程为

$$[M_{\mathrm{s}}]\{\ddot{X}\}+[C_{\mathrm{s}}]\{\dot{X}\}+[K_{\mathrm{s}}]\{X\}=\{F_1\}+\{F_2\} \tag{6.153}$$

其中，$[M_{\mathrm{s}}]$、$[C_{\mathrm{s}}]$ 和 $[K_{\mathrm{s}}]$ 分别是结构的质量矩阵、阻尼矩阵和刚度矩阵。$\{F_1\}$ 是除了冲击作用以外的载荷，$\{F_2\}$ 是冲击作用产生的入射波压力和散射波压力产生的载荷，由式(6.154)给出：

$$\{F_2\}=-[G][A](\{p_{\mathrm{i}}\}+\{p_{\mathrm{s}}\}) \tag{6.154}$$

变换矩阵 $[G]$ 将入射波压力和散射波压力产生的载荷分配到流固耦合交界面上。在流固耦合交界面上除了力的平衡条件，还应该满足结构和流体的法向速度相等的条件，即

$$[G]^{\mathrm{T}}\{\dot{X}\}=\{\dot{u}_{\mathrm{i}}\}+\{\dot{u}_{\mathrm{s}}\} \tag{6.155}$$

2) 流体表面方程

将式(6.154)、式(6.155)代入式(6.153)，结合 DAA1 方法有

$$\begin{aligned}&[M_{\mathrm{s}}]\{\ddot{X}\}+[C_{\mathrm{s}}]\{\dot{X}\}+[K_{\mathrm{s}}]\{X\}=-[G][A](\{p_{\mathrm{i}}\}+\{p_{\mathrm{s}}\})\\&[M_{\mathrm{f}}]\{\dot{p}_{\mathrm{s}}(t)\}+\rho c[A]\{p_{\mathrm{s}}(t)\}=\rho c[M_{\mathrm{f}}]([G]^{\mathrm{T}}\{\ddot{X}\}-\{\ddot{u}_{\mathrm{i}}(t)\})\end{aligned} \tag{6.156}$$

或结合 DAA2 方法有

$$\begin{aligned}&[M_{\mathrm{s}}]\{\ddot{X}\}+[C_{\mathrm{s}}]\{\dot{X}\}+[K_{\mathrm{s}}]\{X\}=\{F_1\}-[G][A](\{p_{\mathrm{i}}\}+\{p_{\mathrm{s}}\})\\&[M_{\mathrm{f}}]\{\ddot{p}_{\mathrm{s}}(t)\}+\rho c[A]\{\dot{p}_{\mathrm{s}}(t)\}+\rho c[\Omega_{\mathrm{f}}][A]\{p_{\mathrm{s}}(t)\}\\&=\rho c[M_{\mathrm{f}}]([G]^{\mathrm{T}}\{\dddot{X}\}-\{\dddot{u}_{\mathrm{i}}(t)\})+\rho c[\Omega_{\mathrm{f}}][M_{\mathrm{f}}]([G]^{\mathrm{T}}\{\ddot{X}(t)\}-\{\ddot{u}_{\mathrm{i}}(t)\})\end{aligned} \tag{6.157}$$

式(6.157)的第二式又可以写为

$$\begin{aligned}&[M_{\mathrm{f}}]\{\ddot{p}_{\mathrm{is}}(t)\}+\rho c[A]\{\dot{p}_{\mathrm{is}}(t)\}+\rho c[\Omega_{\mathrm{f}}][A]\{p_{\mathrm{is}}(t)\}\\&=\rho c[M_{\mathrm{f}}]([G]^{\mathrm{T}}\{\ddot{X}\}-\{\ddot{u}_i(t)\})+\rho c[\Omega_{\mathrm{f}}][M_{\mathrm{v}}]([G]^{\mathrm{T}}\{\dot{X}(t)\}-\{\dot{u}_i(t)\})\end{aligned} \tag{6.158}$$

其中

$$\{p_{\mathrm{is}}\}=\int_0^t\{p_{\mathrm{s}}(t)\}\mathrm{d}t \tag{6.159}$$

3) 计算步骤

计算步骤如下：

(1) 求解 $t+\mathrm{d}t$ 时刻的结构方程 $[K_{t+\Delta t}^i]\{\Delta u_{t+\Delta t}^{i+1}\}=-\{F_{t+\Delta t}^i\}$，收敛准则由残余广义力向量决定，即

$$\{R\}_{t+\Delta t}=[M_{\mathrm{s}}]\{\ddot{u}\}_{t+\Delta t}+(1+\alpha)(\{I\}_{t+\Delta t}-\{f\}_{t+\Delta t})-\alpha(\{I\}_t-\{f\}_t)+\{L\}_{t+\Delta t}$$

其中，$\{L\}_{t+\Delta t}$ 是和各个自由度有关的拉格朗日乘子力，由此得到结构恢复力为 $\{F\}_{t+\Delta t}$。

(2) 将 $\{F\}_{t+\Delta t}$ 用形函数插值到流固耦合面的节点上。

(3) 解流体方程，计算合成压力 $\{F_2\}=-[G][A](\{p_{\mathrm{i}}\}+\{p_{\mathrm{s}}\})$。

(4) 将合成压力用形函数插值到流固耦合面的节点上。

(5) 解 $t+\mathrm{d}t$ 时刻的结构方程，得到节点位移、速度和加速度。

(6) 回到步骤(1)，插值求解结构恢复力 $\{F\}_{t+\Delta t}$，如收敛，则将响应值保存。

(7) 在 $t+2\mathrm{d}t$ 时刻重复上述步骤。

上述步骤在水下爆炸分析程序中称为交错求解(staggered solution)。

6.4　水下爆炸冲击波作用下弹性圆柱壳的瞬态动力响应

6.4.1　引言

本节致力于研究水下爆炸冲击波作用下，浸没弹性圆柱壳结构的瞬态动力响应。首先推导无限长弹性圆柱壳的控制微分方程，然后采用反射尾流虚源模型确定流体和结构的相互作用，最后研究平面冲击波作用下无限长弹性圆柱壳的瞬态动力响应。采用反射尾流虚源模型得到的计算结果与文献[19]中的结果进行比较，此外还进行一系列参数研究，包括圆柱壳弹性模量和厚度对圆柱壳瞬态动力响应的影响。

6.4.2　圆柱薄壳普遍的变形理论

Love[20]建立了薄壳经典理论的基础，他最早阐明了推导壳变形的简化二维方程的前提条件：

(1) 壳的厚度 h 与壳的其他尺寸(如曲率半径、长度)相比非常小；

(2) 壳的变形充分小，允许变形的二阶和高阶项相对于一阶项可以忽略；

(3) 壳中的横向法向应力与其他法向应力相比很小，可以忽略；

(4) 未变形中面的法线仍然是变形的中面的法线，中面的纵向变形不会发生。

上述四个前提条件是任何薄壳线性理论的基础。第一个假定本质上定义了薄壳。如果薄壳的曲率半径用 R 表示，该假定允许忽略 z/R 和 h/R 的高阶项，即

$$\left(\frac{h}{R}\right)^2\ll 1\quad 且\quad \left(\frac{z}{R}\right)^2\ll 1$$

应该注意到，在推导动力变形方程过程中的不同阶段，忽略上述前提条件，存在

各种薄壳理论。Love 的第二个假定要求壳变形的微分方程是线性的。第三个和第四个假定把弹性体数学理论的三维问题变换为二维问题。第四个假定本质上表示横截面变形的 Kirchhoff 假设。利用假定变形的几何形状，有 $\gamma_{xz}=\gamma_{yz}=\varepsilon_z=0$，使得径向的法向应力 $\sigma_z=0$。

借助剪切应变，非零的横向单位力 Q_x、Q_θ 可以进一步表示成积分的形式。然而，剪切应变为零的假定排除了横向单位力的存在。因此，交叉剪切应变必须存在。通过同时假定 σ_z 和 ε_z 等于零引入了 Kirchhoff 假定导致的附加的复杂性。在某种意义上，这个问题可以克服，即通过引入一类特殊的正交各向异性的本构方程，有 $E_z=G_z=\infty$ 且 $\nu_z=0$。

6.4.3 动力平衡方程

首先推导图 6.4 所示薄壳单元的动力平衡的普遍方程。这些方程由沿 x、y 和 z 方向的 3 个力平衡方程及绕相同轴的 3 个力矩平衡方程组成。

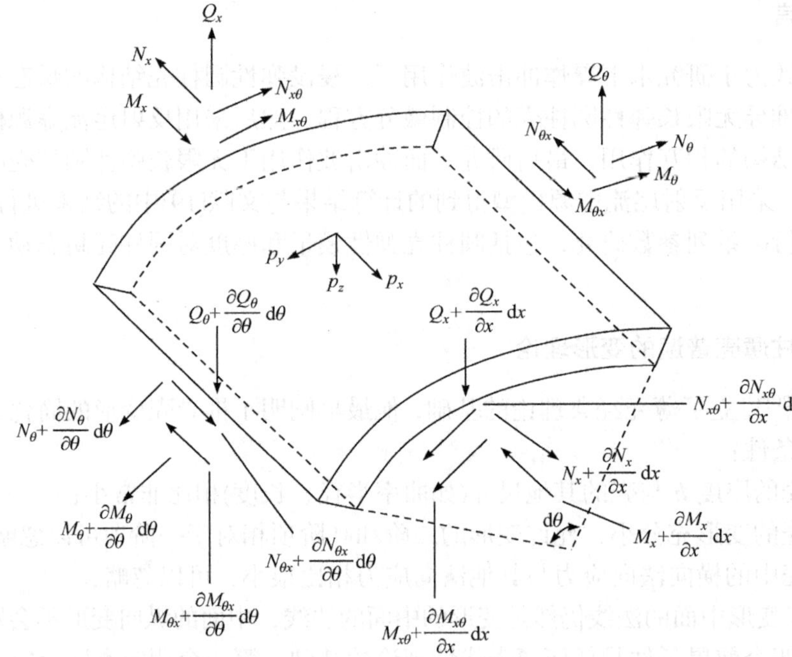

图 6.4 作用在薄壳单元上的单位力和力矩

1. 力平衡

根据图 6.4，首先考虑沿 x 方向的所有力的平衡，显然：

$$\left(N_x+\frac{\partial N_x}{\partial x}\mathrm{d}x\right)R\mathrm{d}\theta-N_xR\mathrm{d}\theta+\left(N_{\theta x}+\frac{\partial N_{\theta x}}{\partial \theta}\mathrm{d}\theta\right)\mathrm{d}x-N_{\theta x}\mathrm{d}x+p_xR\mathrm{d}\theta\mathrm{d}x=0 \tag{6.160}$$

经整理，得到

$$R\frac{\partial N_x}{\partial x}+\frac{\partial N_{\theta x}}{\partial \theta}+Rp_x=0 \tag{6.161}$$

可以类似地推导单位力沿 y 和 z 方向的平衡方程，得到如下关系：

$$\frac{\partial N_\theta}{\partial \theta}+R\frac{\partial N_{x\theta}}{\partial x}-Q_\theta+Rp_y=0 \tag{6.162}$$

$$R\frac{\partial Q_x}{\partial x}+\frac{\partial Q_\theta}{\partial \theta}+N_\theta+Rp_z=0 \tag{6.163}$$

2. 力矩平衡

考虑绕 y 轴作用的力矩，即

$$\begin{aligned}&\left(M_x+\frac{\partial M_x}{\partial x}\mathrm{d}x\right)R\mathrm{d}\theta-M_xR\mathrm{d}\theta-\left(Q_x+\frac{\partial Q_x}{\partial x}\mathrm{d}x\right)R\mathrm{d}\theta\mathrm{d}x\\&+\left(M_{\theta x}+\frac{\partial M_{\theta x}}{\partial \theta}\mathrm{d}\theta\right)\mathrm{d}x-M_{\theta x}\mathrm{d}x+Q_\theta\frac{\mathrm{d}x}{2}\mathrm{d}x-\left(Q_\theta+\frac{\partial Q_\theta}{\partial \theta}\mathrm{d}\theta\right)\mathrm{d}x\frac{\mathrm{d}x}{2}\\&-p_z\mathrm{d}xR\mathrm{d}\theta\frac{\mathrm{d}x}{2}=0\end{aligned} \tag{6.164}$$

考虑到小变形，忽略包含单元长度 dx 的二次项，即$(\mathrm{d}x)^2$。整理式(6.164)得到

$$R\frac{\partial M_x}{\partial x}+\frac{\partial M_{\theta x}}{\partial \theta}-RQ_x=0 \tag{6.165}$$

类似地，可以推导绕 x 轴的力矩平衡方程为

$$R\frac{\partial M_{x\theta}}{\partial x}-\frac{\partial M_\theta}{\partial \theta}+RQ_\theta=0 \tag{6.166}$$

由绕 z 轴的第 3 个力矩条件可得

$$N_{\theta x}=N_{x\theta} \tag{6.167}$$

式(6.161)～式(6.163)和式(6.165)～式(6.167)是薄壳平衡的通用方程。在 d’Alembert 原理的基础上考虑惯性力，上述 6 个方程包含 13 个未知量：N_x、N_θ、Q_x、Q_θ、$N_{\theta x}$、$N_{x\theta}$、M_x、M_θ、$M_{x\theta}$、$M_{\theta x}$、u、v、w，因为在式(6.161)～式(6.163)中，有

$$p_x=-\rho_s h\frac{\partial^2 u}{\partial t^2}+q_x(x,\theta,t)$$

$$
\begin{aligned}
p_y &= -\rho_s h \frac{\partial^2 v}{\partial t^2} + q_y(x,\theta,t) \\
p_z &= -\rho_s h \frac{\partial^2 w}{\partial t^2} + q_z(x,\theta,t)
\end{aligned}
\tag{6.168}
$$

其中，u、v 和 w 分别是单位质量壳在 x、y 和 z 方向的位移；ρ_s 是壳的质量密度；q_x、q_y 和 q_z 分别是作用在壳表面沿 x、y 和 z 方向的外部激励力。经典的薄壳理论采用线性弹性体的应力-应变方程，对于二维问题的情况，可以写成式(6.169)的形式：

$$
\begin{aligned}
\sigma_x &= \frac{E}{1-\nu^2}(\varepsilon_x + \nu\varepsilon_y) \\
\sigma_y &= \frac{E}{1-\nu^2}(\varepsilon_y + \nu\varepsilon_x) \\
\tau_{xy} &= G\gamma_{xy}
\end{aligned}
\tag{6.169}
$$

对于圆柱壳，单位力和力矩由式(6.170)确定：

$$
\begin{aligned}
N_x &= \int_{-h/2}^{h/2} \sigma_x \left(1-\frac{z}{R}\right) \mathrm{d}z \\
N_y &= \int_{-h/2}^{h/2} \sigma_y \mathrm{d}z \\
N_{x\theta} = N_{\theta x} &= \int_{-h/2}^{h/2} \tau_{xy} \left(1-\frac{z}{R}\right) \mathrm{d}z \\
M_x &= \int_{-h/2}^{h/2} \sigma_x \left(1-\frac{z}{R}\right) z\mathrm{d}z \\
M_y &= \int_{-h/2}^{h/2} \sigma_y z\mathrm{d}z \\
M_{xy} &= -\int_{-h/2}^{h/2} \tau_{xy} \left(1-\frac{z}{R}\right) z\mathrm{d}z \\
M_{yx} &= \int_{-h/2}^{h/2} \tau_{yx} z\mathrm{d}z
\end{aligned}
\tag{6.170}
$$

利用式(6.165)～式(6.167)，平衡方程可以简化为

$$
\begin{aligned}
& R\frac{\partial N_x}{\partial x} + \frac{\partial N_{\theta x}}{\partial \theta} + Rp_x = 0 \\
& \frac{\partial N_\theta}{\partial \theta} + R\frac{\partial N_{x\theta}}{\partial x} + \frac{\partial M_{x\theta}}{\partial x} - \frac{1}{R}\frac{\partial M_\theta}{\partial \theta} + Rp_y = 0 \\
& R\frac{\partial^2 M_x}{\partial x^2} + 2\frac{\partial^2 M_{x\theta}}{\partial \theta \partial x} + \frac{1}{R}\frac{\partial^2 M_\theta}{\partial \theta^2} + N_\theta + Rp_z = 0
\end{aligned}
\tag{6.171}
$$

6.4.4 Flugge 圆柱壳的控制运动微分方程

1. Flugge 圆柱壳的本构方程

Flugge[21]提出的圆柱壳的本构方程是

$$\begin{aligned}\varepsilon_x &= \varepsilon_1 - z\chi_1\\ \varepsilon_y &= \frac{1}{1-\dfrac{z}{R}}(\varepsilon_2 - z\chi_2)\\ \gamma_{xy} &= \frac{1}{1-\dfrac{z}{R}}\left[\gamma_{12} - 2z\left(1-\frac{z}{2R}\right)\chi_{12}\right]\end{aligned} \tag{6.172}$$

其中

$$\begin{aligned}\varepsilon_1 &= \frac{\partial u}{\partial x}\\ \varepsilon_2 &= \frac{\partial v}{R\partial\theta} - \frac{w}{R}\\ \gamma_{12} &= \frac{\partial u}{R\partial\theta} + \frac{\partial v}{\partial x}\\ \chi_1 &= \frac{\partial^2 w}{\partial x^2}\\ \chi_2 &= \frac{1}{R^2}\left(\frac{\partial v}{\partial\theta} + \frac{\partial^2 w}{\partial\theta^2}\right)\\ \chi_{12} &= \frac{1}{R}\left(\frac{\partial v}{\partial x} + \frac{\partial^2 w}{\partial x\partial\theta}\right)\end{aligned} \tag{6.173}$$

对圆柱壳而言，Flugge [21]推导的 ε_x 和 ε_y 的表达式是最通用的。在表达由于应变引起的变形时，ε_x 和 ε_y 的表达式是直接应用 Kirchhoff 假设的结果。

2. Flugge 圆柱壳的控制运动方程

将式(6.172)、式(6.169)和式(6.170)代入式(6.171)，可以推导出式(6.174)形式的 Flugge 圆柱壳的运动方程：

$$R^2\frac{\partial^2 u}{\partial x^2} + \frac{1}{2}(1-\nu)\frac{\partial^2 u}{\partial\theta^2} + \frac{R}{2}(1+\nu)\frac{\partial^2 v}{\partial x\partial\theta} - \nu R\frac{\partial w}{\partial x}$$
$$+k\left[\frac{1}{2}(1-\nu)\frac{\partial^2 u}{\partial\theta^2} + R^3\frac{\partial^3 w}{\partial x^3} - \frac{R}{2}(1-\nu)\frac{\partial^3 w}{\partial x\partial\theta^2}\right] = \frac{1}{Eh}(1-\nu^2)R^2\left(\rho_s h\frac{\partial^2 u}{\partial t^2} - q_x(x,\theta,t)\right)$$

$$
\begin{aligned}
&\frac{R}{2}(1+\nu)\frac{\partial^2 u}{\partial x\partial\theta}+\frac{R^2}{2}(1-\nu)\frac{\partial^2 v}{\partial x^2}+\frac{\partial^2 v}{\partial\theta^2}-\frac{\partial w}{\partial\theta}\\
&+k\left[\frac{3}{2}(1-\nu)\frac{\partial^2 v}{\partial x^2}+\frac{R^2}{2}(3-\nu)\frac{\partial^3 w}{\partial x^2\partial\theta}\right]=\frac{1}{Eh}(1-\nu^2)R^2\left(\rho_s h\frac{\partial^2 v}{\partial t^2}-q_y(x,\theta,t)\right)
\end{aligned}
$$

$$
\begin{aligned}
&\nu R\frac{\partial u}{\partial x}+\frac{\partial v}{\partial\theta}-w-k\left(R^4\frac{\partial^4 w}{\partial x^4}+2R^2\frac{\partial^4 w}{\partial x^2\partial\theta^2}+\frac{\partial^4 w}{\partial\theta^4}\right)\\
&+k\left[-R^3\frac{\partial^3 u}{\partial x^3}+\frac{R}{2}(1-\nu)\frac{\partial^3 u}{\partial x\partial\theta^2}-\frac{R^2}{2}(3-\nu)\frac{\partial^3 v}{\partial x^2\partial\theta}-w-2\frac{\partial^2 w}{\partial\theta^2}\right]\\
&=\frac{1}{Eh}(1-\nu^2)R^2\left(\rho_s h\frac{\partial^2 w}{\partial t^2}-q_z(x,\theta,t)\right)
\end{aligned}
\tag{6.174}
$$

其中

$$
k=\frac{1}{12}\left(\frac{h}{R}\right)^2
$$

圆柱薄壳振动的 Flugge 方程可以改写成式(6.175)的紧凑形式：

$$
([L]_{\mathrm{DM}}+k[L]_{\mathrm{FLU}})\{u\}=\frac{1}{Eh}(1-\nu^2)R^2(\rho_s hL\{u\}-\{q\})
\tag{6.175}
$$

其中，$\{u\}$ 是位移 u、v、w 的列矢量，且

$$
\{u\}=\mathrm{col}(u_i),\ \{u\}^{\mathrm{T}}=[u,v,w],\ \{q\}=\mathrm{col}(q_i),\ \{q\}^{\mathrm{T}}=[q_x,q_y,q_z]
$$

$$
[L]_{\mathrm{DM}}=\begin{bmatrix}
R^2\dfrac{\partial^2}{\partial x^2}+\dfrac{1}{2}(1-\nu)\dfrac{\partial^2}{\partial\theta^2} & \dfrac{R}{2}(1+\nu)\dfrac{\partial^2}{\partial x\partial\theta} & -\nu R\dfrac{\partial}{\partial x}\\
\dfrac{R}{2}(1+\nu)\dfrac{\partial^2}{\partial x\partial\theta} & \dfrac{R^2}{2}(1-\nu)\dfrac{\partial^2}{\partial x^2}+\dfrac{\partial^2}{\partial\theta^2} & -\dfrac{\partial}{\partial\theta}\\
\nu R\dfrac{\partial}{\partial x} & \dfrac{\partial}{\partial\theta} & -1-k\left(R^2\dfrac{\partial^2}{\partial x^2}+\dfrac{\partial^2}{\partial\theta^2}\right)^2
\end{bmatrix}
$$

$$
[L]_{\mathrm{FLU}}=\begin{bmatrix}
\dfrac{1-\nu}{2}\dfrac{\partial^2}{\partial\theta^2} & 0 & R^3\dfrac{\partial^3}{\partial x^3}-R\dfrac{1-\nu}{2}\dfrac{\partial^3}{\partial x\partial\theta^2}\\
0 & R^2\dfrac{3(1-\nu)}{2}\dfrac{\partial^2}{\partial x^2} & R^2\dfrac{3-\nu}{2}\dfrac{\partial^3}{\partial x^2\partial\theta}\\
-R^3\dfrac{\partial^3}{\partial x^3}+R\dfrac{1-\nu}{2}\dfrac{\partial^3}{\partial x\partial\theta^2} & -R^2\dfrac{3-\nu}{2}\dfrac{\partial^3}{\partial x^2\partial\theta} & -1-2\dfrac{\partial^2}{\partial\theta^2}
\end{bmatrix}
\tag{6.176}
$$

L 是时间的微分算子，即

$$L = \frac{\partial^2}{\partial t^2}$$

3. 边界条件和载荷

下面研究水下冲击波作用下无限长弹性圆柱壳的瞬态响应。无限长圆柱壳的一个简单数学模型可以通过利用平面应变的概念得到，假定圆柱壳在其长度方向没有运动并且所有的物理量(位移、膜力、力矩)与长度方向的位置无关。因此，平面应变的假定要求为

$$\begin{aligned} u &= 0 \\ v &= v(\theta) \\ w &= w(\theta) \end{aligned} \tag{6.177}$$

平面应变的假定使得圆柱壳的运动从二维简化为一维(仅随θ变化)，极大地简化了分析和计算。在式(6.177)的假定下，Flugge 控制运动方程(6.174)简化为

$$\begin{aligned} &\frac{\partial^2 v}{\partial \theta^2} - \frac{\partial w}{\partial \theta} = \frac{1}{Eh}(1-\nu^2)R^2\left(\rho_s h \frac{\partial^2 v}{\partial t^2} - q_y(x,\theta,t)\right) \\ &\frac{\partial v}{\partial \theta} - w - k\frac{\partial^4 w}{\partial \theta^4} - kw - 2k\frac{\partial^2 w}{\partial \theta^2} = \frac{1}{Eh}(1-\nu^2)R^2\left(\rho_s h \frac{\partial^2 w}{\partial t^2} - q_z(x,\theta,t)\right) \end{aligned} \tag{6.178}$$

对于无限长圆柱壳受到水下冲击波作用的情况，$q_x(x,\theta,t) = q_y(x,\theta,t) = 0$，$q_z(x,\theta,t) = P_{\text{tot}}(t)$。其中，$P_{\text{tot}}(t)$是流体作用在圆柱壳外表面上的总压力，假定流体没有与圆柱壳表面分离。

6.4.5　确定流体结构相互作用的反射尾流虚源模型

1. 运动方程

结构表面的速度$u(t)$(注意：此后变量$u(t)$不再表示壳在x方向的位移)沿表面法向相反方向的运动方程是[22]

$$m\dot{u}(t) = P_{\text{tot}}(t) - P_{\text{str}}(t) \tag{6.179}$$

其中，$m = \rho_s h$ 是结构表面单位面积的总质量；t 是入射波到达后的时间；$P_{\text{tot}}(t)$是流体中的总压力；$P_{\text{str}}(t)$是结构压力，即由于结构引起的沿结构表面法向的单位面积的力，它由结构的性质确定。在结构表面感兴趣点上的流体总压力为

$$P_{\text{tot}}(t) = P_{\text{hydro}} + P(t) + P_{\text{scat}}(t) + P_{\text{rad}}(t) \tag{6.180}$$

其中，P_{hydro}是静水压力；$P(t)$是入射波压力；$P_{\text{scat}}(t)$是散射波压力，它定义为结构表面不运动时产生的波的压力(流体没有与结构表面分离)；$P_{\text{rad}}(t)$是辐射波压力，它定义为结构表面运动时产生的波的压力。

2. 虚源法

通过假设散射波和辐射波由虚源发出，确定在结构表面感兴趣点上由这些波引起的压力。

对于虚源模型，结构表面上感兴趣点到爆炸源之间的距离是 r，如图 6.5 所示。该点的表面用一个等价的球面模拟，其半径定义为

$$\frac{1}{a}=\frac{1}{2}\left(\frac{1}{a_1}+\frac{1}{a_2}\right) \tag{6.181}$$

其中，a_1是真实表面在给定方向的曲率半径，且a_2是与给定方向垂直的方向上的曲率半径。

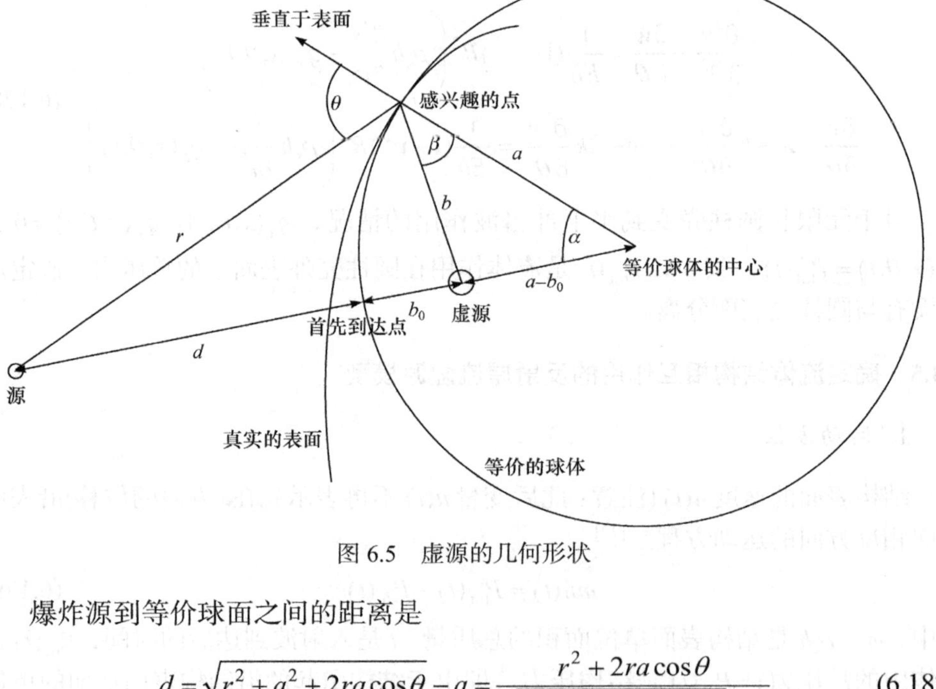

图 6.5　虚源的几何形状

爆炸源到等价球面之间的距离是

$$d=\sqrt{r^2+a^2+2ra\cos\theta}-a=\frac{r^2+2ra\cos\theta}{\sqrt{r^2+a^2+2ra\cos\theta}+a} \tag{6.182}$$

等价球面中心到爆炸源和感兴趣点之间的夹角是

$$\xi = \arctan\left(\frac{r\sin\theta}{a + r\cos\theta}\right) \tag{6.183}$$

且

$$\alpha = \begin{cases} \xi, & a + r\cos\theta \geqslant 0 \\ \pi + \xi, & a + r\cos\theta < 0 \end{cases} \tag{6.184}$$

正如在几何光学中一样，散射波和辐射波模拟成从虚源发出，即

$$\frac{1}{b_0} = \frac{1}{d} + \frac{2}{a},\quad d \geqslant 0,\ a > 0 \tag{6.185}$$

对于 $d \geqslant 0$ 的情况，假定虚源位于真实的爆炸源，即

$$b = r,\quad \beta = \pi - \theta$$

3. 散射波和辐射波的压力

离开水下爆炸充分远的距离，得到的冲击波可以用声源发出的球形对称声波模拟。因此，流体的速度是

$$V(t) = \frac{P(t)}{\rho c} + \frac{1}{\rho r}\int_0^t P(t')\mathrm{d}t' \tag{6.186}$$

其中，$P(t)$ 是入射波到达后的时刻 t 的压力；ρ 是流体的质量密度；c 是声速。方程中的第二项称为尾流项。

由散射波引起的流体的速度是

$$V_{\text{scat}}(t) = \frac{P_{\text{scat}}(t)}{\rho c} + \frac{1}{\rho b}\int_0^t P_{\text{scat}}(t')\mathrm{d}t' \tag{6.187}$$

其中，$P_{\text{scat}}(t)$ 是散射波的压力。散射波定义为结构表面不运动时产生的波。如果流体与结构表面没有分离，那么在结构表面法线方向流体速度必须等于零。边界条件是

$$V(t)\cos\theta - V_{\text{scat}}(t)\cos\beta = 0 \tag{6.188}$$

将式(6.186)和式(6.187)代入式(6.188)，然后两边对时间求导得到 Bernoulli 方程

$$\dot{P}_{\text{scat}}(t) + \frac{c}{b}P_{\text{scat}}(t) = \left[\dot{P}(t) + \frac{c}{r}P(t)\right]\frac{\cos\theta}{\cos\beta} \tag{6.189}$$

式(6.189)的解(散射波的压力)是

$$P_{\text{scat}}(t) = \left[P(t) - c\left(\frac{1}{b} - \frac{1}{r}\right)\mathrm{e}^{-\frac{ct}{b}}\int_0^t \mathrm{e}^{\frac{ct'}{b}} P(t')\mathrm{d}t'\right]\frac{\cos\theta}{\cos\beta} \tag{6.190}$$

由于辐射波引起的感兴趣点的压力也模拟成辐射波由虚源发出。通过求解式(6.191)确定辐射波压力为

$$u(t)=-\left[\frac{P_{\text{rad}}(t)}{\rho c}+\frac{1}{\rho b}\int_{-r/c}^{t}P_{\text{rad}}(t')\mathrm{d}t'\right]\cos\beta \tag{6.191}$$

其中，$u(t)$ 是结构表面的速度，其方向与表面法线方向相反。将式(6.191)对时间求导得到 Bernoulli 方程，即

$$\dot{u}=-\frac{\cos\beta}{\rho c}\dot{P}_{\text{rad}}(t)-\frac{\cos\beta}{\rho b}P_{\text{rad}}(t) \tag{6.192}$$

式(6.192)的解(辐射波的压力)是

$$P_{\text{rad}}(t)=-\mathrm{e}^{-\frac{ct}{b}}\int_{-r/c}^{t}\mathrm{e}^{\frac{ct'}{b}}\frac{\rho c\dot{u}(t')}{\cos\beta}\mathrm{d}t'=-\frac{\rho cu(t)}{\cos\beta}+\frac{c}{b}\mathrm{e}^{-\frac{ct}{b}}\int_{-r/c}^{t}\mathrm{e}^{\frac{ct'}{b}}\frac{\rho cu(t')}{\cos\beta}\mathrm{d}t' \tag{6.193}$$

4. 运动方程的求解

运动方程(6.179)的另一种形式是

$$m\dot{u}(t)=P(t)+P_{\text{hydro}}+P_{\text{scat}}(t)-\mathrm{e}^{-\frac{ct}{b}}\int_{-r/c}^{t}\mathrm{e}^{\frac{ct'}{b}}\frac{\rho c\dot{u}(t')}{\cos\beta}\mathrm{d}t'-P_{\text{str}}(t) \tag{6.194}$$

式(6.194)可以改写为

$$\mathrm{e}^{\frac{ct}{b}}\dot{u}(t)=\mathrm{e}^{\frac{ct}{b}}\frac{P_q(t)}{m}-\int_{-r/c}^{t}\mathrm{e}^{\frac{ct'}{b}}\frac{\rho c\dot{u}(t')}{m\cos\beta}\mathrm{d}t' \tag{6.195}$$

其中，$P_q(t)=P(t)+P_{\text{scat}}(t)-[P_{\text{str}}(t)-P_{\text{hydro}}]$。

式(6.195)的两边对时间求导得到

$$\frac{\mathrm{d}}{\mathrm{d}t}\left[\mathrm{e}^{\frac{ct}{b}}\dot{u}(t)\right]+\frac{\rho c}{m\cos\beta}\left[\mathrm{e}^{\frac{ct}{b}}\dot{u}(t)\right]=\frac{\mathrm{d}}{\mathrm{d}t}\left[\mathrm{e}^{\frac{ct}{b}}\frac{P_q(t)}{m}\right] \tag{6.196}$$

式(6.196)的解是

$$m\dot{u}(t)=P_q(t)-\left(\eta-\frac{c}{b}\right)\mathrm{e}^{-\eta t}\int_{-r/c}^{t}\mathrm{e}^{\eta t'}P_q(t')\mathrm{d}t'=\dot{I}_q(t)+\frac{c}{b}I_q(t) \tag{6.197}$$

其中

$$I_q(t)=\mathrm{e}^{-\eta t}\int_{-r/c}^{t}\mathrm{e}^{\eta t'}P_q(t')\mathrm{d}t'=I(t)+I_{\text{scat}}(t)-I_{\text{str}}(t) \tag{6.198}$$

$$I(t) = \mathrm{e}^{-\eta t}\int_0^t \mathrm{e}^{\eta t'} P(t')\mathrm{d}t'$$

$$I_{\text{scat}}(t) = \mathrm{e}^{-\eta t}\int_0^t \mathrm{e}^{\eta t'} P_{\text{scat}}(t')\mathrm{d}t' \tag{6.199}$$

$$I_{\text{str}}(t) = \mathrm{e}^{-\eta t}\int_{-r/c}^t \mathrm{e}^{\eta t'} [P_{\text{ster}}(t') - P_{\text{hydro}}]\mathrm{d}t'$$

且

$$\eta = \frac{c}{b} + \frac{\rho c}{m\cos\beta} \tag{6.200}$$

式(6.179)的解是

$$u(t) = u_0(t) - u_{\text{str}}(t) \tag{6.201}$$

如果没有结构压力，则速度是

$$u_0(t) = \frac{I(t)}{m}\left(1 + \frac{\cos\theta}{\cos\beta}\right) + \frac{1}{m}\left(\frac{c}{b} + \frac{c}{r}\frac{\cos\theta}{\cos\beta}\right)\left[\frac{1}{\eta}\int_0^t P(t')\mathrm{d}t' - \frac{I(t)}{\eta}\right] \tag{6.202}$$

由结构压力引起的迟滞速度是

$$u_{\text{str}}(t) = \frac{I_{\text{str}}(t)}{m} + \frac{c}{mb}\left\{\frac{1}{\eta}\int_{-r/c}^t [P_{\text{str}}(t') - P_{\text{hydro}}]\mathrm{d}t' - \frac{I_{\text{str}}(t)}{\eta}\right\} \tag{6.203}$$

若 $P_{\text{str}}(t)$ 未知，则必须通过壳理论建立 $P_{\text{str}}(t)$ 和结构表面变形之间的关系。

6.4.6　水下冲击波作用下弹性圆柱壳的计算模型

本节研究水下平面冲击波作用下无限长弹性圆柱壳的动态响应。指数时间衰减的入射波压力可以写为

$$P(t) = \begin{cases} 0, & t \leqslant 0 \\ P_0 \mathrm{e}^{-qt}, & t > 0 \end{cases} \tag{6.204}$$

其中，P_0 是初始压力；q 是指数时间衰减常数。

对于平面入射波，它实际上是爆炸源位于无限远距离的球面波。这意味着

$$d \to \infty,\ \alpha \to \theta,\ b_0 \to a/2$$

此时研究的问题可以简化为一个二维的问题。

对于圆柱壳(图 6.6)，a_2 是无限大的。因此，垂直于圆柱壳轴线的平面波的传播，有

$$a = 2a_1 = 2R$$

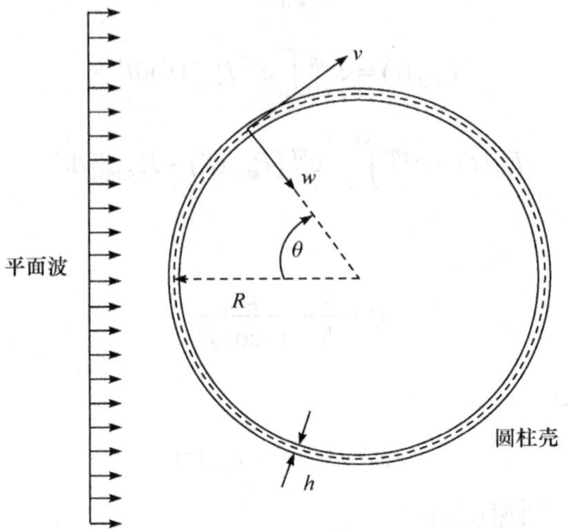

图 6.6　平面波作用下的圆柱壳

运动微分方程(6.178)可以改写成虚源法的形式，即

$$\begin{aligned}\rho_{\mathrm{s}} h\frac{\partial^2 v}{\partial t^2} &= \frac{Eh}{(1-\nu^2)R^2}\left(\frac{\partial^2 v}{\partial \theta^2} - \frac{\partial w}{\partial \theta}\right)\\ \rho_{\mathrm{s}} h\frac{\partial^2 w}{\partial t^2} - P_{\mathrm{tot}}(t) &= \frac{Eh}{(1-\nu^2)R^2}\left(\frac{\partial v}{\partial \theta} - w - k\frac{\partial^4 w}{\partial \theta^4} - kw - 2k\frac{\partial^2 w}{\partial \theta^2}\right)\end{aligned} \tag{6.205}$$

利用式(6.205)可以推导出结构抵抗压力 $P_{\mathrm{str}}(t)$ 和环向加速度 $\frac{\partial^2 v}{\partial t^2}$，它们分别是

$$P_{\mathrm{str}}(t) = \frac{Eh}{(1-\nu^2)R^2}\left(w + kw + 2k\frac{\partial^2 w}{\partial \theta^2} + k\frac{\partial^4 w}{\partial \theta^4} - \frac{\partial v}{\partial \theta}\right) \tag{6.206}$$

$$\frac{\partial^2 v}{\partial t^2} = \frac{E}{\rho_{\mathrm{s}}(1-\nu^2)R^2}\left(\frac{\partial^2 v}{\partial \theta^2} - \frac{\partial w}{\partial \theta}\right) \tag{6.207}$$

根据上述方程，v、w 和 $u(t)$可以在时域内利用有限差分法得到。

6.4.7　数值结果和讨论

下面研究受到阶跃和指数衰减冲击波作用下沉浸在水中的无限长圆柱壳的瞬态响应。为了研究平面声波作用下弹性圆柱壳的动态响应的普遍规律，同时也为了与 Huang 的精确解[19]进行比较，引入如下无因次量，即

$$M = \frac{\rho R}{h\rho_s}$$

$$C^2 = \frac{E}{\rho_s(1-\nu^2)c^2}, \quad v^* = \frac{v}{R}\frac{\rho c^2}{P_0}, \quad w^* = \frac{w}{R}\frac{\rho c^2}{P_0}, \quad \varepsilon_2^* = \varepsilon_2\frac{\rho c^2}{P_0}, \quad T^* = \frac{cT}{R}$$

其中，T 是在 $\theta = 0$ 处入射波波前到达后的时间。因此，在给定位置处波前到达后的时间是

$$t = T - \frac{R}{c}(1-\cos\theta)$$

按照类似的方式，无因次径向速度定义为

$$u^* = u\frac{\rho c}{P_0}$$

本节考虑 $M=2$ 情况下的无限长圆柱壳，M 值相应于 $h/R = 2/31$。计算中用到的其他物理参数分别是 $R=1$、$\rho=1$、$c=1$ 及 $\nu=0.3$。所有这些参数都可以认为是无因次的。

针对阶跃($q=0$)和指数衰减($q=c/R$)两种冲击波，从 $\theta=0$ 到 $\theta=\pi$，研究 $M=2$、$h/R=2/31$ 且 $C^2=13.685665$ 的情况。

(1) 对于 $q=0$，无因次径向速度 u^* 和无因次时间 T^* 之间的关系曲线如图 6.7～图 6.9 所示。图 6.7 示出了目前计算结果(实线)和 Huang 精确解(虚线)之间的比较，可以观察到两条曲线非常接近，尽管目前计算结果的振荡的最小值略微小于 Huang 的计算结果。需要指出的是，尽管 Huang 得到的结果称为精确解，但实际上其并

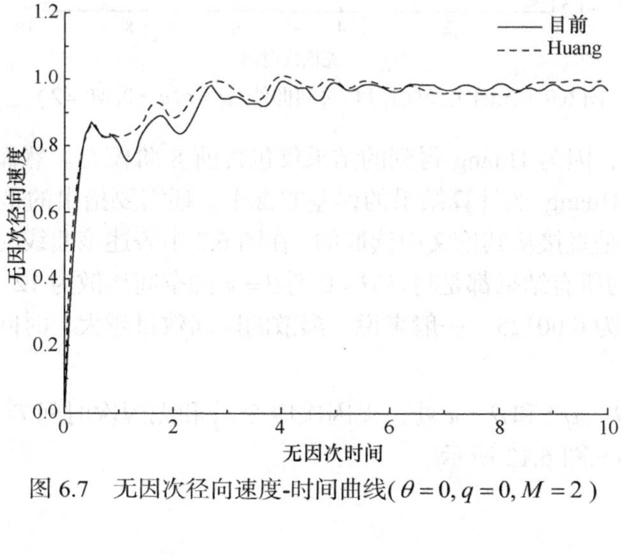

图 6.7　无因次径向速度-时间曲线($\theta=0, q=0, M=2$)

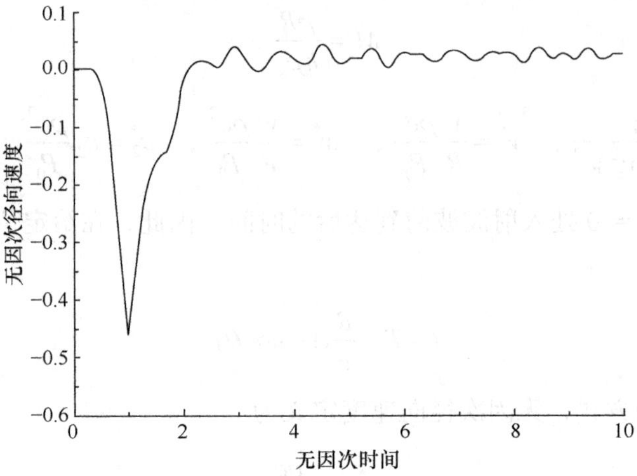

图 6.8　无因次径向速度-时间曲线$\left(\theta=\dfrac{\pi}{2}, q=0, M=2\right)$

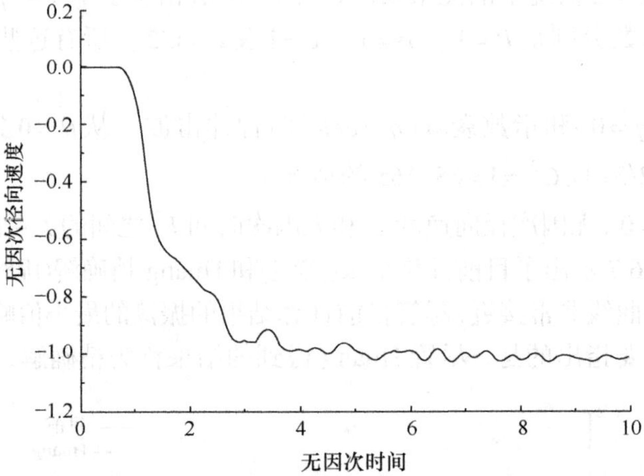

图 6.9　无因次径向速度-时间曲线($\theta=\pi, q=0, M=2$)

不是完全精确的，因为 Huang 得到的结果仅包含前 8 阶模态。然而，由于级数解收敛非常迅速，Huang 的计算结果的误差非常小。还需要指出的是，因为 Huang 的精确解的曲线是直接从其论文中读取的，在图 6.7 中表述该曲线时存在一些小的误差。本节得到的所有结果都是将从$\theta=0$到$\theta=\pi$的空间离散为 12 个区间得到的，并且时间步长均为 0.00125。一般来说，离散的区间数目越大，时间步长越小，得到的结果越好。

在$\theta=0$、$\theta=\pi/2$和$\theta=\pi$处，无因次应变ε_2^*和无因次时间T^*之间的关系曲线分别如图 6.10～图 6.12 所示。

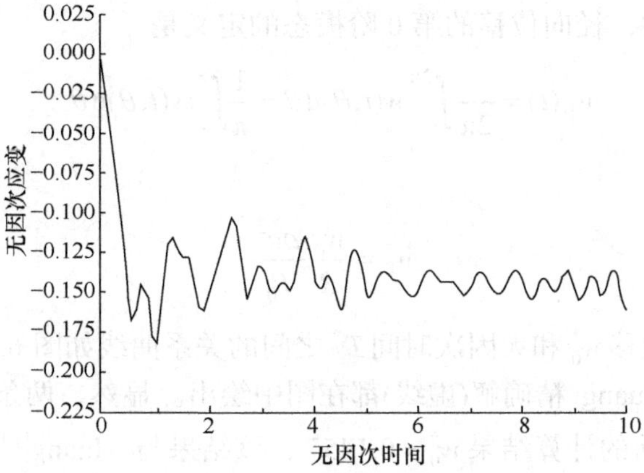

图 6.10　无因次应变-时间曲线($\theta=0, q=0, M=2$)

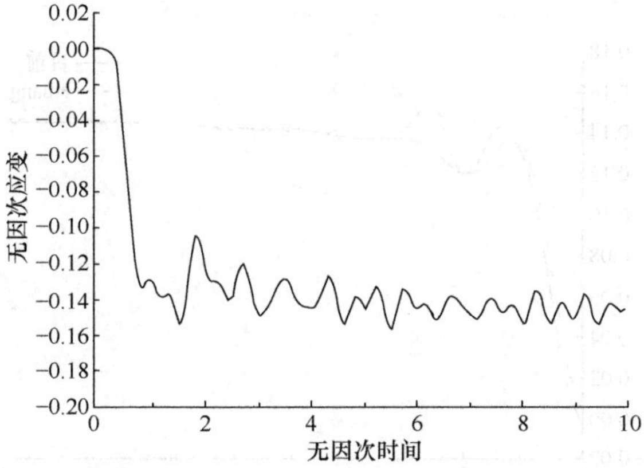

图 6.11 无因次应变-时间曲线 $\left(\theta=\dfrac{\pi}{2}, q=0, M=2\right)$

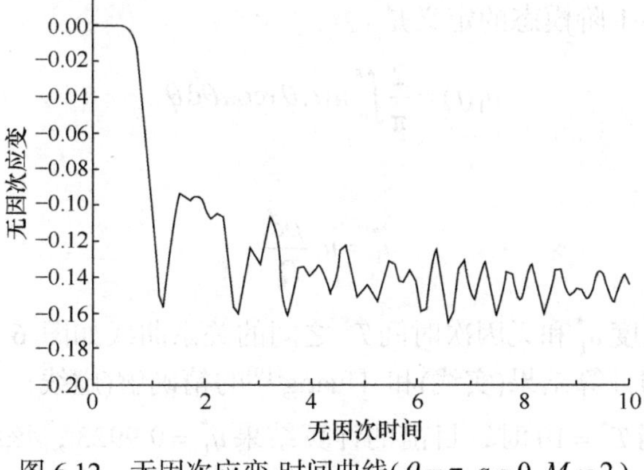

图 6.12　无因次应变-时间曲线($\theta=\pi, q=0, M=2$)

考虑到对称性，径向位移的第 0 阶模态的定义是

$$w_0(t)=\frac{1}{2\pi}\int_0^{2\pi}w(t,\theta)\mathrm{d}\theta=\frac{1}{\pi}\int_0^{\pi}w(t,\theta)\mathrm{d}\theta$$

其无因次形式是

$$w_0^*=\frac{w_0}{R}\frac{\rho c^2}{P_0}$$

无因次径向位移 w_0^* 和无因次时间 T^* 之间的关系曲线如图 6.13 所示。目前计算结果(实线)和 Huang 精确解(虚线)都在图中绘出。显然，两条曲线非常接近。当 $T^*=10$ 时，目前的计算结果 $w_0^*=0.1457$，该结果与 Huang[19]给出的精确的渐近解 $\dfrac{M}{C^2}=0.1461$ 几乎完全相同。

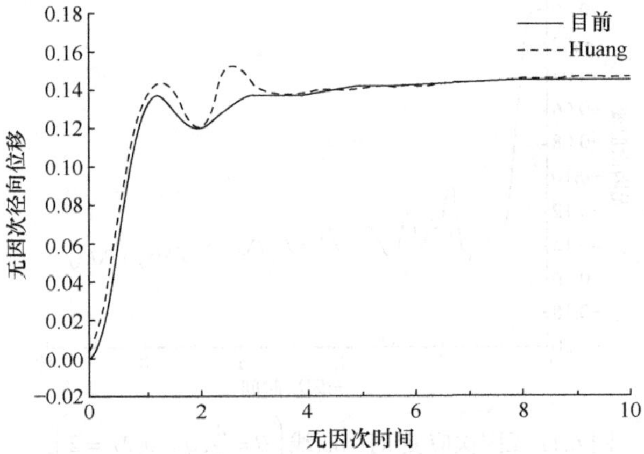

图 6.13　无因次径向位移-时间曲线(第 0 阶模态，$q=0, M=2$)

径向速度的第 1 阶模态的定义是

$$u_1(t)=\frac{2}{\pi}\int_0^{\pi}u(t,\theta)\cos\theta\mathrm{d}\theta$$

其无因次形式是

$$u_1^*=u_1\frac{\rho c}{P_0}$$

无因次径向速度 u_1^* 和无因次时间 T^* 之间的关系曲线如图 6.14 所示。该图中同时绘出了目前的计算结果(实线)和 Huang[19]的精确解(虚线)。可以发现，两条曲线非常接近。当 $T^*=10$ 时，目前的计算结果 $u_1^*=0.9923$，该结果与 Huang[19]给出的精确的渐近解 $2M/(M+2)=1.0$ 几乎完全相同。

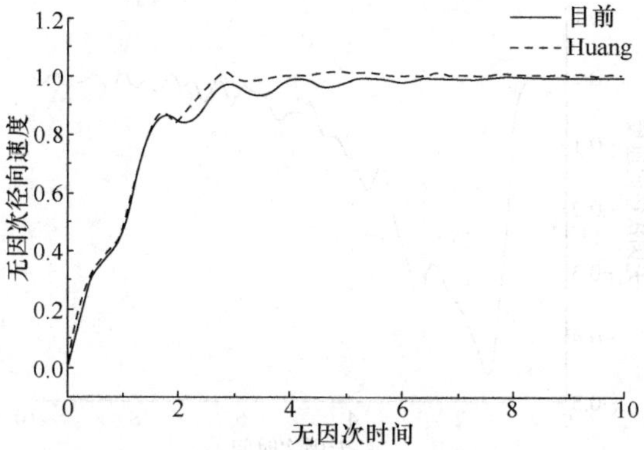

图 6.14　无因次径向速度-时间曲线(第 1 阶模态，$q=0, M=2$)

(2) 对于 $q=c/R$，在 $\theta=0$、$\theta=\pi/2$ 和 $\theta=\pi$ 处，无因次径向速度 u^* 和无因次时间 T^* 之间的关系曲线如图 6.15～图 6.17 所示。在 $\theta=0$ 处，目前计算结果(实线)和 Huang 精确解(虚线)都在图 6.15 中示出，由该图可以看出，两者结果相当吻合。

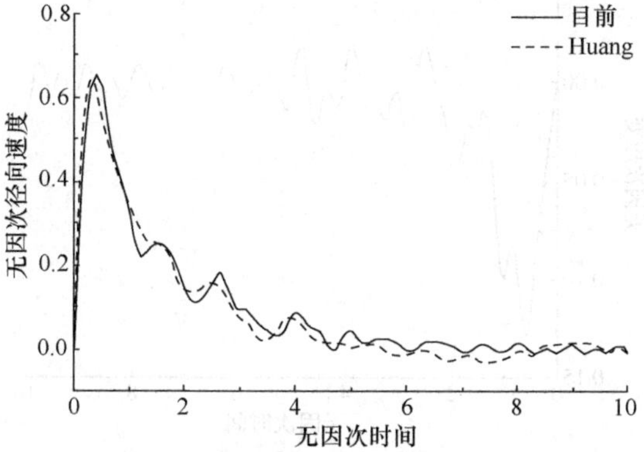

图 6.15　无因次径向速度-时间曲线($\theta=0, q=c/R, M=2$)

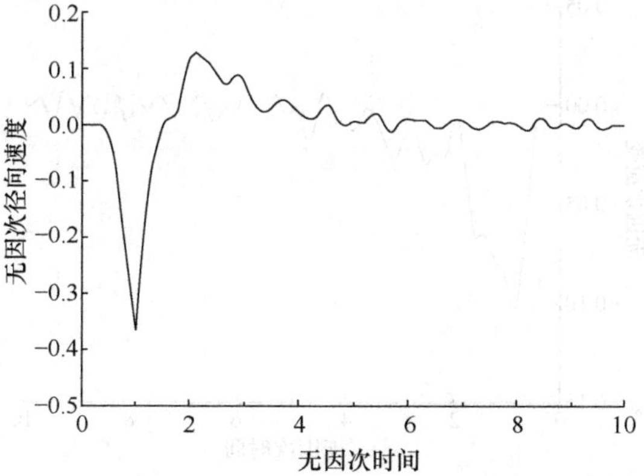

图 6.16　无因次径向速度-时间曲线($\theta=\pi/2, q=c/R, M=2$)

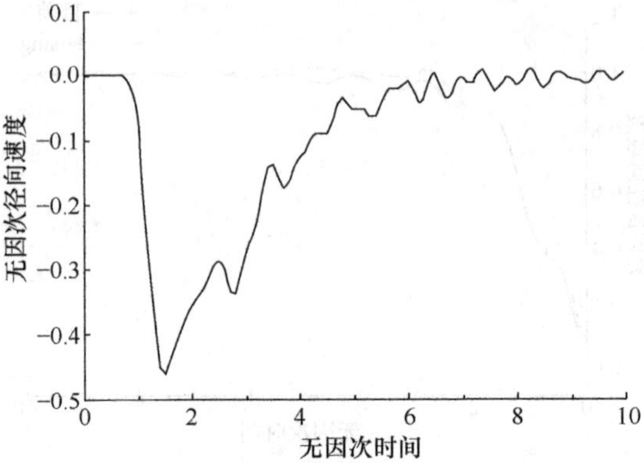

图 6.17　无因次径向速度-时间曲线($\theta=\pi, q=c/R, M=2$)

在 $\theta=0$ 、 $\theta=\pi/2$ 和 $\theta=\pi$ 处，无因次应变 ε_2^* 和无因次时间 T^* 之间的关系曲线分别如图 6.18～图 6.20 所示。

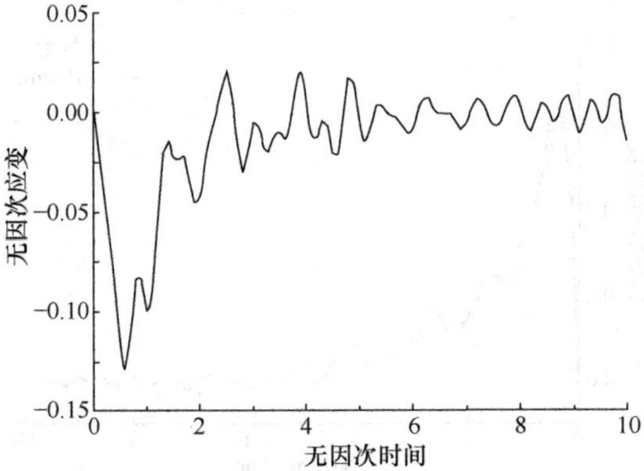

图 6.18　无因次应变-时间曲线($\theta=0, q=c/R, M=2$)

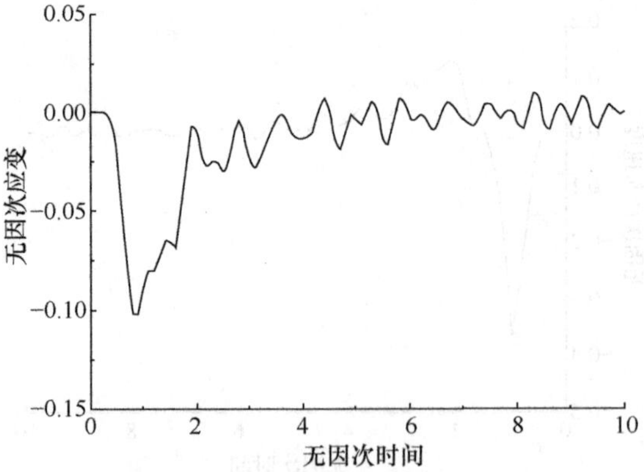

图 6.19　无因次应变-时间曲线($\theta=\pi/2, q=c/R, M=2$)

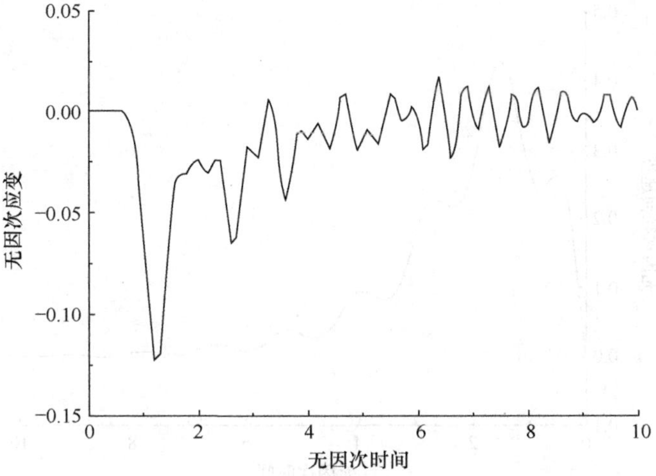

图 6.20　无因次应变-时间曲线($\theta=\pi, q=c/R, M=2$)

无因次径向位移 w_0^* 和无因次时间 T^* 之间的关系曲线如图 6.21 所示。当 $T^*=10$ 时，目前的计算结果 $w_0^*=0.0003$ ，该结果与 Huang[19]给出的精确的渐近解 0 几乎完全相同。

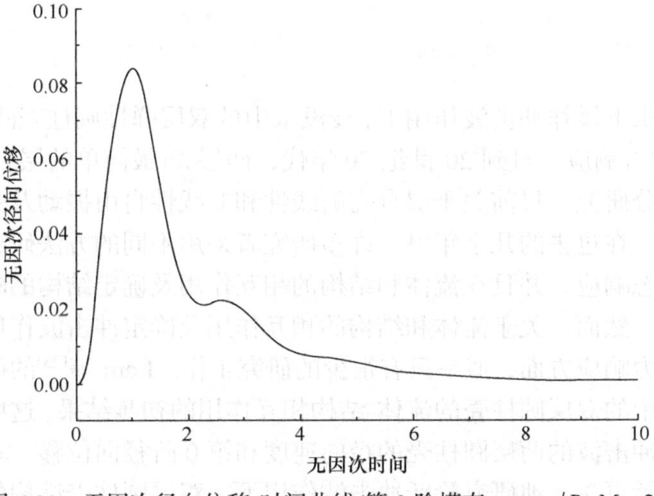

图 6.21　无因次径向位移-时间曲线(第 0 阶模态， $q=c/R, M=2$)

无因次径向速度 u_1^* 和无因次时间 T^* 之间的关系曲线如图 6.22 所示。当 $T^*=10$ 时，目前的计算结果 $u_1^*=0.0009$ ，该结果与 Huang[19]给出的精确的渐近解0几乎完全相同。

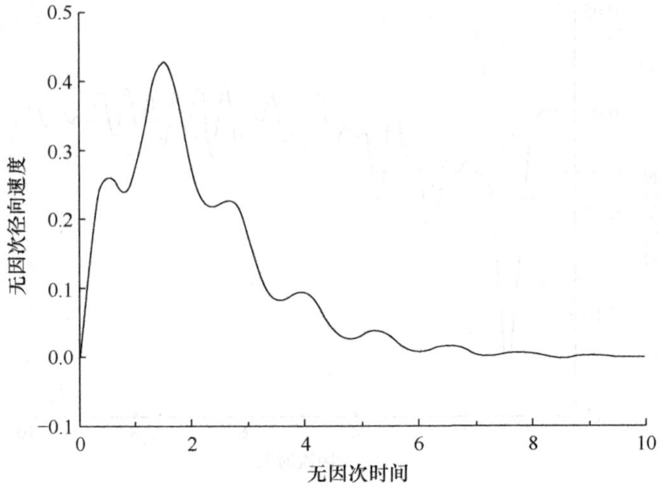

图 6.22　无因次径向速度-时间曲线(第 1 阶模态，$q=c/R, M=2$)

6.5　水下爆炸冲击波作用下带覆盖层弹性圆柱壳的瞬态动力响应

6.5.1　引言

本节研究水下爆炸冲击波作用下，浸没水中的双层弹性圆柱壳(带有覆盖层圆柱壳)的瞬态动力响应。直到 20 世纪 70 年代，两层壳(最简单的层合壳)结构才在文献中得到充分研究。目前关于层合壳的线性和非线性自由振动及强迫振动已进行了许多研究。在过去的几十年里，许多研究者采用不同的方法研究了层合壳的自由振动和动态响应，并且在流体和结构的相互作用及确定结构的瞬态响应方面也有许多研究。然而，关于流体和结构的相互作用及确定冲击波作用下沉浸层合结构的瞬态动力响应方面，似乎只有很少的研究工作。Lam 等[23]的研究提供了一些关于浸没水中的双层圆柱壳的流体-结构相互作用的初步结果，这些结果主要集中在受到阶跃冲击波的两层圆柱壳的径向速度和第 0 阶径向位移。本节推广了他们的工作，包括更深入地研究阶跃冲击波作用下，双层圆柱壳结构的冲击响应及指数衰减冲击波作用下浸没水中的双层圆柱壳的瞬态响应。有关水下冲击波作用下双层圆柱壳瞬态响应的研究结果，对于改善圆柱壳结构增强其抵抗水下冲击的能力具有一定的意义[24]。本节同样采用反射尾流虚源法建立流体和结构的相互作用，并且采用有限差分法确定两层弹性圆柱壳结构的瞬态响应。

6.5.2　两层圆柱壳的运动方程的推导

1. 概述

首先回顾 6.4.3 节给出的壳的力和力矩的平衡方程，即

$$R\frac{\partial N_x}{\partial x}+\frac{\partial N_{\theta x}}{\partial \theta}+Rp_x=0$$

$$\frac{\partial N_\theta}{\partial \theta}+R\frac{\partial N_{x\theta}}{\partial x}+\frac{\partial M_{x\theta}}{\partial x}-\frac{1}{R}\frac{\partial M_\theta}{\partial \theta}+Rp_y=0 \tag{6.208}$$

$$R\frac{\partial^2 M_x}{\partial x^2}+2\frac{\partial^2 M_{x\theta}}{\partial \theta \partial x}+\frac{1}{R}\frac{\partial^2 M_\theta}{\partial \theta^2}+N_\theta+Rp_z=0$$

上述方程是在经典的薄壳理论和 Love-Kirchhoff 假设的基础上推导得到的。

下面考虑图 6.23 所示的双层圆柱壳。ρ_1、E_1、ν_1、h_1 和 ρ_2、E_2、ν_2、h_2 分别是双层壳的质量密度、杨氏模量、泊松比和厚度。将壳的中性面看成参考面。图 6.24 示出了双层壳的厚度和层界面到中性面距离之间的几何关系。

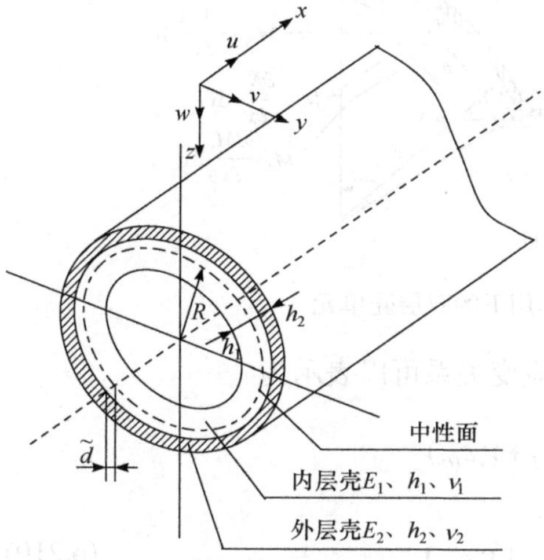

图 6.23　双层圆柱壳及其坐标系

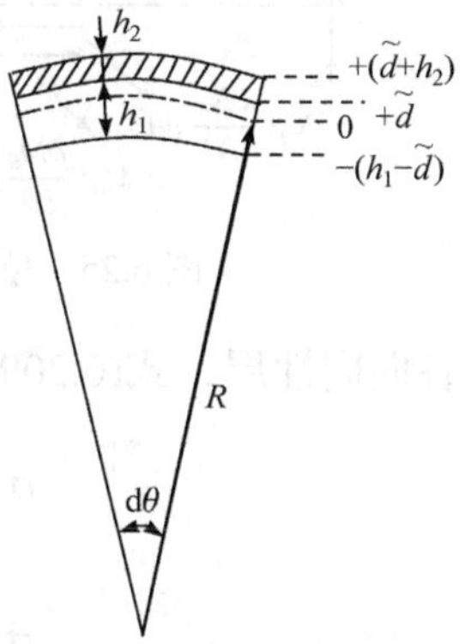

图 6.24　双层圆柱壳横截面的几何关系

单位力和力矩作用下的双层圆柱壳如图 6.25 所示，对于双层圆柱壳，如下关系式成立：

$$N_x=\int_{\tilde{a}}^{\tilde{b}}\sigma_{x1}\left(1-\frac{z}{R}\right)\mathrm{d}z+\int_{\tilde{b}}^{\tilde{c}}\sigma_{x2}\left(1-\frac{z}{R}\right)\mathrm{d}z$$

$$N_\theta=\int_{\tilde{a}}^{\tilde{b}}\sigma_{\theta1}\mathrm{d}z+\int_{\tilde{b}}^{\tilde{c}}\sigma_{\theta2}\mathrm{d}z$$

$$N_{x\theta}=N_{\theta x}=\int_{\tilde a}^{\tilde b}\tau_{xy1}\left(1-\frac{z}{R}\right)\mathrm{d}z+\int_{\tilde b}^{\tilde c}\tau_{xy2}\left(1-\frac{z}{R}\right)\mathrm{d}z$$

$$M_x=\int_{\tilde a}^{\tilde b}\sigma_{x1}\left(1-\frac{z}{R}\right)z\mathrm{d}z+\int_{\tilde b}^{\tilde c}\sigma_{x2}\left(1-\frac{z}{R}\right)z\mathrm{d}z \tag{6.209}$$

$$M_\theta=\int_{\tilde a}^{\tilde b}\sigma_{\theta 1}z\mathrm{d}z+\int_{\tilde b}^{\tilde c}\sigma_{\theta 2}z\mathrm{d}z$$

$$M_{x\theta}=-\int_{\tilde a}^{\tilde b}\tau_{x\theta 1}\left(1-\frac{z}{R}\right)z\mathrm{d}z-\int_{\tilde b}^{\tilde c}\tau_{x\theta 2}\left(1-\frac{z}{R}\right)z\mathrm{d}z$$

$$M_{\theta x}=\int_{\tilde a}^{\tilde b}\tau_{\theta x1}z\mathrm{d}z+\int_{\tilde b}^{\tilde c}\tau_{\theta x2}z\mathrm{d}z$$

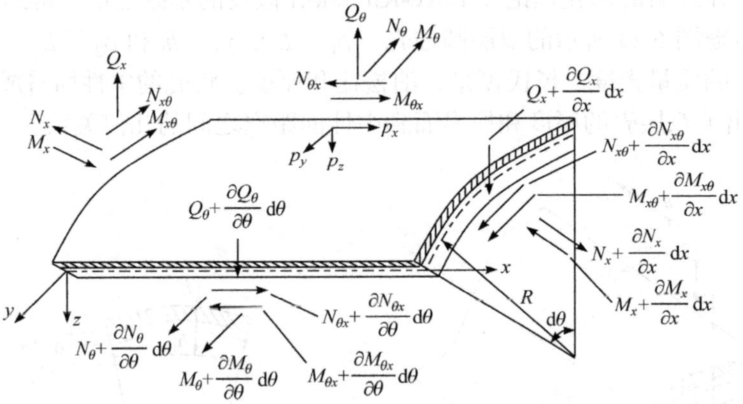

图 6.25　单位力和力矩作用下的双层壳单元

对于各向同性层，式(6.209)中的应力-应变关系可以表示为

$$\sigma_{xi}=\frac{E_i}{1-\nu_i^2}(\varepsilon_{xi}+\nu_i\varepsilon_{\theta i})$$

$$\sigma_{\theta i}=\frac{E_i}{1-\nu_i^2}(\varepsilon_{\theta i}+\nu_i\varepsilon_{xi}) \tag{6.210}$$

$$\tau_{x\theta i}=G_i\gamma_{x\theta i}$$

其中，下标 $i=1,2$ 分别对应于内层和外层。

对于双层壳，积分上下限 $\tilde a$ 、$\tilde b$ 、$\tilde c$ (出现在应力合力表达式(6.209)中)定义为

$$\tilde a=-(h_1-\tilde d),\quad \tilde b=\tilde d,\quad \tilde c=\tilde d+h_2$$

中面距离 $\tilde d$ 由如下方程定义：

$$N_x=0 \tag{6.211}$$

由式(6.211)可以得到

$$\tilde{d}=\frac{S_1h_1^2-S_2h_2^2}{2(S_1h_1+S_2h_2)} \tag{6.212}$$

其中

$$S_i=\frac{E_i}{1-\nu_i^2},\quad i=1,2 \tag{6.213}$$

假定壳受到其自身惯性体力且在壳的外表面作用有外部连续载荷，即

$$p_x=-m_{\mathrm{s}}\frac{\partial^2 u}{\partial t^2}+q_x(x,\theta,t)$$

$$p_y=-m_{\mathrm{s}}\frac{\partial^2 v}{\partial t^2}+q_y(x,\theta,t)$$

$$p_z=-m_{\mathrm{s}}\frac{\partial^2 w}{\partial t^2}+q_z(x,\theta,t) \tag{6.214}$$

其中，$m_{\mathrm{s}}=\rho_1h_1+\rho_2h_2$；$\rho_i\,(i=1,2)$是第 i 层的质量密度。$q_x(x,\theta,t)$、$q_y(x,\theta,t)$和$q_z(x,\theta,t)$分别是作用在外壳表面上沿 x、y 和 z 方向的外部载荷密度。

2. Kagawa-Krokstad 方程

利用式(6.208)和式(6.209)且引入 Donnell-Mushtari 假定，可以建立修正形式的 Donnell-Mushtari 方程，这里称为 Kagawa-Krokstad 方程，即

$$R^2A_1\frac{\partial^2 u}{\partial x^2}+\frac{1}{2}(A_1-A_{1\nu})\frac{\partial^2 u}{\partial\theta^2}+R\frac{1}{2}(A_1+A_{1\nu})\frac{\partial^2 v}{\partial x\partial\theta}-A_{1\nu}R\frac{\partial w}{\partial x}=m_{\mathrm{s}}R^2\frac{\partial^2 u}{\partial t^2}-R^2q_x$$

$$R\frac{1}{2}(A_1+A_{1\nu})\frac{\partial^2 u}{\partial x\partial\theta}+R^2\frac{1}{2}(A_1-A_{1\nu})\frac{\partial^2 v}{\partial x^2}+A_1\frac{\partial^2 v}{\partial\theta^2}-A_1\frac{\partial w}{\partial\theta}=m_{\mathrm{s}}R^2\frac{\partial^2 v}{\partial t^2}-R^2q_y$$

$$A_{1\nu}R\frac{\partial u}{\partial x}+A_1\frac{\partial v}{\partial\theta}-A_1w-\frac{B_1}{R^2}\left(R^4\frac{\partial^4 w}{\partial x^4}+2R^2\frac{\partial^4 w}{\partial x^2\partial\theta^2}+\frac{\partial^4 w}{\partial\theta^4}\right)=m_{\mathrm{s}}R^2\frac{\partial^2 w}{\partial t^2}-R^2q_z$$

(6.215)

在式(6.215)中，引入了双层圆柱壳的如下特征常数：

$$A_1=S_1h_1+S_2h_2$$

$$A_{1\nu}=S_1h_1\nu_1+S_2h_2\nu_2 \tag{6.216}$$

$$B_1 = \frac{1}{3}(S_1h_1^3 + S_2h_2^3) - \tilde{d}(S_1h_1^2 - S_2h_2^2) + \tilde{d}^2(S_1h_1 + S_2h_2)$$

对于双层圆柱薄壳，运动方程(6.215)可以用矩阵的形式表示为

$$[L_{\text{KK}}]\{y\} = m_{\text{s}}R^2L\{y\} \tag{6.217}$$

其中，$\{y\}$是位移矢量，且

$$\{y\}^{\text{T}} = [u \quad v \quad w] \tag{6.218}$$

u、v和w分别是位移在x、θ和z方向的位移分量。$[L_{\text{KK}}]$是线性矩阵微分算子，其形式为

$$[L_{\text{KK}}] =
\begin{bmatrix}
R^2A_1D_x^2 + \frac{1}{2}(A_1 - A_{1\nu})D_\theta^2 & \frac{R}{2}(A_1 + A_{1\nu})D_xD_\theta & -A_{1\nu}RD_x \\
\frac{R}{2}(A_1 + A_{1\nu})D_xD_\theta & R^2\frac{1}{2}(A_1 - A_{1\nu})D_x^2 + A_1D_\theta^2 & -A_1D_\theta \\
A_{1\nu}RD_x & A_1D_\theta & -1 - \frac{B_1}{R^2}(R^4D_x^4 + 2R^2D_x^2D_\theta^2 + D_\theta^4)
\end{bmatrix} \tag{6.219}$$

其中，$D_x = \frac{\partial}{\partial x}$；$D_\theta = \frac{\partial}{\partial \theta}$。

时间相关的算子L是

$$L = \frac{\partial^2}{\partial t^2} \tag{6.220}$$

Kagawa-Krokstad 方程可能是描述双层圆柱壳运动的最简单的一组方程，它保留了 Donnell-Mushtari 理论的本质特征。在该方程中应用了过分简化的假定，导致外层壳引起的中面的偏移被忽略，这种假定要求满足条件$\tilde{d}^2 \ll 1$。而且，假定内层壳和外层壳的泊松比之间的差别对整个系统的动力学行为没有任何影响。该方法的结果是式(6.216)中包含$\tilde{d}^2$的项被忽略。假定$\nu_1 = \nu_2 = \nu$事实上是忽略了中面漂移引起的二次矩。如果在积分方程(6.208)～(6.210)时不忽略包含$\tilde{d}^2$的项，可以得到一组改善的控制双层壳振动的运动方程组。

3. Flugge 运动方程

在式(6.215)的基础上，可以很容易地推导出基于 Flugge 壳理论的双层圆柱壳的运动微分方程，它们可以表示为

$$
\begin{aligned}
&R^2 A_1\frac{\partial^2 u}{\partial x^2}+\frac{1}{2}(A_1-A_{1\nu})\frac{\partial^2 u}{\partial\theta^2}+R\frac{1}{2}(A_1+A_{1\nu})\frac{\partial^2 v}{\partial x\partial\theta}-A_{1\nu}R\frac{\partial w}{\partial x}\\
&+\kappa\frac{1}{2}(1-\xi)\frac{\partial^2 u}{\partial\theta^2}+\kappa\left[R^3\frac{\partial^3 w}{\partial x^3}-\frac{R}{2}(1-\xi)\frac{\partial^3 w}{\partial x\partial\theta^2}\right]=m_{\mathrm{s}}R^2\frac{\partial^2 u}{\partial t^2}-R^2 q_x\\
&R\frac{1}{2}(A_1+A_{1\nu})\frac{\partial^2 u}{\partial x\partial\theta}+R^2\frac{1}{2}(A_1-A_{1\nu})\frac{\partial^2 v}{\partial x^2}+A_1\frac{\partial^2 v}{\partial\theta^2}-A_1\frac{\partial w}{\partial\theta}\\
&+\kappa\frac{3R^2}{2}(1-\xi)\frac{\partial^2 v}{\partial x^2}+\kappa\frac{R^2}{2}(3-\xi)\frac{\partial^3 w}{\partial x^2\partial\theta}=m_{\mathrm{s}}R^2\frac{\partial^2 v}{\partial t^2}-R^2 q_y\\
&A_{1\nu}R\frac{\partial u}{\partial x}+A_1\frac{\partial v}{\partial\theta}-A_1 w-\frac{B_1}{R^2}\left(R^4\frac{\partial^4 w}{\partial x^4}+2R^2\frac{\partial^4 w}{\partial x^2\partial\theta^2}+\frac{\partial^4 w}{\partial\theta^4}\right)\\
&\quad+\kappa\left[-R^3\frac{\partial^3 u}{\partial x^3}+\frac{R}{2}(1-\xi)\frac{\partial^3 u}{\partial x\partial\theta^2}\right]-\kappa\frac{R^2}{2}(3-\xi)\frac{\partial^3 v}{\partial x^2\partial\theta}\\
&\quad+\kappa\left(-w-2\frac{\partial^2 w}{\partial\theta^2}\right)=m_{\mathrm{s}}R^2\frac{\partial^2 w}{\partial t^2}-R^2 q_z
\end{aligned}
\tag{6.221}
$$

双层圆柱薄壳振动的 Flugge 方程可以改写成式(6.222)的紧凑形式：

$$[L_{\mathrm{KK}}+\kappa L_{\mathrm{FLU}}]\{y\}=m_{\mathrm{s}}R^2 L\{y\} \tag{6.222}$$

其中，$[L_{\mathrm{KK}}]$是由方程(6.219)定义的基于 Kagawa-Krokstad 理论的微分算子，$[L_{\mathrm{FLU}}]$是基于 Flugge 壳理论的修正的微分算子，即

$$
[L_{\mathrm{FLU}}]=\begin{bmatrix}
\frac{1}{2}(1-\xi)D_\theta^2 & 0 & R^3D_x^3-\frac{R}{2}(1-\xi)D_xD_\theta^2\\
0 & \frac{3R^2}{2}(1-\xi)D_x^2 & \frac{R^2}{2}(3-\xi)D_x^2D_\theta\\
-R^3D_x^3+\frac{R}{2}(1-\xi)D_xD_\theta^2 & -\frac{R^2}{2}(3-\xi)D_x^2D_\theta & -1-2D_\theta^2
\end{bmatrix}
$$

其中，$\xi=B_{1\nu}/B_1$；κ是有因次参数，定义为

$$\kappa=\frac{B_1}{R^2} \tag{6.223}$$

其中，$B_{1\nu}$ 和 B_1 由方程(6.216)定义，B_1 是层合圆柱壳的实际弯曲刚度。

4. 边界条件和载荷

本节仅研究水下冲击波作用下无限长双层弹性圆柱壳的瞬态响应。无限长圆柱壳的一个简单数学模型可以通过利用平面应变的概念得到，假定圆柱壳在其长

度方向没有运动并且所有的物理量(位移、膜力、力矩)与长度方向的位置无关。因此，平面应变的假定要求为

$$
\begin{aligned}
u &= 0 \\
v &= v(\theta) \\
w &= w(\theta)
\end{aligned}
\tag{6.224}
$$

平面应变的假定使得圆柱壳的运动从二维简化为一维(仅随 θ 变化)，极大地简化了分析和计算。在式(6.224)的假定下，Flugge 运动方程(6.221)可以简化为

$$
\begin{gathered}
\frac{\partial^2 v}{\partial \theta^2}-\frac{\partial w}{\partial \theta}=\frac{1}{A_1}R^2\left(m_{\mathrm{s}}\frac{\partial^2 v}{\partial t^2}-q_y(x,\theta,t)\right) \\
\frac{\partial v}{\partial \theta}-w-\frac{B_1}{A_1R^2}\frac{\partial^4 w}{\partial \theta^4}-\frac{B_1}{A_1R^2}w-2\frac{B_1}{A_1R^2}\frac{\partial^2 w}{\partial \theta^2}=\frac{1}{A_1}R^2\left(m_{\mathrm{s}}\frac{\partial^2 w}{\partial t^2}-q_z(x,\theta,t)\right)
\end{gathered}
\tag{6.225}
$$

对于受到水下冲击波作用的无限长双层圆柱壳的情况，$q_x(x,\theta,t)=q_y(x,\theta,t)=0$，$q_z(x,\theta,t)=p_{\mathrm{tot}}(t)$。其中，$p_{\mathrm{tot}}(t)$ 是流体作用在两层圆柱壳外表面上的总压力，这里假定流体没有与圆柱壳外表面分离。

6.5.3 考虑流体-结构相互作用的反射尾流虚源模型

1. 运动方程

结构表面法线相反方向的速度为 $u(t)$ (注意：此后变量 $u(t)$ 不再表示壳在 x 方向的位移)的结构表面的运动方程是[22]

$$
m_{\mathrm{s}}\dot{u}(t)=p_{\mathrm{tot}}(t)-p_{\mathrm{str}}(t) \tag{6.226}
$$

其中，m_{s} 是结构表面单位面积的总质量(包括附属的加强筋)；$p_{\mathrm{tot}}(t)$ 是流体中的总压力；$p_{\mathrm{str}}(t)$ 是结构压力，即在垂直于结构表面的方向(指向流体)由于结构引起的单位面积的力，该量由结构的性质确定。在结构表面感兴趣的点上的总压力为

$$
p_{\mathrm{tot}}(t)=p_{\mathrm{hydro}}+p(t)+p_{\mathrm{scat}}(t)+p_{\mathrm{rad}}(t) \tag{6.227}
$$

其中，p_{hydro} 是静水压力；$p(t)$ 是入射波的压力；$p_{\mathrm{scat}}(t)$ 是散射波的压力；$p_{\mathrm{rad}}(t)$ 是辐射波的压力。

2. 散射波的压力

因为散射波定义为结构表面不运动时产生的波(如果流体和结构表面没有分离)，在垂直于结构表面的方向的入射波和散射波的速度必须相等，即

$$\left[\frac{p(t)}{\rho c}+\frac{1}{\rho r}\int_0^t p(t')\mathrm{d}t'\right]\cos\theta=\left[\frac{p_{\text{scat}}(t)}{\rho c}+\frac{1}{\rho b}\int_0^t p_{\text{scat}}(t')\mathrm{d}t'\right]\cos\beta \tag{6.228}$$

这意味着散射波的压力是

$$p_{\text{scat}}(t)=\left[p(t)-c\left(\frac{1}{b}-\frac{1}{r}\right)\mathrm{e}^{-\frac{ct}{b}}\int_0^t \mathrm{e}^{\frac{ct'}{b}}p(t')\mathrm{d}t'\right]\frac{\cos\theta}{\cos\beta} \tag{6.229}$$

其中，θ(图 6.26)是入射波的入射角(即表面法线和源点连线之间的夹角)；r 是距源点的距离；ρ 是流体的质量密度；c 是声速。

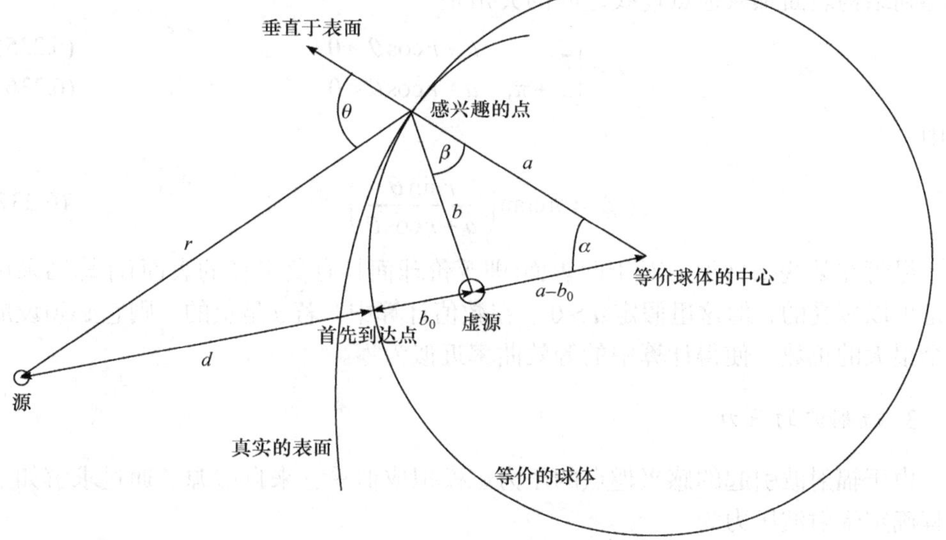

图 6.26　虚源的几何形状

$$b=\sqrt{b_0^2+4a(a-b_0)[\sin(\alpha/2)]^2} \tag{6.230}$$

式(6.230)是感兴趣的点到虚源的距离，且散射角 β (等价球面的径向和虚源连线之间的夹角)的余弦是

$$\cos\beta=\frac{b_0+2(a-b_0)[\sin(\alpha/2)]^2}{b} \tag{6.231}$$

在上述方程中，在相交点处等价的球面的半径 a 是

$$\frac{1}{a}=\frac{1}{2}\left(\frac{1}{a_1}+\frac{1}{a_2}\right) \tag{6.232}$$

其中，a_1 是实际曲面上给定方向的曲率半径，a_2 是垂直于给定方向的曲率半径。等价球面的半径不会随方向 a_1 的选择而变化。如果实际的表面是一个球面，则

$a_1 = a_2 = a$。然而，如果实际的表面是一个圆柱面，则 a_2 无限大，且 $a = 2a_1$。而且，等价球面的表面到这个虚源之间的距离 b_0 是

$$\frac{1}{b_0} = \frac{1}{d} + \frac{2}{a}, \quad d \geqslant 0 \text{ 且 } a > 0 \tag{6.233}$$

对于 $d < 0$ 的情况，虚源假定位于实源处。这意味着 $b = r$ 且 $\beta = \pi - \theta$。其中

$$d = \frac{r^2 + 2ra\cos\theta}{\sqrt{r^2 + a^2 + 2ra\cos\theta} + a} \tag{6.234}$$

式(6.234)是从爆炸源到等价球面表面的距离。虚源到等价球面中心的连线与球面中心到结构表面感兴趣点连线之间的夹角是

$$\alpha = \begin{cases} \zeta, & a + r\cos\theta \geqslant 0 \quad (6.235) \\ \zeta + \pi, & a + r\cos\theta < 0 \quad (6.236) \end{cases}$$

其中

$$\zeta = \arctan\left(\frac{r\sin\theta}{a + r\cos\theta}\right) \tag{6.237}$$

尽管在某些条件下，对于凹表面(即等价球面具有负半径的表面)计算结果可能是可以接受的，但这里假定 $a > 0$。在数值计算中，若 a 是负的，则它必须设成一个很大的正数，使得计算中的等效曲率近似为零。

3. 辐射波的压力

由于辐射波引起的感兴趣点的压力也模拟成似乎它来自虚源。通过求解如下方程确定辐射波压力为

$$u(t) = -\left[\frac{p_{\text{rad}}(t)}{\rho c} + \frac{1}{\rho b}\int_{-r/c}^{t} p_{\text{rad}}(t')\mathrm{d}t'\right]\cos\beta \tag{6.238}$$

其中，$u(t)$ 是表面法线相反方向的表面速度，即指向结构表面的方向的速度。因此，辐射波的压力是

$$p_{\text{rad}}(t) = -\mathrm{e}^{-\frac{ct}{b}}\int_{-r/c}^{t} \mathrm{e}^{\frac{ct'}{b}} \frac{\rho c\dot{u}(t')}{\cos\beta}\mathrm{d}t' \tag{6.239}$$

当然，假定表面的变形很小，它们对曲率的影响可以忽略。如果在计算中持续地修正曲率以获得当前曲率，应该会使计算结果有所改善。

6.5.4 反射尾流虚源模型运动方程的求解

将式(6.239)代入式(6.227)并将所得方程代入运动方程(6.226)得

$$m_s\dot{u}(t)=p_{\rm hydro}+p(t)+p_{\rm scat}(t)-{\rm e}^{-\frac{ct}{b}}\int_{-r/c}^{t}{\rm e}^{\frac{ct'}{b}}\frac{\rho c\dot{u}(t')}{\cos\beta}{\rm d}t'-p_{\rm str}(t) \tag{6.240}$$

尽管式(6.240)中的 $\cos\beta$ 必须是正值，但是它可能是小量并且因此会造成数值计算的困难(如数值不稳定性)，这是因为未知的速度出现在式(6.240)的右边。为了避免这种困难，需要把结构表面的运动方程表示成性态良好的等价形式，即使当 $\cos\beta$ 是小量时也如此。为此，变换式(6.240)使得 $u(t)$ 不出现在方程的右边。式(6.240)中散射波压力的贡献则表示成入射波的函数。

1. 运动方程的变换

式(6.240)可以改写为

$${\rm e}^{\frac{ct}{b}}\dot{u}(t)={\rm e}^{\frac{ct}{b}}\frac{p_q(t)}{m_s}-\int_{-r/c}^{t}{\rm e}^{\frac{ct'}{b}}\frac{\rho c\dot{u}(t')}{m_s\cos\beta}{\rm d}t' \tag{6.241}$$

其中

$$p_q(t)=p(t)+p_{\rm scat}(t)-[p_{\rm str}(t)-p_{\rm hydro}] \tag{6.242}$$

注意到在入射波到达结构之前式(6.242)中括号内的项是零。对式(6.241)两边微分得

$$\frac{\rm d}{{\rm d}t}\left[{\rm e}^{\frac{ct}{b}}\dot{u}(t)\right]+\frac{\rho c}{m_s\cos\beta}\left[{\rm e}^{\frac{ct}{b}}\dot{u}(t)\right]=\frac{\rm d}{{\rm d}t}\left[{\rm e}^{\frac{ct}{b}}\frac{p_q(t)}{m_s}\right] \tag{6.243}$$

求解式(6.243)得

$$\begin{aligned}{\rm e}^{\frac{ct}{b}}\dot{u}(t)&={\rm e}^{-\frac{\rho c}{m_s\cos\beta}t}\int_{-r/c}^{t}{\rm e}^{\frac{\rho c}{m_s\cos\beta}t'}\frac{\rm d}{{\rm d}t'}\left[{\rm e}^{\frac{ct'}{b}}\frac{p_q(t')}{m_s}\right]{\rm d}t'\\&={\rm e}^{\frac{ct}{b}}\frac{p_q(t)}{m_s}-\frac{\rho c}{m_s\cos\beta}{\rm e}^{-\frac{\rho c}{m_s\cos\beta}t}\int_{-r/c}^{t}{\rm e}^{\left(\frac{c}{b}+\frac{\rho c}{m_s\cos\beta}\right)t'}\frac{p_q(t')}{m_s}{\rm d}t'\end{aligned} \tag{6.244}$$

因此，式(6.240)变换为

$$\begin{aligned}m_s\dot{u}(t)&=p_q(t)-\left(\eta-\frac{c}{b}\right){\rm e}^{-\eta t}\int_{-r/c}^{t}{\rm e}^{\eta t'}p_q(t'){\rm d}t'\\&=\dot{I}_q(t)+\frac{c}{b}I_q(t)\end{aligned} \tag{6.245}$$

其中

$$I_q(t)={\rm e}^{-\eta t}\int_{-r/c}^{t}{\rm e}^{\eta t'}p_q(t'){\rm d}t'=I(t)+I_{\rm scat}(t)-I_{\rm str}(t) \tag{6.246}$$

$$I(t)=\mathrm{e}^{-\eta t}\int_0^t \mathrm{e}^{\eta t'}p(t')\mathrm{d}t' \tag{6.247}$$

$$I_{\text{scat}}(t)=\mathrm{e}^{-\eta t}\int_0^t \mathrm{e}^{\eta t'}p_{\text{scat}}(t')\mathrm{d}t' \tag{6.248}$$

$$I_{\text{str}}(t)=\mathrm{e}^{-\eta t}\int_{-r/c}^t \mathrm{e}^{\eta t'}[p_{\text{str}}(t')-p_{\text{hydro}}]\mathrm{d}t' \tag{6.249}$$

且

$$\eta=\frac{c}{b}+\frac{\rho c}{m_{\text{s}}\cos\beta} \tag{6.250}$$

称为阻尼系数。式(6.247)和式(6.248)中积分的下限是零，因为在$t=0$时刻入射波和散射波到达之前，它们的压力是零。因此，式(6.245)可以进一步写为

$$m_{\text{s}}\dot{u}(t)=\dot{I}(t)+\frac{c}{b}I(t)+\dot{I}_{\text{scat}}(t)+\frac{c}{b}I_{\text{scat}}(t)-\dot{I}_{\text{str}}(t)-\frac{c}{b}I_{\text{str}}(t) \tag{6.251}$$

由式(6.248)可以看出

$$\dot{I}_q(t)+\eta I_q(t)=p_q(t)$$

它表明η相当于阻尼系数。

2. 散射压力的影响

利用式(6.229)可以得到

$$\dot{p}_{\text{scat}}(t)+\frac{c}{b}p_{\text{scat}}(t)=\left[\dot{p}(t)+\frac{c}{r}p(t)\right]\frac{\cos\theta}{\cos\beta} \tag{6.252}$$

对式(6.252)中的所有项进行积分，即

$$\mathrm{e}^{-\eta t}\int_0^t \mathrm{e}^{\eta t'}(t')\mathrm{d}t' \tag{6.253}$$

得到

$$\begin{aligned}&\mathrm{e}^{-\eta t}\int_0^t \mathrm{e}^{\eta t'}\dot{p}_{\text{scat}}(t')\mathrm{d}t'+\mathrm{e}^{-\eta t}\int_0^t \mathrm{e}^{\eta t'}\frac{c}{b}p_{\text{scat}}(t')\mathrm{d}t'\\&=\left[\mathrm{e}^{-\eta t}\int_0^t \mathrm{e}^{\eta t'}\dot{p}(t')\mathrm{d}t'+\mathrm{e}^{-\eta t}\int_0^t \mathrm{e}^{\eta t'}\frac{c}{r}p(t')\mathrm{d}t'\right]\frac{\cos\theta}{\cos\beta}\end{aligned} \tag{6.254}$$

对式(6.254)进行分部积分可以得到

$$\begin{aligned}&\mathrm{e}^{-\eta t}\int_0^t \mathrm{e}^{\eta t'}\dot{p}_{\text{scat}}(t')\mathrm{d}t'\\&=p_{\text{scat}}(t)-\eta\mathrm{e}^{-\eta t}\int_0^t \mathrm{e}^{\eta t'}p_{\text{scat}}(t')\mathrm{d}t'\\&=\frac{\mathrm{d}}{\mathrm{d}t}\left[\mathrm{e}^{-\eta t}\int_0^t \mathrm{e}^{\eta t'}p_{\text{scat}}(t')\mathrm{d}t'\right]\end{aligned} \tag{6.255}$$

入射波的压力和散射波的压力在正向时间趋向于零的极限情况下是零。如果在零时刻压力有突然上升，该压力可以用正向时间趋向于零的极限情况下是零的函数描述，此时该函数将以任意高的变化率增加到其第一个峰值压力。

这证明了式(6.253)关于某个函数的导数的运算等于式(6.253)关于函数运算的导数。因此，式(6.254)与下述方程相同：

$$\begin{aligned}&\frac{\mathrm{d}}{\mathrm{d}t}\left[\mathrm{e}^{-\eta t}\int_0^t \mathrm{e}^{\eta t'} p_{\mathrm{scat}}(t')\mathrm{d}t'\right]+\frac{c}{b}\mathrm{e}^{-\eta t}\int_0^t \mathrm{e}^{\eta t'} p_{\mathrm{scat}}(t')\mathrm{d}t'\\&=\left\{\frac{\mathrm{d}}{\mathrm{d}t}\left[\mathrm{e}^{-\eta t}\int_0^t \mathrm{e}^{\eta t'} p(t')\mathrm{d}t'\right]+\frac{c}{r}\mathrm{e}^{-\eta t}\int_0^t \mathrm{e}^{\eta t'} p(t')\mathrm{d}t'\right\}\frac{\cos\theta}{\cos\beta}\end{aligned} \tag{6.256}$$

将式(6.247)和式(6.248)代入式(6.256)得

$$\dot{I}_{\mathrm{scat}}(t)+\frac{c}{b}I_{\mathrm{scat}}(t)=\left[\dot{I}(t)+\frac{c}{r}I(t)\right]\frac{\cos\theta}{\cos\beta} \tag{6.257}$$

3. 等价的运动方程

将式(6.257)代入式(6.251)，给出如下等价的运动方程：

$$m_{\mathrm{s}}\dot{u}(t)=\dot{I}(t)+\frac{c}{b}I(t)+\left[\dot{I}(t)+\frac{c}{r}I(t)\right]\frac{\cos\theta}{\cos\beta}-\dot{I}_{\mathrm{str}}(t)-\frac{c}{b}I_{\mathrm{str}}(t) \tag{6.258}$$

其中，$I(t)$ 和 $I_{\mathrm{str}}(t)$ 由式(6.247)和式(6.249)确定。式(6.258)的右边不涉及未知的速度，但是需要知道结构的抵抗压力。将式(6.258)的两边除以 m_{s} 即可给出结构表面的速度：

$$\begin{aligned}u(t)=&\frac{I(t)}{m_{\mathrm{s}}}\left(1+\frac{\cos\theta}{\cos\beta}\right)+\frac{1}{m_{\mathrm{s}}}\left(\frac{c}{b}+\frac{c}{r}\frac{\cos\theta}{\cos\beta}\right)\left[\frac{1}{\eta}\int_0^t p(t')\mathrm{d}t'-\frac{I(t)}{\eta}\right]\\&-\frac{I_{\mathrm{str}}(t)}{m_{\mathrm{s}}}-\frac{c}{m_{\mathrm{s}}b}\left\{\frac{1}{\eta}\int_{-r/c}^t[p_{\mathrm{str}}(t')-p_{\mathrm{hydro}}]\mathrm{d}t'-\frac{I_{\mathrm{str}}(t)}{\eta}\right\}\end{aligned} \tag{6.259}$$

总之，式(6.226)的解可以表示为

$$u(t)=u_0(t)-u_{\mathrm{str}}(t) \tag{6.260}$$

其中，$u_0(t)$ 是没有结构压力时的速度，即

$$u_0(t)=\frac{I(t)}{m_{\mathrm{s}}}\left(1+\frac{\cos\theta}{\cos\beta}\right)+\frac{1}{m_{\mathrm{s}}}\left(\frac{c}{b}+\frac{c}{r}\frac{\cos\theta}{\cos\beta}\right)\left[\frac{1}{\eta}\int_0^t p(t')\mathrm{d}t'-\frac{I(t)}{\eta}\right] \tag{6.261}$$

由结构压力引起的延迟速度 $u_{\mathrm{str}}(t)$ 是

$$u_{\mathrm{str}}(t)=\frac{I_{\mathrm{str}}(t)}{m_{\mathrm{s}}}+\frac{c}{m_{\mathrm{s}}b}\left\{\frac{1}{\eta}\int_{-r/c}^t[p_{\mathrm{str}}(t')-p_{\mathrm{hydro}}]\mathrm{d}t'-\frac{I_{\mathrm{str}}(t)}{\eta}\right\} \tag{6.262}$$

6.5.5 水下冲击波作用下双层圆柱壳的计算模型

本节研究水下平面冲击波作用下无限长双层弹性圆柱壳的瞬态响应。考虑阶跃和指数衰减的入射压力波为

$$p(t)=\begin{cases}0, & t\leqslant 0\\ p_0\mathrm{e}^{-qt}, & t>0\end{cases}\tag{6.263}$$

其中，p_0 是初始压力且 q 是指数时间衰减常数。对于这种情况，可以方便地定义：

$$s=\frac{\eta+q}{2}\tag{6.264}$$

和

$$\chi=\frac{\eta-q}{2}\tag{6.265}$$

利用式(6.264)和式(6.265)，式(6.247)可以表示为

$$\begin{aligned}I(t)&=p_0\frac{\mathrm{e}^{-qt}-\mathrm{e}^{-\eta t}}{\eta-q}=p_0\mathrm{e}^{-st}\frac{\mathrm{e}^{\chi t}-\mathrm{e}^{-\chi t}}{2\chi}\\&=p_0t\mathrm{e}^{-st}\mathrm{sh}(\chi t),\quad t>0\end{aligned}\tag{6.266}$$

其中

$$\mathrm{sh}(x)=\begin{cases}\dfrac{\sinh(x)}{x}, & x\neq 0\\ 1, & x=0\end{cases}\tag{6.267}$$

因此，没有结构压力时的速度 $u_0(t)$ 是

$$u_0(t)=\frac{I(t)}{m_\mathrm{s}}\left(1+\frac{\cos\theta}{\cos\beta}\right)+\left(\frac{c}{b}+\frac{c}{r}\frac{\cos\theta}{\cos\beta}\right)\frac{J(t)}{m_\mathrm{s}}\tag{6.268}$$

其中

$$J(t)=\frac{1}{\eta}\int_0^t p(t')\mathrm{d}t'-\frac{I(t)}{\eta}$$

对于平面冲击波，其源位于无限远处，即

$$r\to\infty\tag{6.269}$$

在这种情况下，有

$$d\to\infty\tag{6.270}$$

$$\alpha\to\theta\tag{6.271}$$

且

$$b_0 \to \frac{a}{2} \tag{6.272}$$

对于圆柱壳表面(图 6.27)，a_2 无限大。因此，对于垂直于圆柱壳轴线的平面波的传播有

$$a = 2a_1 = 2R, \quad b_0 = a_1 = R \tag{6.273}$$

而且，在波的传播方向，入射角 θ 与圆柱体上感兴趣点的角度相同。

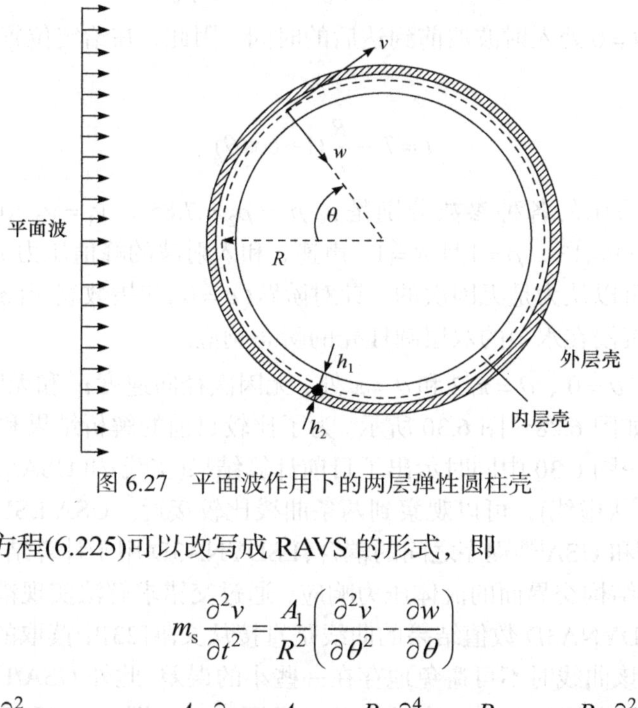

图 6.27　平面波作用下的两层弹性圆柱壳

运动微分方程(6.225)可以改写成 RAVS 的形式，即

$$m_s \frac{\partial^2 v}{\partial t^2} = \frac{A_1}{R^2}\left(\frac{\partial^2 v}{\partial \theta^2} - \frac{\partial w}{\partial \theta}\right)$$

$$m_s \frac{\partial^2 w}{\partial t^2} - p_{tot}(t) = \frac{A_1}{R^2}\frac{\partial v}{\partial \theta} - \frac{A_1}{R^2} w - \frac{B_1}{R^4}\frac{\partial^4 w}{\partial \theta^4} - \frac{B_1}{R^4} w - 2\frac{B_1}{R^4}\frac{\partial^2 w}{\partial \theta^2} \tag{6.274}$$

利用式(6.274)可以推导出结构抵抗压力 $p_{str}(t)$ 和环向加速度 $\frac{\partial^2 v}{\partial t^2}$，它们分别是

$$p_{str}(t) = -\frac{A_1}{R^2}\frac{\partial v}{\partial \theta} + \frac{A_1}{R^2} w + \frac{B_1}{R^4}\frac{\partial^4 w}{\partial \theta^4} + \frac{B_1}{R^4} w + 2\frac{B_1}{R^4}\frac{\partial^2 w}{\partial \theta^2} \tag{6.275}$$

$$\frac{\partial^2 v}{\partial t^2} = \frac{A_1}{m_s R^2}\left(\frac{\partial^2 v}{\partial \theta^2} - \frac{\partial w}{\partial \theta}\right) \tag{6.276}$$

根据上述方程，v、w 和 $u(t)$ 可以在时域内利用有限差分法得到。

6.5.6　数值结果和讨论

下面研究受阶跃和指数衰减冲击波作用下沉浸在水中的无限长双层圆柱壳的瞬态响应。为了研究平面声波作用下双层弹性圆柱壳的动态响应的普遍规律性，同时也为了与文献中已有的结果进行比较，引入如下无因次量：

$$v^* = \frac{v}{R}\frac{\rho c^2}{p_0},\quad w^* = \frac{w}{R}\frac{\rho c^2}{p_0},\quad u^* = u\frac{\rho c}{p_0},\quad T^* = \frac{cT}{R}$$

其中，T 是在 $\theta = 0$ 处入射波波前到达后的时间。因此，在给定位置处波前到达后的时间是

$$t = T - \frac{R}{c}(1-\cos\theta)$$

本算例中采用的各种参数分别是：$\rho_1 = \rho_2 = 7.85$，$\nu_1 = \nu_2 = 0.3$，$h_1 = h_2 = 0.02$，$E_1 = E_2 = 98.13$，$\rho = 1$ 且 $R = 1$。声速 c 和入射波的峰值压力 p_0 都假定是 1。所有的参数都可以认为是无因次的。针对阶跃($q = 0$)和指数衰减($q = c/R$)两种冲击波，研究了沉浸在水中的双层圆柱壳的瞬态响应。

(1) 对于在 $\theta = 0$、$\theta = \pi/2$ 和 $\theta = \pi$ 处，无因次径向速度 u^* 和无因次时间 T^* 之间的关系曲线如图 6.28～图 6.30 所示。为了比较目前的解析结果和文献中已有的结果，图 6.28～图 6.30 中同时示出了目前计算结果(实线)和 USA/LSDYNA3D 程序得到的结果[22](虚线)，可以观察到两条曲线比较接近。USA/LSDYNA3D 提供 LSDYNA3D[25]和 USA[26]程序之间的耦合，LSDYNA3D 用于计算结构响应而 USA 用于计算流体-结构交界面的流体压力响应，通过交错求解法实现耦合。需要指出的是，USA/LSDYNA3D 数值结果的曲线是直接从文献[23]中读取的，在图 6.28～图 6.30 中表述该曲线时不可避免地存在一些小的误差，此外 USA/LSDYNA3D 数值结果与精确解之间也存在一定的误差。由图 6.28～图 6.30 还可以发现，利用 USA/LSDYNA3D 程序得到的结果比目前计算结果具有更多的微小振荡。这些振荡没有任何物理意义，它们是由程序 LSDYNA3D 中采用的数值方法导致沙漏现象引起的。此外还可以观察到，在很短的瞬变时间之后，无因次径向速度趋向于常数，这个渐近常数就是不同点处圆柱壳的刚体运动速度。无因次径向速度的比较表明目前计算结果和 USA/LSDYNA3D 程序得到的数值结果在所有点上比较吻合，这直接验证了目前方法的正确性。还需要指出的是，本算例得到的所有结果都是将从 $\theta = 0$ 到 $\theta = \pi$ 的空间离散为 12 个区间而得到的，并且时间步长均为 0.00125。一般来说，离散的区间数目越大，时间步长越小，得到的结果越好。

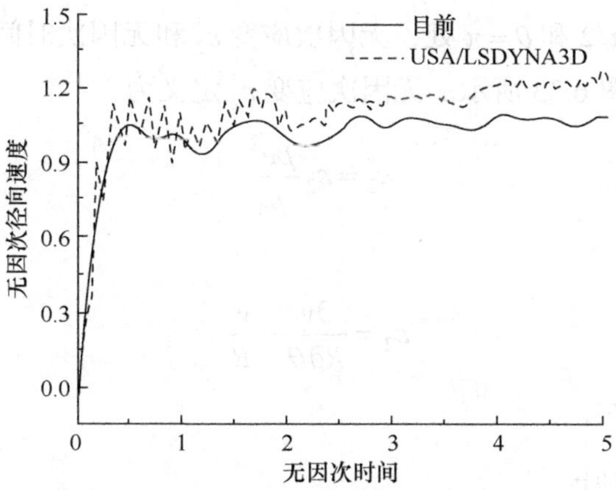

图 6.28　无因次径向速度-时间曲线($\theta=0, q=0$)

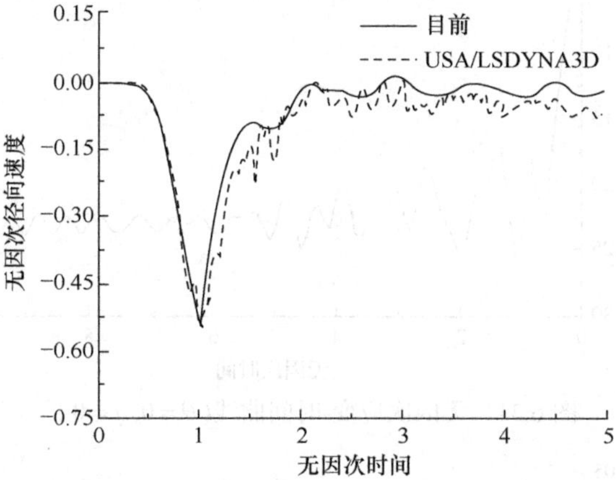

图 6.29　无因次径向速度-时间曲线($\theta=\pi/2, q=0$)

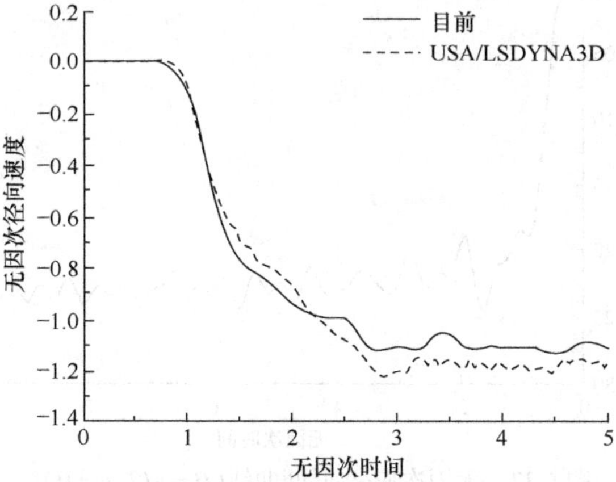

图 6.30　无因次径向速度-时间曲线($\theta=\pi, q=0$)

在 $\theta=0$ 、$\theta=\pi/2$ 和 $\theta=\pi$ 处，无因次应变 ε_2^* 和无因次时间 T^* 之间的关系曲线分别如图 6.31～图 6.33 所示。无因次应变 ε_2^* 定义为

$$\varepsilon_2^* = \varepsilon_2 \frac{\rho c^2}{p_0}$$

其中

$$\varepsilon_2 = \frac{\partial v}{R\partial\theta} - \frac{w}{R}$$

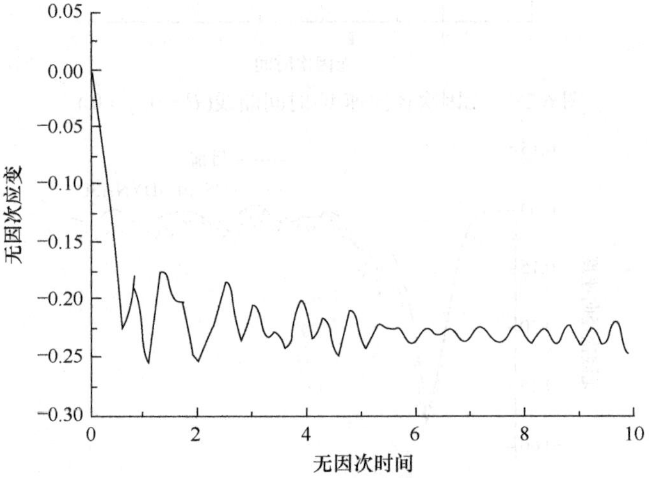

图 6.31　无因次应变-时间曲线($\theta=0, q=0$)

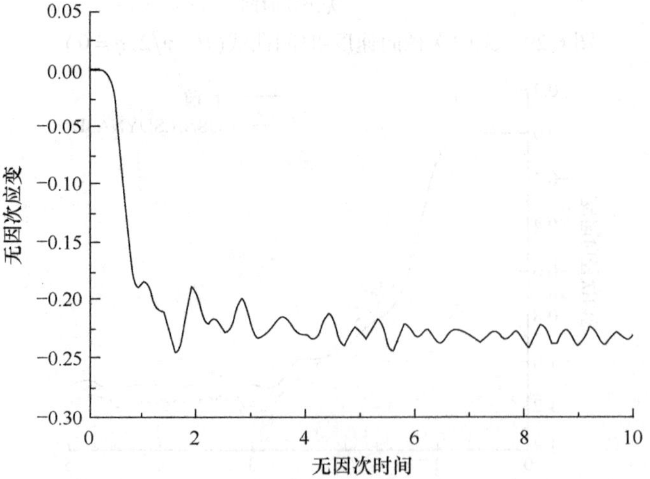

图 6.32　无因次应变-时间曲线($\theta=\pi/2, q=0$)

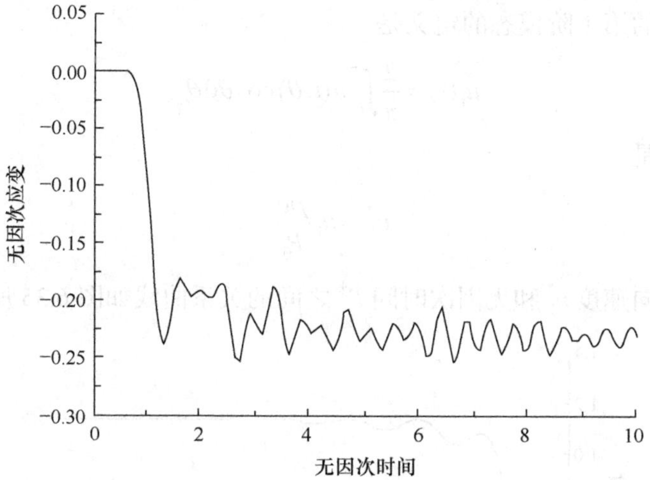

图 6.33　无因次应变-时间曲线($\theta=\pi, q=0$)

考虑到对称性，径向位移的第 0 阶模态的定义是

$$w_0(t)=\frac{1}{2\pi}\int_0^{2\pi} w(t,\theta)\mathrm{d}\theta=\frac{1}{\pi}\int_0^{\pi} w(t,\theta)\mathrm{d}\theta$$

其无因次形式是

$$w_0^*=\frac{w_0}{R}\frac{\rho c^2}{P_0}$$

无因次径向位移 w_0^* 和无因次时间 T^* 之间的关系曲线如图 6.34 所示。

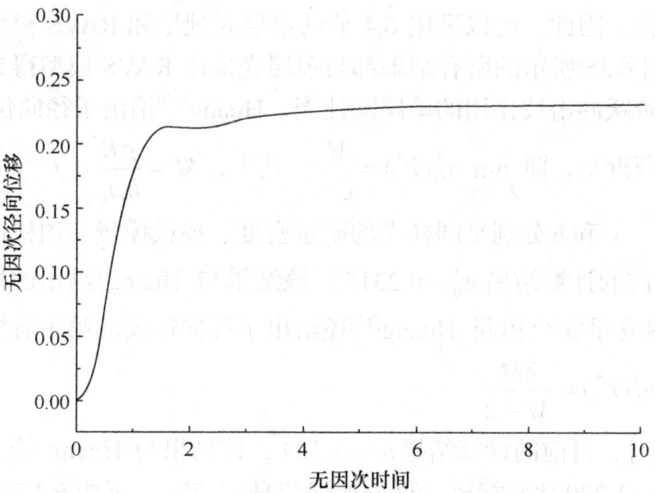

图 6.34　无因次径向位移-时间曲线(第 0 阶模态， $q=0$)

径向速度的第 1 阶模态的定义是

$$u_1(t)=\frac{2}{\pi}\int_0^{\pi}u(t,\theta)\cos\theta\mathrm{d}\theta$$

其无因次形式是

$$u_1^*=u_1\frac{\rho c}{P_0}$$

无因次径向速度u_1^*和无因次时间T^*之间的关系曲线如图 6.35 所示。

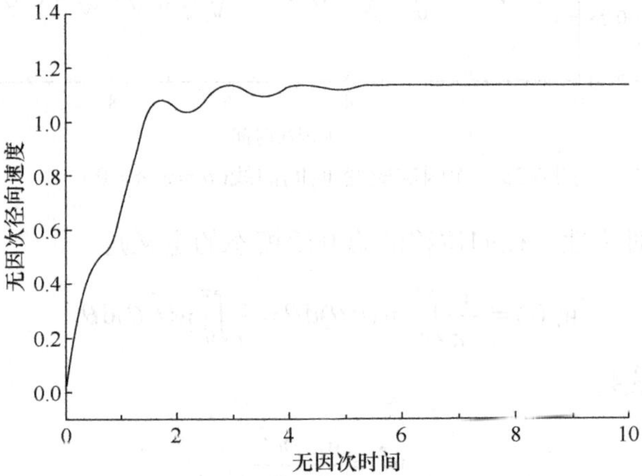

图 6.35　无因次径向速度-时间曲线(第 1 阶模态，$q=0$)

由本算例的各种参数可以很容易知道它是一种特殊的双层壳，即把单层壳人为地看作双层壳。因此，可以采用 6.4 节的单层壳理论和 RAVS 模型研究这个问题。图 6.28～图 6.35 所示的所有结果都与单层壳采用 RAVS 模型得到的结果完全相同。对于受阶跃冲击波作用的单层圆柱壳，Huang[19]给出了径向位移的第 0 阶模态的精确的渐近解，即 $\lim\limits_{T^*\to\infty}w_0^*(T^*)=\dfrac{M}{C^2}$。其中，$M=\dfrac{\rho R}{h\rho_{\mathrm{s}}}$，$C^2=\dfrac{E}{\rho_{\mathrm{s}}(1-\nu^2)c^2}$。其中，$\rho_{\mathrm{s}}$、$E$、$\nu$和$h$分别是圆柱壳的质量密度、杨氏模量、泊松比和厚度。当$T^*=10$时，目前的计算结果$w_0^*=0.2315$，该结果与 Huang 给出的精确地渐近解$M/C^2=0.2318$几乎完全相同。Huang[19]还给出了径向速度的第 1 阶模态的精确渐近解，即 $\lim\limits_{T^*\to\infty}u_1^*(T^*)=\dfrac{2M}{M+2}$。

当$T^*=10$时，目前的计算结果$u_1^*=1.134$，该结果与 Huang 给出的精确渐近解$2M/(M+2)=1.229$比较接近，百分比误差是-7.7%，正如 6.4.7 节中解释的，这种误差是由于采用 RAVS 模型计算圆柱壳背面的速度值偏小而引起的。

(2) 对于 $q=c/R$，无因次径向速度 u^* 和无因次时间 T^* 之间的关系曲线如图 6.36～图 6.38 所示。

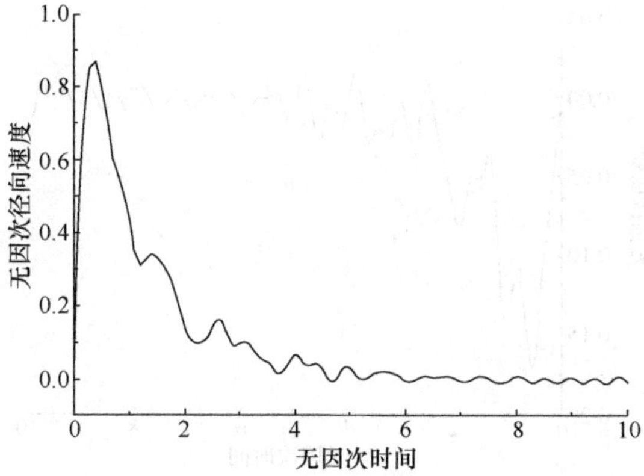

图 6.36　无因次径向速度-时间曲线($q=0, q=c/R$)

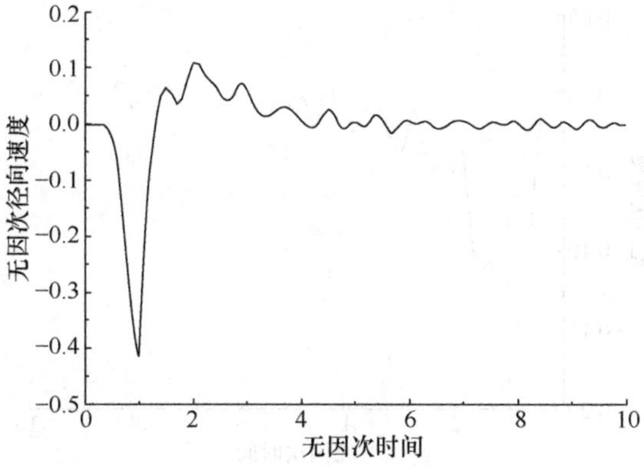

图 6.37　无因次径向速度-时间曲线($\theta=\pi/2, q=c/R$)

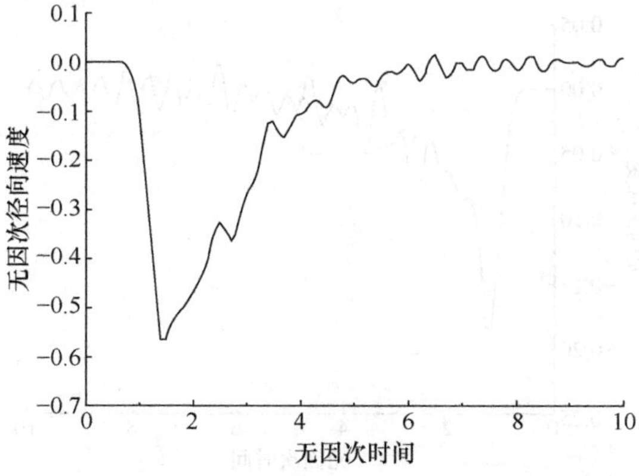

图 6.38　无因次径向速度-时间曲线($\theta=\pi, q=c/R$)

在$\theta=0$、$\theta=\pi/2$和$\theta=\pi$处，无因次应变ε_2^*和无因次时间T^*之间的关系曲线分别如图 6.39～图 6.41 所示。可以注意到计算结果中存在一些高频振荡，这主

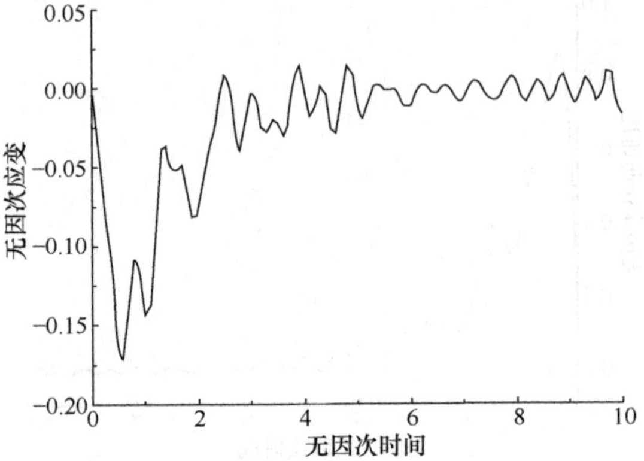

图 6.39　无因次应变-时间曲线($\theta=0, q=c/R$)

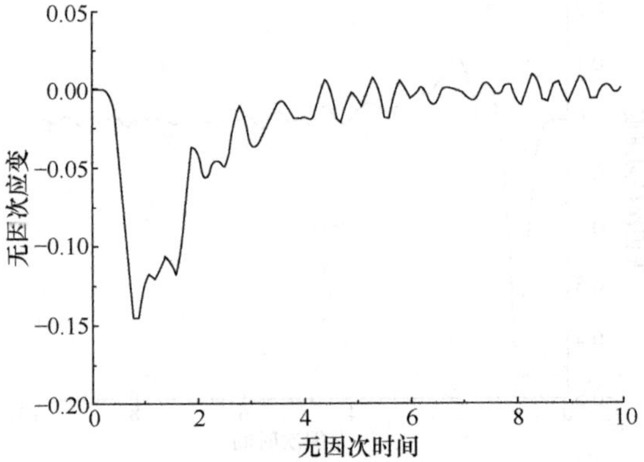

图 6.40　无因次应变-时间曲线($\theta=\pi/2, q=c/R$)

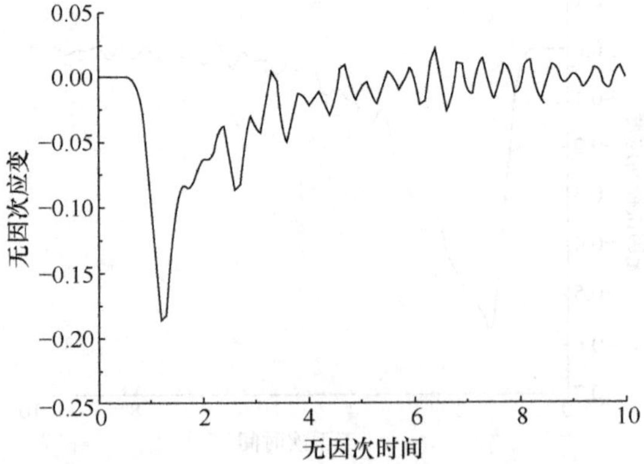

图 6.41　无因次应变-时间曲线($\theta=\pi, q=c/R$)

要是由于目前的计算将从 $\theta=0$ 到 $\theta=\pi$ 的空间仅离散为 12 个区间且时间步长为 0.00125。若采用更多的离散区间和更小的时间步长，则高频振荡的幅值将减小且振荡频率将更高，这将使得计算结果与精确解更接近。

无因次径向位移 w_0^* 和无因次时间 T^* 之间的关系曲线如图 6.42 所示。

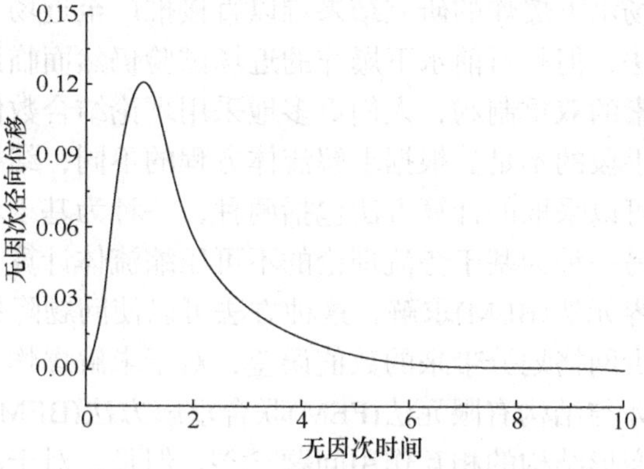

图 6.42　无因次径向位移-时间曲线(第 0 阶模态，$q=c/R$)

无因次径向速度 u_1^* 和无因次时间 T^* 之间的关系曲线如图 6.43 所示。

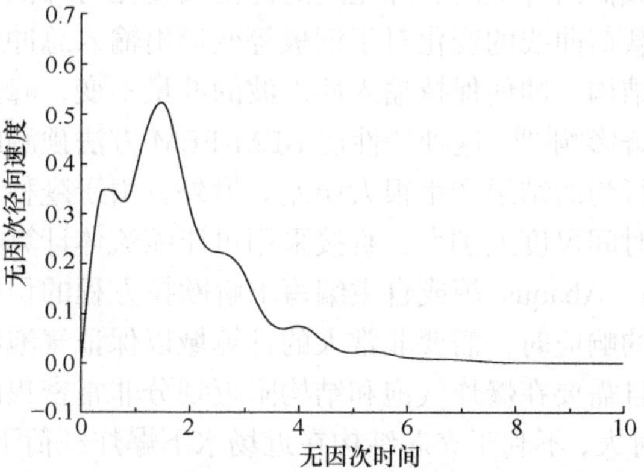

图 6.43　无因次径向速度-时间曲线(第 1 阶模态，$q=c/R$)

如前所述，可以采用 6.4 节的单层壳理论和 RAVS 模型研究目前的问题。图 6.36～图 6.43 所示的所有结果都与单层壳采用 RAVS 模型得到的结果完全相同。对于受到指数衰减冲击波作用的单层圆柱壳，Huang[19]给出了径向位移的第 0 阶模态的精确的渐近解及径向速度的第 1 阶模态的精确的渐近解，两者均为零，即 $\lim\limits_{T^*\to\infty} w_0^*(T^*)=0$， $\lim\limits_{T^*\to\infty} u_1^*(T^*)=0$。当 $T^*=10$ 时，目前的计算结果 $w_0^*=0.0003$，$u_1^*=0.0001$，很显然这些结果与 Huang 给出的精确的渐近解几乎完全相同。

6.6　近场水下爆炸冲击响应计算方法

与远场水下爆炸相比，近场水下爆炸具有不同的载荷物理特征和不同的舰船毁伤特性，因此远场水下爆炸的研究结果难以直接推广至近场。试验一直是研究水下爆炸很好的方法，但是目前水下爆炸的近场试验仍然面临许多困难，受到了技术因素和经济因素的双重制约，人们更多地采用理论结合数值模拟的方法研究近场问题弥补试验手段的不足。根据求解流体方程的不同，结构在受到近场水下爆炸载荷作用时，可以采取的计算方法包括两种，一种为基于求解欧拉方程可压缩流体计算方法，另一种为基于势流理论的不可压缩流体计算方法。不可压缩流体方程一般采用边界元法(BEM)求解，这种方法可以使问题降低一个维度，大大提升计算效率并减少网格划分带来的数值误差，对于求解爆炸气泡的动力响应具有独特的优势。BEM 与结构有限元法(FEM)联合求解方法(BEM-FEM)已成功用于求解爆炸气泡与可变形结构的相互作用问题[25-29]。但是，对于芯层通常较软的夹芯结构，运用 BEM-FEM 无法给出合理的结果。这是由于 BEM 假设流体不可压缩，而且对爆炸气泡建模时初始气泡半径由最大气泡半径经验公式逆推获得，这使得作用到结构的载荷由峰值高、脉宽短的冲击波转化为峰值相对低、脉宽相对长的压力波。这种载荷曲线的变化对于钢板等变形由输入总冲量决定的结构影响较小。而对于夹芯结构，即使保持输入冲击波的冲量不变，峰值和脉宽的变化对芯层压缩量也有显著影响[30]，这种特性使 BEM-FEM 方法预测的夹芯结构变形和爆炸气泡的动力学行为的结果产生很大误差。另外，由于毫秒量级的冲击波载荷与秒量级气泡载荷时间尺度差别大，直接采用可压缩流体计算方法，如商用软件 LS-Dyna、AutoDyn、Abaqus 等或自主编写求解欧拉方程的程序[31-33]，在计算近场水下爆炸中后期的响应时，需要非常大的计算域以保证气泡溃灭过程能够准确被静水压驱动，并且需要在爆炸气泡和结构附近划分非常密集的网格以减小数值耗散，导致计算耗时大，不利于夹芯结构在近场水下爆炸载荷下的响应特性分析。针对这一问题，Hsiao 等[34]在求解复合材料螺旋桨叶片在冲击波和气泡载荷作用下的响应时，提出分别采用可压缩流体求解器和不可压缩流体求解器获取冲击波与气泡载荷作用阶段的流体响应的方法。其中，可压缩流体求解器和不可压缩流体求解器之间的转换时刻通过定性判断流体空化情况确定，该方法由于在流体可压缩性不强的气泡脉动阶段采用 BEM 求解，一定程度上提升了求解近场水下爆炸响应的计算效率。但是，对于求解较软芯层的夹芯结构，空化区域更大、作用时间更长，使得转换时刻较晚，仍然需要将计算域划分较大且保持气液、液固交界面附近网格足够密集，因此计算效率提升有限。

本节根据载荷时间尺度的差别及夹芯结构大变形特性，介绍一种夹芯结构近场水下爆炸载荷特性时域分离计算方法，在冲击波阶段分别采用可压缩流体计算方法和不可压缩流体计算方法求解流体和气泡，在气泡脉动阶段采用不可压缩流体计算方法求解，提升计算精度和效率。

6.6.1　基本思路

在夹芯结构附近发生水中爆炸时，作用到结构的载荷包含冲击波、滞后流、空化溃灭、气泡脉动与射流。冲击波作用到结构以后，结构发生变形，产生稀疏波，在爆炸气泡与结构之间的某一位置流体压力降低到空化临界压力，流体发生空化。空化逐渐扩展到整个结构湿表面，此后，由于结构的减速和滞后流的作用，空化溃灭形成新的压力波再次作用到结构。爆炸气泡逐渐膨胀到最大体积，再逐渐缩小，由于结构的存在引起流场压力的不均匀分布，爆炸气泡不均匀变形形成射流。图 6.44 为在夹芯结构附近爆炸的载荷作用过程。

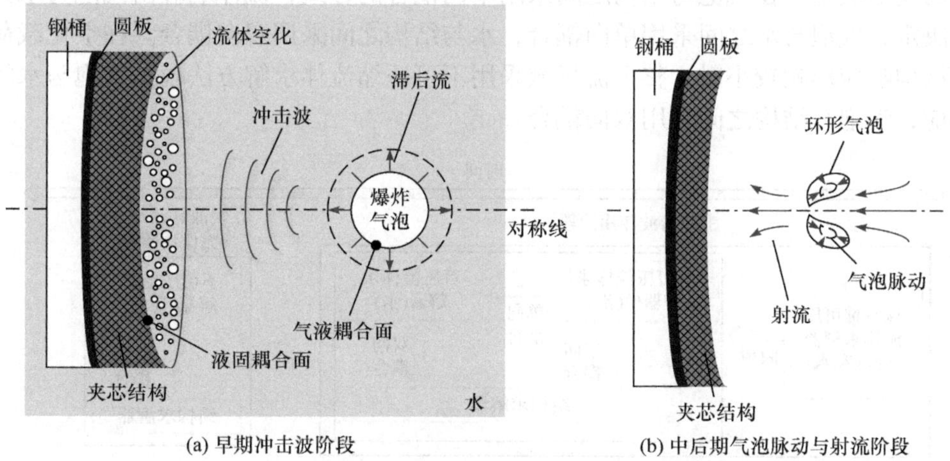

图 6.44　夹芯结构附近爆炸的载荷作用过程

根据作用到结构载荷的不同时间尺度，可以将近场水下爆炸作用过程分为三个阶段，即主冲击波作用阶段、空化演化阶段、气泡脉动与射流作用阶段，如图 6.45 所示。三个阶段分别对结构的变形起作用。

在主冲击波作用阶段与空化演化阶段，流体载荷以波的形式作用为主，为可压缩流体，而结构芯层逐渐压溃产生大变形；在气泡脉动与射流作用阶段，流体载荷以流动载荷为主，可以视为不可压缩流体，结构整体振动并在射流载荷作用下发生局部变形。

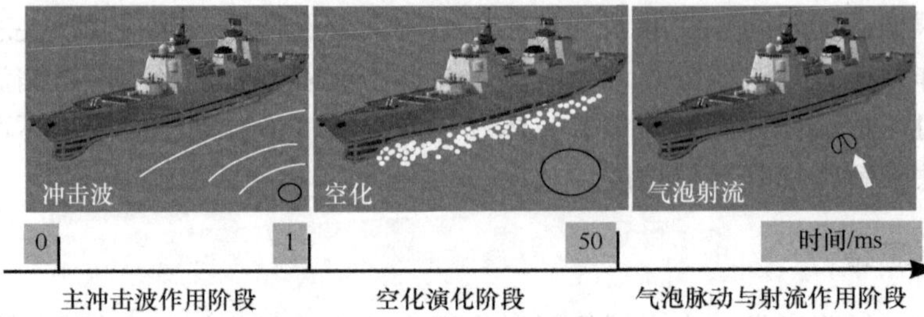

图 6.45　近场水下爆炸三阶段作用过程

根据载荷和结构响应的特征，可以在不同的阶段采用不同的模型求解，如图 6.46 所示。在冲击波作用到结构以前，采用可压缩流体计算方法求解流体的响应，捕捉流体中的冲击波。在此之后，结构发生变形并影响气泡的动力学行为。此时采用不可压缩流体计算方法模拟气泡，可压缩流体计算方法求解水的响应(冲击波载荷和空化载荷)，结构有限元法模拟结构的响应。假设气泡的响应主要由结构的变形决定，在气泡与结构之间采用单向耦合的方式；流体响应由气泡与水共同决定，气泡与水之间采用单向耦合，水与结构之间采用双向耦合。在空化载荷对结构响应影响较小时，整个流场域采用不可压缩流体求解方法模拟气泡与水的响应，气泡与结构之间采用双向耦合。

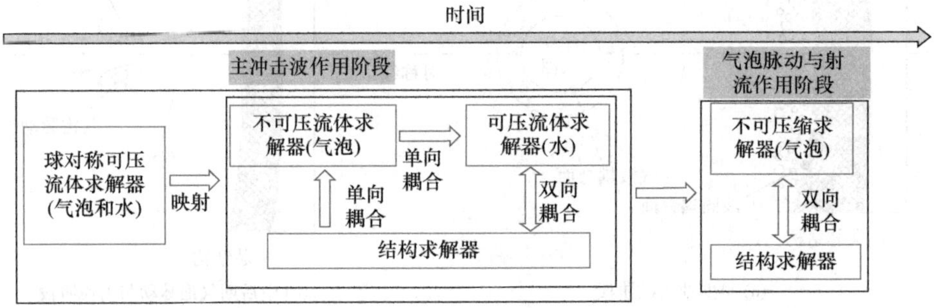

图 6.46　夹芯结构近场水下爆炸载荷特性时域分离计算方法流程示意图

6.6.2　控制方程及求解方法

1. 可压缩流体

1) 控制方程

三维守恒形式欧拉方程可以表示为

$$\frac{\partial\{U\}^{\mathrm{T}}}{\partial t}+[\nabla]\cdot[F]^{\mathrm{T}}=\{0\}^{\mathrm{T}} \tag{6.277}$$

其中，$\{U\}$、$[F]$ 和 $[\nabla]$ 分别为守恒变量、通量及梯度算子，可以表示为

$$\{U\}=\begin{Bmatrix}\rho\\ \rho u\\ \rho v\\ \rho w\\ E\end{Bmatrix},\quad [F]=[\{f\},\ \{g\},\ \{h\}],\quad [\nabla]=\begin{bmatrix}\frac{\partial}{\partial x} & \frac{\partial}{\partial y} & \frac{\partial}{\partial z}\\ \frac{\partial}{\partial x} & \frac{\partial}{\partial y} & \frac{\partial}{\partial z}\\ \frac{\partial}{\partial x} & \frac{\partial}{\partial y} & \frac{\partial}{\partial z}\\ \frac{\partial}{\partial x} & \frac{\partial}{\partial y} & \frac{\partial}{\partial z}\\ \frac{\partial}{\partial x} & \frac{\partial}{\partial y} & \frac{\partial}{\partial z}\end{bmatrix} \tag{6.278}$$

其中

$$\{f\}=\begin{Bmatrix}\rho u\\ \rho u^2+p\\ \rho uv\\ \rho uw\\ u(E+p)\end{Bmatrix},\quad \{g\}=\begin{Bmatrix}\rho v\\ \rho uv\\ \rho v^2+p\\ \rho vw\\ v(E+p)\end{Bmatrix},\quad \{h\}=\begin{Bmatrix}\rho w\\ \rho uw\\ \rho vw\\ \rho w^2+p\\ w(E+p)\end{Bmatrix} \tag{6.279}$$

t 表示时间；x、y、z 为空间坐标；ρ为密度；u、v、w 为速度；p 为压力；E 为单位体积总能量。总能量可以表示为

$$E=\rho e+\frac{1}{2}\rho(u^2+v^2+w^2) \tag{6.280}$$

单位质量的内能 e 满足：

$$e=e(p,\rho) \tag{6.281}$$

2) 状态方程

Jones-Wilkins-Lee(JWL)状态方程用于描述爆炸气体，可以表示为

$$p=A\left(1-\frac{\omega\eta}{R_1}\right)\mathrm{e}^{-\frac{R_1}{\eta}}+B\left(1-\frac{\omega\eta}{R_2}\right)\mathrm{e}^{-\frac{R_2}{\eta}}+\omega\rho e \tag{6.282}$$

其中，A、B、R_1、R_2 和 ω 是基于试验数据拟合得到的 JWL 状态方程系数；$\eta=\rho/\rho_0$；ρ_0 为特定爆炸气体的参考密度。表 6.2 给出了 TNT 和 PETN 炸药的相关参数。

表 6.2　JWL 状态方程相关参数

参数	TNT	PETN
ρ_0/(kg/m^3)	1630	1770
A/Pa	5.484×10^{11}	6.1327×10^{11}
B/Pa	0.09375×10^{11}	0.15069×10^{11}

续表

参数	TNT	PETN
R_1	4.94	4.4
R_2	1.21	1.2
ω	0.28	0.25
e_0/(J/kg)	4.28×10^6	5.71×10^6
p_0/Pa	7.8039×10^9	13.22×10^9

水可以用 Tait 状态方程描述，即

$$p = B\left(\frac{\rho}{\rho_0}\right)^N - \overline{B} \tag{6.283}$$

其中，$\rho_0 = 1000\text{kg/m}^3$；$A = 1.0\times10^5\text{Pa}$；$B = 3.31\times10^8\text{Pa}$；$\overline{B} = B-A = 3.309\times10^8\text{Pa}$。

当水的压力小于 20000atm 时 Tait 状态方程可以很好地描述水的状态。结合空化流的截断模型，水的状态方程为

$$p = \begin{cases} B(\rho/\rho_0)^N - B + A, & \rho > \rho_{\text{cav}} \\ p_{\text{cav}}, & \rho \leqslant \rho_{\text{cav}} \end{cases} \tag{6.284}$$

其中，ρ_{cav} 为给定空化压力 p_{cav} 对应的密度。描述空化还有其他模型，如等熵空化流模型、Schmidt 模型等。这里选择截断模型描述空化是由于该模型实施简单，同时能够得到较为满意的结果。由于方程为等熵近似，所以 Tait 状态方程与内能 e 无关。因此，在求解水的欧拉方程时，可以不用求解能量方程。

3) 热力学关系

声速的定义为

$$c = \sqrt{\frac{\partial p}{\partial \rho} + \frac{p}{\rho^2}\frac{\partial p}{\partial e}} \tag{6.285}$$

对于水(Tait 状态方程)，声速为

$$c = \sqrt{\frac{N(p+\overline{B})}{\rho}} \tag{6.286}$$

对于 JWL 气体，声速为

$$c = \sqrt{p_\rho + \frac{p}{\rho^2}p_e} \tag{6.287}$$

其中

$$p_\rho = -A\frac{\omega}{R_1\rho_0}\mathrm{e}^{-\frac{R_1}{\eta}} + A\left(1-\frac{\omega\eta}{R_1}\right)\frac{R_1}{\eta^2\rho_0}\mathrm{e}^{-\frac{R_1}{\eta}} - B\frac{\omega}{R_2\rho_0}\mathrm{e}^{-\frac{R_2}{\eta}} + B\left(1-\frac{\omega\eta}{R_2}\right)\frac{R_2}{\eta^2\rho_0}\mathrm{e}^{-\frac{R_2}{\eta}} + \omega e \tag{6.288}$$

$$\frac{p}{\rho^2}p_e = \frac{p\omega}{\rho} \tag{6.289}$$

$$\omega e = \frac{1}{\rho}\left[p - A\left(1-\frac{\omega\eta}{R_1}\right)\mathrm{e}^{-\frac{R_1}{\eta}} - B\left(1-\frac{\omega\eta}{R_2}\right)\mathrm{e}^{-\frac{R_2}{\eta}}\right] \tag{6.290}$$

4) 可压缩流体控制方程的求解

欧拉方程采用 RKDG 方法求解，其中空间离散采用基于方形结构网格的间断伽辽金(DG)方法，时间离散采用龙格-库塔方法，而非线性斜率限制器选取用全变差有界(TVB)检测的 von Leer 全变差下降(TVD)限制器(在欧拉方程的特征量上使用)。

2. 不可压缩流体

1) 流体控制方程

忽略流体的黏性和可压缩性，流体的流速 $\{u\}$ 可以由速度势 $\varPhi$ 表示，即

$$\{u\} = \{\nabla\}\varPhi \tag{6.291}$$

其中，$\{\nabla\}=\left[\frac{\partial}{\partial x}\ \ \frac{\partial}{\partial y}\ \ \frac{\partial}{\partial z}\right]^{\mathrm{T}}$，考虑到不可压缩流体，流体连续性方程可以转化为 Laplace 方程，即

$$[\nabla]\{u\} = \nabla^2\varPhi = 0 \tag{6.292}$$

其中，$[\nabla]=\{\nabla\}^{\mathrm{T}}$。将动量守恒方程积分可以得到非稳态 Bernoulli 方程，即

$$P_{\mathrm{L}} + \rho\left[\frac{\partial\varPhi}{\partial t} + \frac{1}{2}\left|\{\nabla\}\varPhi\right|^2 + gz\right] = P_\infty \tag{6.293}$$

其中，P_∞为在 $z = 0$ 处的无穷远(流体满足 $\{\nabla\}\varPhi = 0$ 和 $\partial\varPhi/\partial t = 0$)的压力；P_{L} 为流体中的压力；ρ为流体的密度；g 为重力加速度。

2) 气体状态方程

气泡假设成含有不可冷凝的气体和流体蒸汽。气泡内的压力由不可冷凝气体压力 P_{g} 和流体蒸汽压力 P_{v} 组成。流体汽化一般以非常快的速率完成，因此可以

假设蒸汽压力在整个仿真过程中保持不变。蒸汽压力等于流体环境温度下的饱和蒸汽压。相对地，由于气体扩散作用的时间尺度比较大，假设气泡内不可冷凝气体的质量保持不变，气体假设满足多方气体关系：$PV^k = \text{constant}$。其中，V 为气泡的体积，k 为多方气体常数($1 < k < c_p/c_v$)。

3) 界面条件

想要求解上述方程，需要提供在无穷远、气泡表面及结构表面或自由面的初始条件和边界条件。在所有运动或固定的界面上，垂直于边界的流体速度和边界的法向速度可以表示为

$$[\nabla]\Phi \cdot \{n\} = [V_{\mathrm{s}}] \cdot \{n\} \tag{6.294}$$

其中，$\{n\}$ 为界面法向；$[V_{\mathrm{s}}]$ 为边界运动的速度。

将方程化简，具体到各个不同边界上有

$$\frac{\mathrm{d}\{r\}}{\mathrm{d}t} = \{\nabla\}\Phi \quad (\text{on } S_{\mathrm{b}}) \tag{6.295}$$

$$\Phi \to 0, \quad |\{r\}| \to \infty \tag{6.296}$$

$$\frac{\partial \Phi}{\partial n} = [\nabla]\Phi \cdot \{n\} = [V_{\mathrm{s}}] \cdot \{n\} \quad (\text{on } S_{\mathrm{f}}, S_{\mathrm{s}}) \tag{6.297}$$

其中，$\{r\}$ 是任意一点的位置矢量。

在气液界面上满足法向压力连续，即

$$P_{\mathrm{L}} = P_{\mathrm{g}} + P_{\mathrm{v}} - \ell\sigma \tag{6.298}$$

其中，σ 为表面张力；ℓ 为 2 倍于界面的局部平均曲率。由于表面张力对水下爆炸气泡的运动状态影响很小，本书忽略其影响。假设不可冷凝气体随气泡的膨胀和压缩过程近似为绝热过程，不可冷凝气体的压力可以由多方气体关系求出，即

$$P_{\mathrm{g}} = P_0 \left(\frac{V_0}{V}\right)^{\gamma} \tag{6.299}$$

其中，P_0 和 V_0 分别为已知的气泡初始压力和体积；V 为当前气泡的体积；γ 为气体的比热，和气体成分相关，对于空气 γ 取 1.4。

在任意时刻 t，在自由面上的速度势可以通过将速度势对时间的物质导数 $\mathrm{d}\Phi/\mathrm{d}t$ 积分得到。由物质导数的定义，有

$$\frac{\mathrm{d}\Phi}{\mathrm{d}t} = \frac{\partial \Phi}{\partial t} + [\nabla]\Phi \cdot \{\nabla\}\Phi = \frac{\partial \Phi}{\partial t} + |\{u\}|^2 \tag{6.300}$$

由 Bernoulli 方程可以得到

$$\frac{\mathrm{d}\Phi}{\mathrm{d}t}=\frac{P_\infty}{\rho}+\frac{1}{2}|\{u\}|^2-\frac{1}{\rho}P_{\mathrm{L}}-gz \tag{6.301}$$

在气液边界上 P_{L} 满足方程，而在自由表面上 $P_{\mathrm{L}}=P_{\mathrm{atm}}+\rho gd$，其中 P_{atm} 为大气压力，d 为气泡上某点的深度。则在不同边界上的 Bernoulli 方程可化为

$$\frac{\mathrm{d}\Phi}{\mathrm{d}t}=\frac{P_\infty}{\rho}+\frac{1}{2}|\{u\}|^2-\frac{1}{\rho}\left(P_{\mathrm{v}}+P_0\left(\frac{V_0}{V}\right)^\gamma\right)-gz\ \ (\text{on } S_{\mathrm{b}}) \tag{6.302}$$

$$\frac{\mathrm{d}\Phi}{\mathrm{d}t}=\frac{P_\infty}{\rho}+\frac{1}{2}|\{u\}|^2-g(z-d)\ \ (\text{on } S_{\mathrm{f}}) \tag{6.303}$$

$$\frac{\mathrm{d}\Phi}{\mathrm{d}t}=\frac{P_\infty}{\rho}+\frac{1}{2}|\{u\}|^2-\frac{1}{\rho}P_{\mathrm{L}}-gz\ \ (\text{on } S_{\mathrm{s}}) \tag{6.304}$$

4) 不可压缩流体控制方程的求解

气泡表面和结构边界划分边界元网格，流体界面的法向速度和速度势的关系可以通过边界元法求解 Laplace 方程获得。时间推进采用三阶龙格-库塔方程，可获得新时间步的速度势和边界位置。解的稳定性采用五点平滑技术，可以消除在气泡边界曲线出现高频锯齿状不稳定性，并采用网格重新划分技术防止在射流形成过程产生的网格集聚问题。

3. 夹芯结构

1) 控制方程

对于固体介质，受边界位移、边界拉压力条件、位移和速度初始条件下的结构动力学的双曲方程可以写为

$$\begin{aligned}
&\rho_{\mathrm{s}}\{\ddot{\delta}\}^{\mathrm{T}}=\{\nabla\}\cdot[\sigma]^{\mathrm{T}}+\{f\}^{\mathrm{T}} && \text{on } [\Omega]\times[0,T]\\
&\{\delta\}=\{g\} && \text{on } [\Gamma_{\mathrm{g}}]\times[0,T]\\
&\{\sigma\}=\{h\} && \text{on } [\Gamma_{\mathrm{h}}]\times[0,T]\\
&\{\delta(\{x\},0)\}=\{\delta_0(\{x\})\} && \text{on } \{x\}\in[\Omega]\\
&\{\dot{\delta}_0(\{x\})\}=\{\dot{\delta}_0(\{x\})\} && \text{on } \{x\}\in[\Omega]
\end{aligned} \tag{6.305}$$

其中，ρ_{s}、$[\sigma]$ 和 $\{f\}$ 分别为固体的密度、柯西应力张量和体力向量；$\{\delta\}$、$\{\dot{\delta}\}$ 和 $\{\ddot{\delta}\}$ 为拉格朗日固体位移、速度和加速度向量；$[\Gamma_{\mathrm{g}}]$ 和 $[\Gamma_{\mathrm{h}}]$ 分别为 Dirichlet 和 Neumann 边界；$\{x\}$ 和 $[\Omega]$ 为固体空间坐标和计算域；$\{\delta_0\}$ 和 $\{\dot{\delta}_0\}$ 为初始位移和速度条件。

运用合适的本构方程和动力学关系，方程的矩阵形式可以写为

$$
\begin{aligned}
&[M]\{\ddot{\delta}\}+[K]\{\delta\}=\{F\},\quad t\in[0,t]\\
&\{\delta(0)\}=\{\delta_0\}\\
&\{\dot{\delta}(0)\}=\{\dot{\delta}_0\}
\end{aligned}
\tag{6.306}
$$

其中，质量矩阵和刚度矩阵分别为 $[M]=\int_{[\Omega]}[N]^{\mathrm{T}}\rho_{\mathrm{s}}[N]^{\mathrm{T}}\mathrm{d}[\Omega]$ 和 $[K]=\int_{[\Omega]}[B]^{\mathrm{T}}\cdot\rho_{\mathrm{s}}[B]^{\mathrm{T}}\mathrm{d}[\Omega]$；外力向量为 $\{F\}=\int_{[\Omega]}[N]\cdot\{f\}\mathrm{d}[\Omega]+\int_{[\Gamma_{\mathrm{h}}]}[N]\cdot\{h\}\mathrm{d}[\Gamma]$，式中包含了体力和边界力的贡献部分。在这些矩阵表达式中，$[N]$ 为插值函数矩阵(形函数矩阵)，$[B]$ 为应变矩阵。

2) 材料本构关系

对于金属泡沫，模拟金属泡沫包含对密度、弹性以及塑性的定义，密度和弹性与一般材料定义相同，塑性压溃过程采用 Abaqus 中 Crushable Foam 模型的各向同性硬化模型描述。设泡沫的弹性响应过程为各向同性过程，密度为ρ_{c}，杨氏模量为 E_{c}，泊松比为ν_{c} = 0.1。塑性压溃过程中假设塑性流和屈服面垂直，则屈服比 $k_{\mathrm{Y}}=\sigma_{\mathrm{c}}^0/p_{\mathrm{c}}^0$ (σ_{c}^0 为单轴压缩的初始屈服应力，p_{c}^0 为静水压缩下的屈服应力)能够表示成关于塑性泊松比ν_{p}的函数，即

$$
k_{\mathrm{Y}}=\sqrt{3(1-2\nu_{\mathrm{p}})}
\tag{6.307}
$$

对于金属泡沫材料可以认为$\nu_{\mathrm{p}}=0$，因此 $k_{\mathrm{Y}}=\sqrt{3}$。硬化曲线输入准静态压缩试验曲线。应变率相关性采用线性应变率相关本构模型(超应力黏塑性模型)，即

$$
\dot{\varepsilon}^{\mathrm{pl}}=\frac{\widehat{\sigma}_{\mathrm{c}}-\sigma_{\mathrm{c}}}{\eta}
\tag{6.308}
$$

其中，σ_{c} 为静力压缩屈服应力；$\widehat{\sigma}_{\mathrm{c}}$ 为非零应变率下的屈服应力。η 为材料的黏性，可以用式(6.309)表示：

$$
\eta=\frac{l_{\mathrm{s}}\rho_{\mathrm{c}}\Delta v}{\varepsilon_{\mathrm{D}}}
\tag{6.309}
$$

其中，l_{s} 为塑性冲击波的宽度；ρ_{c} 和 ε_{D} 分别为泡沫材料密度和密实化应变；Δv 为塑性冲击波波阵面速度突跃。

在 Abaqus 中的应变率模型的实现采用 Cowper-Symonds 超应力幂律方程，即

$$
\dot{\varepsilon}^{\mathrm{pl}}=D\left(\frac{\widehat{\sigma}_{\mathrm{c}}}{\sigma_{\mathrm{c}}}-1\right)^{\lambda}
\tag{6.310}
$$

设 $\lambda=1$，乘数 D 可以表示为

$$D=\frac{\sigma_c}{\eta} \tag{6.311}$$

3) 显式时间步法

采用集中质量矩阵法，通过二阶显式中心差分法进行时间更新，即

$$\begin{aligned}\{\dot{\delta}\}^{(n+1/2)}&=\{\delta\}^{(n-1/2)}+\frac{\Delta t^{(n+1)}+\Delta t^{(n)}}{2}\{\ddot{\delta}\}^{(n)}\\ \{\delta\}^{(n+1)}&=\{\delta\}^{(n)}+\Delta t^{(n+1)}\{\dot{\delta}\}^{(n+1/2)}\end{aligned} \tag{6.312}$$

其中，$\{\delta\}$、$\{\dot{\delta}\}$ 和 $\{\ddot{\delta}\}$ 分别表示单元位移、速度与加速度向量。n 表示时间增量步，$n-1/2$ 和 $n+1/2$ 表示时间中间步。单元的加速度向量可以表示为

$$\{\ddot{\delta}\}^{(n)}=[M]^{-1}\cdot(\{F\}^{(n)}-\{I\}^{(n)}) \tag{6.313}$$

其中，$[M]$ 为集中对角质量矩阵；$\{F\}$ 为外力向量；$\{I\}$ 为节点内力向量。时间步长满足：

$$\Delta t_s \leqslant \frac{2}{\omega_{max}}(\sqrt{1+\xi^2}-\xi) \tag{6.314}$$

ω_{max} 为系统最大特征值；ξ 为最大模态阻尼比。

6.6.3　夹芯结构近场水下爆炸计算实例

本节采用之前介绍的计算方法计算敷设橡胶覆盖层的气背衬钢板在水下爆炸载荷作用下的响应，并与试验结果进行对比。图 6.47 为近场水下爆炸水箱试验图。1.5g PETN 炸药在爆深 1.4m 爆距为 0.2m 的位置起爆。圆板的有效半径为 0.2m，厚度为 3mm，橡胶厚度为 5mm。通过压力传感器检测距离爆源 0.4m 的自由场压力，并通过高速摄影机拍摄爆炸气泡及近壁面空化情况。简单起见，采用轴对称假设求解该问题，计算模型如图 6.48 所示。

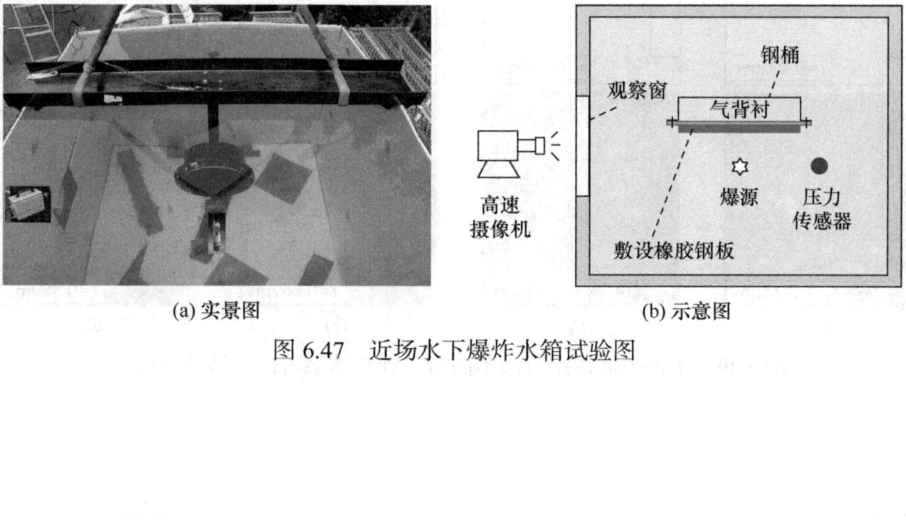

(a) 实景图　(b) 示意图

图 6.47　近场水下爆炸水箱试验图

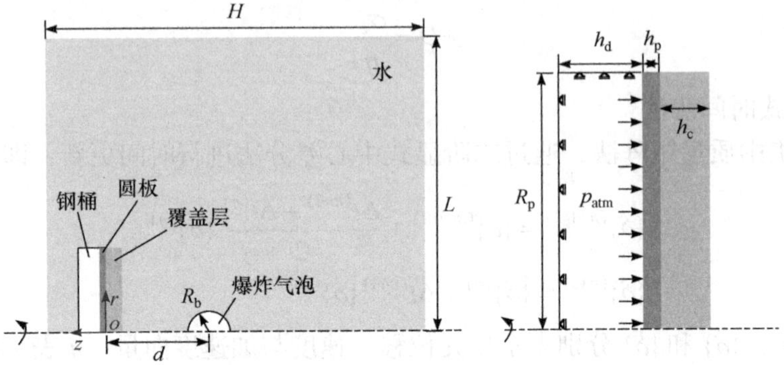

(a) 整体计算域　　　　(b) 结构局部放大

图 6.48　计算模型示意图

图 6.49 为主冲击波作用阶段的计算结果与试验结果分别在 $t = 0.222$ms，0.444ms，0.667ms，0.889ms 时的情况，在冲击波达到结构以后，由于结构运动而产生的稀疏波的作用，气泡与结构之间的某一位置形成空化。在此之后，空化逐渐扩展到湿表面，接着由于结构的固支边界，压力在板的边缘重新建立起来，空化逐渐溃灭。图 6.50 对比了自由场压力的计算结果与试验结果，试验结果与计算结果在峰值压力与第一个波吻合得很好。但是由于试验是在有限空间内，可能发生壁面反射，因此试验结果会出现第二个波峰。

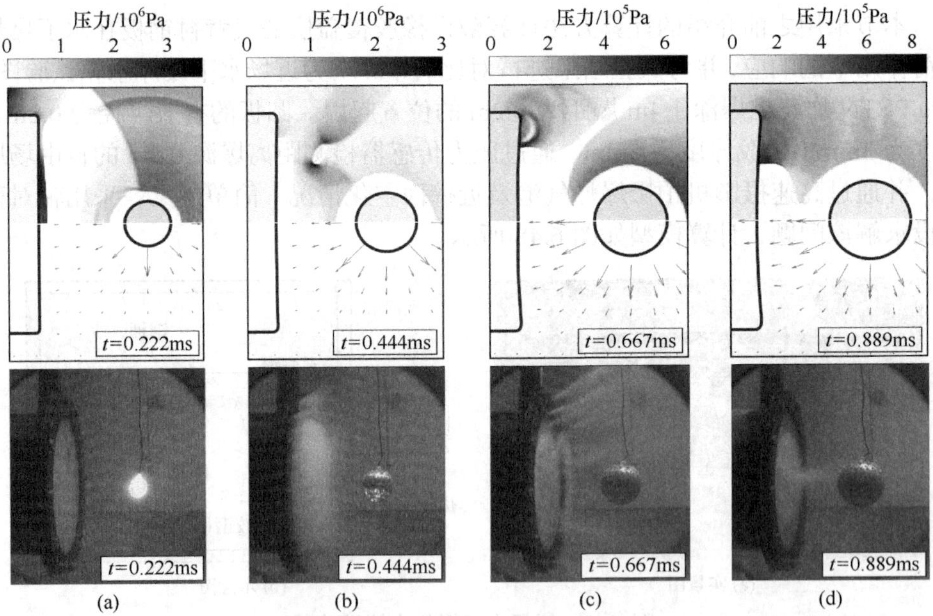

(a)　　　　(b)　　　　(c)　　　　(d)

图 6.49　主冲击波作用阶段不同时刻计算结果与试验结果对比

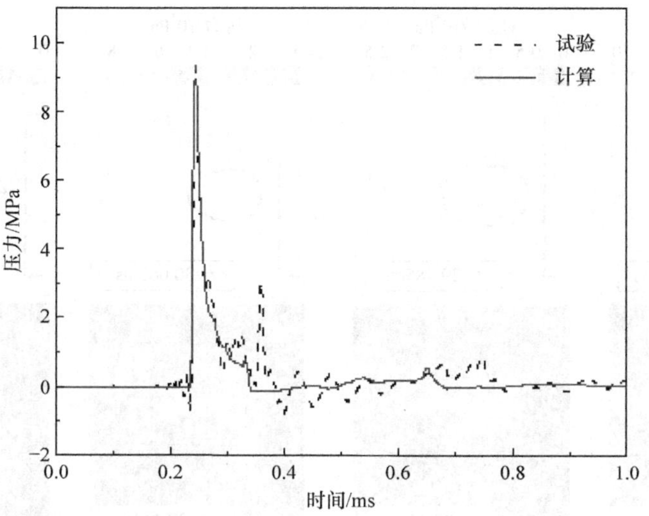

图 6.50 距爆源 0.4m 处自由场计算结果与试验结果对比

图6.51对比了在气泡脉动与射流作用阶段的气泡动力学行为的模拟结果与试验结果。气泡逐渐扩展，并受到了来自板的推力。在 $t = 17.111$ms 时，气泡达到最大体积并逐渐开始溃灭。在此之后，在气泡的远端逐渐形成一个高压区。较高的压力使气泡的远端减小速度高于近端，气泡在 $t = 33.111$ms 差不多变成锥形。在 $t = 34$ms 时，气泡形成朝向结构的射流。总体来说，气泡形态计算结果与试验结果吻合得较好。

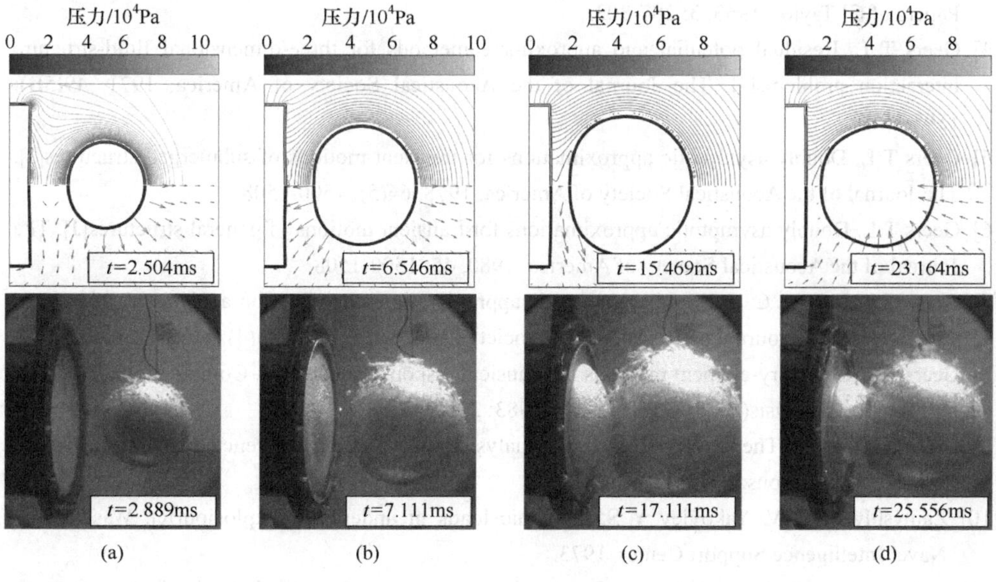

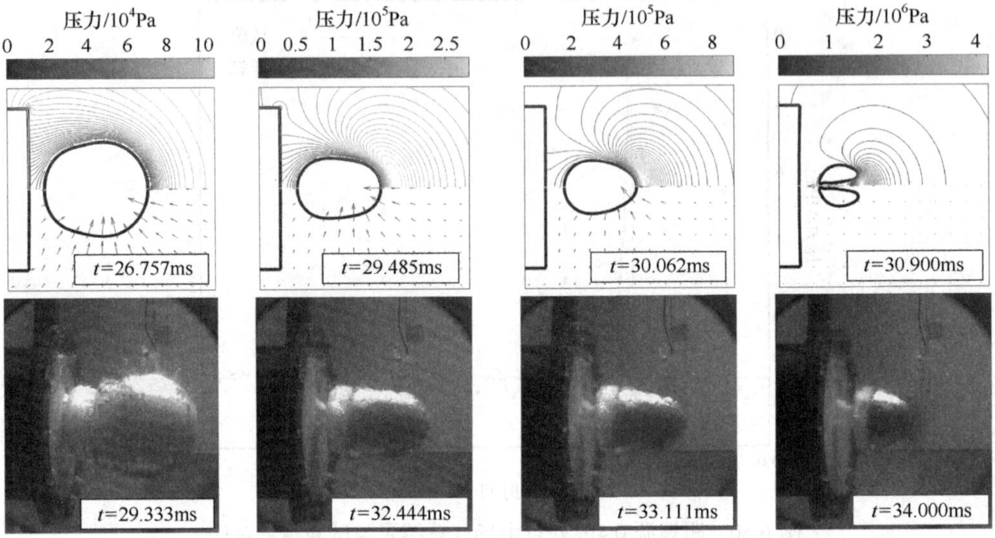

图 6.51　气泡脉动与射流作用阶段不同时刻计算结果与试验结果对比

参 考 文 献

[1] Cole R H. Underwater Explosions[M]. Princeton: Princeton University Press, 1948.

[2] Geers T L, Hunter K S. An integrated wave-effects model for an underwater explosion bubble[J]. The Journal of the Acoustical Society of America, 2002, 111(4): 1584-1601.

[3] Taylor G I. The pressure and impulse of submarine explosion waves on plates[J]. The Scientific Papers of GI Taylor, 1963, 3: 287-303.

[4] Geers T L. Residual potential and approximate methods for three-dimensional fluid-structure interaction problems[J]. The Journal of the Acoustical Society of America, 1971, 49(5B): 1505-1510.

[5] Geers T L. Doubly asymptotic approximations for transient motions of submerged structures[J]. The Journal of the Acoustical Society of America, 1978, 64(5): 1500-1508.

[6] Geers T L. Doubly asymptotic approximations for transient motions of general structures[J]. The Journal of the Acoustical Society of America, 1980, 45: 1500-1508.

[7] Geers T L, Felippa C A. Doubly asymptotic approximations for vibration analysis of submerged structures[J]. The Journal of the Acoustical Society of America, 1983, 73(4): 1152-1159.

[8] Geers T L. Boundary-element methods for transient response analysis[J]. Computational Methods for Transient Analysis(A 84-29160 12-64), 1983: 221-243.

[9] DeRuntz J A Jr. The underwater shock analysis(USA) code, a reference manual[J]. Unique Software Applications, 1978: 1-142.

[10] Zamyshlyaev B V, Yakovlev Y S. Dynamic loads in underwater explosion[R]. Washington: Naval Intelligence Support Center, 1973.

[11] Felippa C A, Park K C, Farhat C. Partitioned analysis of coupled mechanical systems[J].

Computer Methods in Applied Mechanics and Engineering, 2001, 190(24-25): 3247-3270.

[12] Felippa C A, DeRuntz J A. Finite element analysis of shock-induced hull cavitation[J]. Computer Methods in Applied Mechanics and Engineering, 1984, 44(3): 297-337.

[13] Park K C. Partitioned transient analysis procedures for coupled-field problems: Stability analysis[J]. Journal of Applied Mechanics, 1980, 47(2): 370-376.

[14] Park K C, Felippa C A. Partitioned transient analysis procedures for coupled-field problems: Accuracy analysis[J]. Journal of Applied Mechanics, 1980, 47(4): 919-926.

[15] Park K C. Recent advances in partitioned analysis procedures[J]. Numerical Methods in Coupled Problems, 1984: 327-352.

[16] Felippa C A, Park K C. Staggered transient analysis procedures for coupled mechanical systems: Formulation[J]. Computer Methods in Applied Mechanics and Engineering, 1980, 24(1): 61-111.

[17] Park K C, Felippa C A. A variational principle for the formulation of partitioned structural systems[J]. International Journal for Numerical Methods in Engineering, 2000, 47(1-3): 395-418.

[18] Park K C, Felippa C A, DeRuntz J A. Stabilization of staggered solution procedures for fluid-structure interaction analysis[J]. Computational Methods for Fluid-Structure Interaction Problems, 1977, 26(94-124): 51.

[19] Huang H. An exact analysis of the transient interaction of acoustic plane waves with a cylindrical elastic shell[J]. Journal of Applied Mechanics, 1970, 37(4): 1091-1099.

[20] Love A E H. A treatise on the mathematical theory of elasticity[J]. Nature, 1893, 47: 529-530.

[21] Flügge W. Handbook of Engineering Mechanics[M]. New York: McGraw-Hill, 1962.

[22] Waldo G V Jr. An approximate model for the pressure that develops when an acoustic wave interacts with a curved and compliant surface[C]. Proceedings of the 65th Shock and Vibration Symposium, 1994, 2: 185-198.

[23] Lam K Y, Zhang Z J, Gong S W, et al. The transient response of a two-layered elastic cylindrical shell impinged by an underwater shock wave[J]. Composites Part B: Engineering, 1998, 29(6): 673-685.

[24] Hu G, Xu F, Li J. The transient responses of two-layered cylindrical shells attacked by underwater explosive shock wave[J]. Composite Structures, 2010, 92(7): 1551-1560.

[25] Hallquist J O. LS-DYNA3D Theoretical Manual[M]. Livermore: Livermore Software Technology Corporation, 1994.

[26] DeRuntz J A, Geers T L, Felippa C A. The Underwater Shock Analysis Code(USA-Version 3): A Reference Manual[M]. Palo Alto: Lockheed Missiles and Space COIMC, 1980.

[27] Klaseboer E, Hung K C, Wang C, et al. Experimental and numerical investigation of the dynamics of an underwater explosion bubble near a resilient/rigid structure[J]. Journal of Fluid Mechanics, 2005, 537: 387-413.

[28] Zong Z, Wang J, Zhou L, et al. Fully nonlinear 3D interaction of bubble dynamics and a submerged or floating structure[J]. Applied Ocean Research, 2015, 53: 236-249.

[29] Zhang A M, Wu W B, Liu Y L, et al. Nonlinear interaction between underwater explosion

bubble and structure based on fully coupled model[J]. Physics of Fluids, 2017, 29(8): 82111.
[30] Jin Z, Yin C, Chen Y, et al. Predict effective thickness of sacrificial cellular claddings to shallow/deep water blast[J]. Ocean Engineering, 2017, 140: 135-145.
[31] Young Y L, Liu Z, Xie W. Fluid-structure and shock-bubble interaction effects during underwater explosions near composite structures[J]. Journal of Applied Mechanics, 2009, 76(5): 051303.
[32] Jin Z, Yin C, Chen Y, et al. Coupling Runge-Kutta discontinuous Galerkin method to finite element method for compressible multi-phase flow interacting with a deformable sandwich structure[J]. Ocean Engineering, 2017, 130: 597-610.
[33] Zhang Z F, Wang C, Wang L K, et al. Underwater explosion of cylindrical charge near plates: Analysis of pressure characteristics and cavitation effects[J]. International Journal of Impact Engineering, 2018, 121: 91-105.
[34] Hsiao C T, Chahine G L. Dynamic response of a composite propeller blade subjected to shock and bubble pressure loading[J]. Journal of Fluids and Structures, 2015, 54: 760-783.